서울 밤드리
작가 구보 씨의 **서울 트레킹**

서울밤드리
작가 구보 씨의 서울 트레킹
글·사진 안상윤

휴먼필드

서문

2020년 코로나바이러스가 사람들을 움츠리게 만들던 7월 어느 날 전직 언론인이자 작가인 구보 씨는 더는 바이러스에 지배당할 수 없다고 여기며 결연히 자리를 박차고 일어나 길을 걷기 시작했다. 구보 씨는 걷기가 취미여서 자주 길 위에서 시간을 보내는 편이지만, 온통 마스크로 얼굴을 가린 이상한 인종들로 넘쳐나는 거리에 흥미를 잃어 근처 산들만 다니고 있던 나날들에서 탈출을 꾀한 것이었다. 구보 씨는 오래 전 한 소설가가 시도했던 방식을 재현해보려 한다. '걸으며 생각하기'이다. 구보 씨의 오랜 습관이기도 했다.

예로부터 '길'은 이중적 의미로 쓰여왔다. 걷는 길과 방법으로서의 길이었다. 길을 걸으며 방법을 찾는다는 의미에서 비롯되었을 것이다. 동서양을 가리지 않고 '道'와 'Way'를 모두 이중적 의미로 사용하며 길 속에서 길을 찾으려 한 걸 보면 길을 걷는 행위는 사유를 동반하는 것이 된다. 그러한 사실을 필자는 2004년 가을 스페인 북부의 엘 카미노 데 산티아고 El Camino de Santiago를 걸으면서 확인한 바 있다. 한 달여간 프랑스 남부의 생 장 피에드 포르St. Jean Pied De Port에서 피레네산맥을 넘어 스페인 북부를 가로질러 대서양 가까운 산티아고까지 8백여 km를 걷는 동안 줄곧 생각에 빠졌다. 혼자 길을 가야 했으므로 다른 방법이 없었던 까닭이다. 자신의 내면과 마주하는 귀중한 시간이었다. 자신에게 묻고 답하는 시간의 연속이었다. 몸과 마음이 모두 홀가분해지는 경험을 하며 희로애락의 감정들에서 벗어나 편안한 마음 상태로 바뀌는 자신을 발견할 수 있었다. 걷는다는 것의 위대함을 깨치게 되었다. 스님들이 왜 만행을 하며, 수도사들이 왜 순례의 길에 오르는지 이해되었다. 불편함과 부족함을 당연한 것으로 받아들이고, 고요함과 고독함에 익숙해지며, 따뜻함과 친절함에 감사하고, 아름다움에서 힘을 얻던 여정이었다.

2020년 작가 구보 씨는 메트로시티 서울을 강남서 강북까지 걷기로 한다. 구보 씨는 이 길을 걸으며 서울의 모습을 매개로 개인의 추억과 국가의 기억을 함께 떠올리는 수필 형식으로 2020년을 사는 한국인의 모습을 그려볼 생각이다. 프랑스의 소설가로서 현대 소설의 창시자로 일컬어지는 마르셀 프루스트(Marcel Proust, 1871~1922)의 '의식의 흐름을 좇아서' 기법을 빌리려 한다. 구보 씨에 앞서 소설가 박태원은 1934년 8월 1일부터 9월 19일까지 조선중앙일보에 《소설가 구보 씨의 일일(小說家仇甫氏의 一日)》을 중편소설 형태로 연재했다. 작가의 분신 격인 소설 속 주인공은 장곡천정長谷川町이라 부르던 지금의 조선호텔 앞 소공동 길에서 만보漫步를 시작해 종로의 뒷길을 따라 걸었다. 그 길을 걸으며 구보 씨는 자신과 타인 그리고 세상사에 대한 단상과 염원들을 전달한다. 하루 동안 걸으며 만난 풍경과 사람 그리고 떠오른 생각들을 한 달 반가량 펼쳤다. 1972년 최인훈(1936~2018)도 《소설가 구보 씨의 일일》을 펴낸 바 있다. 최인훈 역시 "정치 사회 문화 전반에 걸쳐 비판적 시각과 회의를 기저에 깔고, 화자의 의식의 흐름을 따라 자의식을 해부하는 과정을 담는"(《소설가 구보 씨의 일일》 서평, 문학과지성사, 2009) 형식을 보였다. 필자는 소설이 아닌 수필의 형식으로, 간접화법이 아닌 직접화법으로 2020년 현재 한국과 한국인의 모습을 짚고자 한다.

　여전히 진영논리에 지배당하고 있는 우리 사회는 이대로 방치될 경우, 증오의 만연을 벗어날 길이 없을 것이라는 우려가 크다. 전염병처럼 커지는 이 증오의 팬데믹은 진영이 생산하고 대중이 옮긴다. 진영이 휘두르는 깃발에 매몰되지 말고 건강한 개인으로 역할 할 수 있도록 자세를 가다듬는 것만이 팬데믹 감염으로부터 자신과 공동체를 지키는 유일한 길이라는 진실을 마주할 수 있기를 바란다. 한국 정치의 내일을 걱정하며 해법 찾기에 상심이 컸던 말년의 고 김광웅(1940-2019) 서울대 교수를 추모한다. 그는 디지털 시대의 도래를 맞아 정부의 역할과 국민의 의식이 미래지향적으로 바뀌기를 늘 염원했다. 2019년 그는 이런 생각을 피력한 바 있다.

　"이 나라의 국민 본성은 예의 바른 면이 강하기도 하지만 한편 분노와 분열의 DNA가 자리 잡고 있는 듯합니다. 상대의 잘못을 인정하지 않고 반드시 응징해야 속이 풀리나 봅니다. 인내와 관용의 덕목이 민주주의의 기본요소라는 것은 무시하니 이런 정치와 행정이 잘될 리 만무하지요. 시생은 한때 일본 엘리트의 산실, 송하정경숙松下政經塾에서 강의를 했는데 당시 받은 선물이 '크게 참는다'라는 '대인大忍'이 쓰인 접시였습니다.
　정부는 관료주의와 계급의식의 화신化身이나 다름없습니다. 지금 나라는 남북과 남남 간의 이념 갈등에서 벗어나지 못하고 있습니다. 한미 동맹은 벼랑 끝에 몰려있습니다. 구원이 아직도 가시지 않았지만, 한일관계 걱정입니다. 앞으로 한반도의 운명은 예측하기 힘듭니다. 120년 동안 엎치락뒤치락했던 나라가 쓰나미 같은 생화학적 E-Wave가 밀려오는 4차 산업혁명 시대에 영속하기 위해서는 인적 자원의 재생이 화급합니다. 무엇보다도 정직하고 정확하고 정당한 리더십이 변하는 세상을 창도해야 합니다."

　우리 국민에게 시급하게 요구되는 덕목이 '크게 참는 대인大忍'이라는 김 교수의 성찰에 큰 공감을 표한다. '대인'은 여유를 갖고 세상을 바라보는 자세를 이름이다. 작금의 한국 사회가 빚어온 진영 간 갈등은 이념의 차이에서 비롯된다기보다는 상대에 대한 존중과 배려의 마음 씀이 결여된 탓이 크다고 느낀다. 환골탈태에는 시간이 걸린다는 사실을 잘 알지만, 미룰 수만도 없는 문제이다. 골목길에서 경적을 울리지 않고 앞사람이 기척을 느낄 때까지 기다려주는 운전자가 점점 늘어나는 사실에 희망을 가져본다.

늘 좋은 영감을 제공해주는 황훈성, 이상빈, 유민호 세 선생과 출간을 도와준 휴먼필드 이능표 대표에게 고마움을 표한다.

2020년 10월 10일
서울, 방배동에서 안 상 윤

서울 밤드리
작가 구보 씨의 서울 트레킹

01 동작대교 → 한강 둔치 ··14
저마다 속으로 침잠하며
혼자 감내해야 하는 쓸쓸한 시대
빗속이지만 춤은 추어야 한다

02 동부이촌동 ··26
슬픔을 안주로 삼던
낭만의 시간들이 세월 저편에 있었다

03 용산 ··32
변화의 바람 앞에서
바야흐로 땅의 지문이 바뀌고 있다

04 한강로 → 갈월동 → 후암동 ··38
결핍의 마음이 향하는 곳엔
보잘것없는 습관들이 유적처럼 남아 있다

05 서울역 → 중림동 → 만리동 ··54
정겨운 옛것이 걸음을 멈추게 하고
어색한 새것은 걸음을 피하게 한다

06 양동 ‥67
모든 스러진 것들에 영광 있으라
내가 줄 수 있는 것은
오래도록 기억하는 일일 뿐

07 숭례문 ‥70
증오가 부른 파괴
불멸을 위한 멸함

08 시청 주변 ‥76
죽이려는 증오 정치의 뿌리
살리려는 음식을 향한 그리움

09 덕수궁 → 정동 ‥86
석조전 수양벚꽃 석어당 살구꽃
풍경은 저토록 아름다운데

10 광화문 ‥104
깃발을 믿지 마라
정신이 피폐해지기 쉽다

11 무교동 ‥115
맵고 뜨끈한 음식이 있어
고단한 삶이 위로받았다

12 환구단 → 소공동 ‥‥120
공익심이 결여된 공허한 정치,
철학의 차이가 가른 19세기 한·일의 운명

13 명동 ‥‥130
세월은 가도 옛날은 남는 것
결핍의 아름다움이 그리워지는 곳

14 남산동 ‥‥148
봄이 머무는 언덕
아름다운 전설이 깃들어 있는 공간

15 남산 기억의 터 ‥‥152
정신을 놓지 말자
관용과 치유가 있는 풍경을 잃게 되리니

16 남산 순환로 ‥‥162
열정적 유위有爲가 있어야
변방에서 중심으로 향한다

17 을지로 ‥‥174
변화의 바람을 피하지 않되
옛것을 잃으면
마음이 가난해진다는 사실도 기억하자

18 청계천 ‥184
무리를 따르지 마라
개체의 자존自尊이 흔들린다

19 익선동 ‥196
무수한 걸음들이 오늘의 길을 만들었다
또 다른 길들도 새롭게 만들어질 것이다

20 낙원동 → 종묘 ‥202
장강의 뒷물이 앞 물을 치듯,
구시대는 가고 새 시대가 온다
대립이 아닌 화합의 이름으로

21 인사동 ‥224
배치와 조합을 달리하면
사물은 새로운 의미로 재탄생할 수 있다

22 서촌 → 인왕산 자락길 → 자하문 → 세검정
 → 삼청동 ‥244
관조하자
자연과 하나 되는 경험을 할 수 있으리니

23 가회동 → 재동 ‥274
개혁은 왕왕 허사가 된다
미완의 꿈, 미완의 나라

24 안국동 ·· 282
열정을 자제하지 못하면
진실을 놓친다

25 창덕궁 ·· 288
후원에 꽃 피고 새 울던 풍경
아스라이 멀어져 간 꿈 같은 시절

26 종로4가 → 동대문 ·· 300
한국의 힘, 노래
대중은 진화한다, 보편성의 방향으로

27 낙산 ·· 312
길의 필연성이 예정된 것이라면
운동의 방향성은 사랑이 결정한다

28 대학로 ·· 326
아름다움은 적이 많은 법이다.
시간만이 원군일 테지만,
왕왕 그마저도 편들어 주지 않는다. 무지 탓이다.

29 혜화동 → 성북동 ·· 344
느슨한 끈 같은 이웃이 될 수는 없나
삶이 다르게 전개될 수도 있을 터인데

발간에 덧붙여·황훈성 이상빈 ·· 370 / 주요 참고문헌 ·· 375

서울밤드리

작가 구보 씨의 **서울 트레킹**

01 동작대교 → 한강 둔치

저마다 속으로 침잠하며
혼자 감내해야 하는 쓸쓸한 시대
빗속이지만 춤은 추어야 한다

오전 6시. 구보 씨는 집이 있는 서초구 방배동 카페 골목 부근에서 동작대교를 건너는 코스를 택했다. 오래간만에 시원한 한강 바람을 맞고 싶었던 것이다. 큰 차들이 지나갈 때마다 다리가 출렁거려 몸이 흔들렸다. 한강을 보자 옛 추억이 떠올랐다. 1973년 여름 방학 기간에 구보 씨는 흑석동 조정장에서 합숙하며 8인용 에이트Eight와 4인용 너클포Knuckle Four를 타고 한강을 누비고 다녔다. 노들섬은 모래섬이어서 배를 대고 쉬곤 했던 곳이었다. 둔치가 생겨나기 전의 한강은 자연 그대로의 맛을 간직하고 있었다. 금호동 강변 선바위에는 응봉산에 둥지를 틀고 있는 매가 날아와 앉아 물고기 사냥을 하곤 했다. 80년대 들어 한강의 풍경이 대대적으로 변하기 시작해 오늘에 이르렀다. 둔치에는 운동 시설과 산책길, 풀밭과 꽃밭 그리고 캠핑 시설 등이 생겨나고, 반포대교와 한남대교 옆에는 인공섬 레스토랑들이 생겼다. 수상 썰매와 모터보트, 요트를 즐기는 모습도 목격된다.

이런 신풍속도가 구보 씨의 옛 기억에 겹친다. 노들섬에 오페라 하우스가 들어서면 한강 풍경은 더욱 새로워질 것이다. 한강을 내려다보며 구보 씨는 시간의 밀도가 달라짐을 실감한다. 밀도가 농할 때는 느리게 가던 시간이 밀도가 묽어지자 화살처럼 빠르게 가고 있다고 느끼는 것이다. 눈 깜짝할 새에 50년 가까운 세월이 흘러가 버렸다.

한강 둔치에는 인근 아파트 타운의 주민들이 일찍부터 나와 운동을 하고 있다. 구보 씨도 그들을 흉내 내 양팔을 휘둘러본다. 자전거 라이더들도 보인다. 구보 씨도 마음 내키면 동으로는 둔치를 따라 팔당까지, 서로는 아라뱃길을 따라 정서진까지 자전거로 달리곤 한다. 풀밭에서 노는 가족들, 운동 기구를 이용하는 중년들, 강가에 앉아 담소하는 청춘들을 바라보며 한강이 크고 아름답고 고마운 공원이라는 생각을 한다.

동작대교 ↑ 동부이촌동 한강 둔치 ←

'코비드COVID 19' 시대를 살면서 사람들의 삶의 모양도 바뀌고 있다고 느낀다. 한강 변에 앉아 슈퍼에서 사 온 캔 맥주를 홀짝대기도 하고, 앱으로 배달시킨 와인과 안주를 즐기기도 하고, 근처 산속 송림에 드러누워 음악을 듣고 책을 읽는다. 서울을 탈출해 공기 좋은 지방으로 아예 거처를 옮긴 사람들도 늘어난다. 반드시 서울에서만 살아야 하는 것은 아니라는 자각을 과감히 실천에 옮기는 것이다. 구보 씨의 친구 중에도 속초로 옮겨 가 설악산과 동해를 벗 삼아 지내는 이가 있다. 그는 그곳에서 해파랑길을 코스별로 걷기를 즐긴다. 그곳에서의 시간은 오롯이 그만의 것이다. 청간정과 아야항 사이의 해변을 걷다가 젊은 여성이 바닷가에 앉아 바다를 응시하고 있는 풍경을 발견하고선 상상의 나래를 펼치기도 한다. 영미 희곡 전공의 시인인 친구는 존 파울즈(John Fowles, 1926~2005)의 1960년대 소설 《프랑스 중위의 여자The French Lieutenant's Woman》에 등장하는 사라 우드러프에 그녀를 대입해 스토리를 상정해보기도 한다. 메릴 스트립이 검은 가운 차림으로 해변에 서 있는 1981년 작 동명의 영화 포스터가 연상 작용을 도왔다. 아야항 가리비 구이집에 앉아서는 사라의 캐릭터와 그녀를 사랑한 찰스의 캐릭터를 분석해보는 재미를 누린다. 19세기 말 빅토리아 시대 영국 해변 마을. 프랑스 중위에게 버림받은 사라. 그녀를 사랑하게 되는 명문가의 자제 찰스. 사라는 상황이 불리한 가운데도 자기식의 삶을 견지한다. 찰스의 삶은 그녀에 대한 감정이입 끝에 풍비박산이 난다. 일반적인 소설의 구성을 거부하는 전개 방식이다. 찰스는 당시 사회의 가치관을 거스르며 가식적인 삶의 태도에 반기를 들지만, 모든 것을 잃는다. 사라마저도 등을 돌리는 것으로 묘사된다. 사라는 자기 길을 가버린다. 이 지점이 독자들로 하여금 사색을 하게 만든다. 무심無心한 사라와 유심有心한 찰스. 태연히 자기 길을 가버리는 여자와 허망한 마음으로 남은 남자. 당신이 사라라면, 찰스라면, 어떤 태도를 보일 것인가? 작가의 의도도 그렇게 보이지만, 세상은 점점 사라의 손을 들어주는 쪽으로 진행되는 것이 아닐까? '쿨'한 태도를 견지하는 요즘 젊은이들은 이미 사라의 길을 걷고 있는 것으로 구보 씨는 느낀다. 아울러, 친구의 공간과 시간들은 역병이 만들어 준 것이며, 사유는 길을 걷는 사람에게 선물처럼 주어지는 것이라는 사실을 재확인한다.

  구보 씨는 코로나 이후 주변 사람들에게서 상반되는 모습을 본다. 평소 혼자 있기를 좋아하던 사람들에게는 코로나가 생활의 장애가 되지 않는 반면, 어울려 다니기를 즐기던 부류들은 현 상황을 매우 불편하게 받아들인다. '사회적 거리 두기' 탓이다. 그동안 우세를 점해 오던 외향적 성향이 쇠퇴하면서, 간섭하지 않고 간섭받기 싫어하는 내향적 성향의 사람들이 살만한 세상이 되고 있다. 어쩔 수 없이 여럿이 함께 뭉치고 어울리는 시간들은 갈수록 기회가 적어질 수밖에 없어 보인다. 누군가는 잘 버티겠지만, 다른 누군가는 외로워질 수밖에 없는 세상이 되어가는 것이다. 구보 씨는 사람들 간 관계 맺기를 무력화시키는 역병의 시대에 공동체 의식이 계속 유지될 수 있을지 의문을 품게 된다. 공동체 의식은 서로가 배려하고 도우려는 시민사회의 최고 덕목이어서 얼굴을 마주하지 않고는 생성되기 어려운 가치인 까닭이다. 개개인은 모두 공동체의 구성원들에게서 힘과 위안을 받고 싶어 한다. 공동체 의식이 없이는 고독과 고난을 견디며 삶을 이어나가기가 결코 쉽지 않다. 광막한 벌판에 혼자 버려졌다고 상상해 보자. 사방을 둘러봐도 수평만 있을 뿐 수직은 없다. 견디기 어려운 고독이 엄습해 올 것이다. 그런데 시선이 닿을만한 거리에 나무 한 그루를 심었다 치자. 그 나무로 인해 내 삶은 조금 달라질 것이다. 나는 틈만 나면 그 나무를 찾아가 곁에 머물며 하루가 다르게 커가는 잎새와 가지를 지켜볼 것이고 얘기도 건넬 것이다. 나무가 자라면 그 그늘에서 쉴 것이다. 나무를 하나 더 심으면 나의 관심은 둘로 나누어지고 나는 조금 더 바빠질 것이다. 숲을 이룰 만큼 나무를 심는다면 나는 외로움을 잊게 될지도 모르겠다. 그 숲으로 파고드는 아침 햇살은 전과는 달리 희망의 모습으로 다가

올 것이다. 그 숲속에 나의 새 공간이 마련될 가능성이 크다. 나는 그 숲에서 대상을 응시하며 관찰해 나가는 재미를 맛볼 것이다. 시내와 풀과 꽃과 나비와 새들이 생겨나는 것을 기쁜 마음으로 지켜보게 될 것이다. 그들이 서로에게 어떤 존재가 되는지 발견하는 의미 있는 시간을 갖게 될 것이다. 마침내 나는 '우리'를 생각하게 되고 '우리'가 더불어 사는 삶, 함께 사는 공동체를 구현하고픈 의욕과 책임감을 느끼게 될 것이다. 대상과의 관계 맺음 덕에 나는 나의 세계가 넓어지는 것을 확인하게 될 것이다. 나는 그들 덕분에 더 많은 것을 느끼고 배우며 긍정의 에너지를 얻게 될 것이다.

  사람은 혼자서는 살 수 없는 존재이다. 배우자를 만나고 자식을 낳으며 가족을 구성한다. 그 가족 구성원들과 관계적 교류를 하며 사회생활을 시작한다. 교류는 이웃, 친구, 조직 구성원, 마을 사람, 국민, 다른 나라 사람 순으로 넓어진다. 교류를 맺으며 사람은 다른 사람에게 영향을 미치기도 하고 자신도 상대에게서 영향을 받게 된다. 생텍쥐페리의 소설《어린 왕자Le Petit Prince》속의 어린 왕자와 여우의 사이처럼 서로가 서로에게 '길들여지는' 것이다. 이런 관계적 교류에 있어 으뜸 덕목은 온기이다. 인간은 태어나면서부터 고독한 존재이고 모두가 상처를 안고 있게 마련인 까닭이다. 다른 사람의 상처를 껴안고 다독거려줄 수 있는 '온기 있는 관계 만들기'가 시민과 시민사회 형성의 기반이다. 2015년 12월 라디오에서 한 패널이 이런 사연을 소개했다. 버스에서 있었던 이야기였다. 초라한 행색의 한 노인이 올라타더니 미안한 표정으로 "조금 가서 내리니 그냥 좀 태워달라."라고 호소했고 기사는 "안 된다."라며 요금을 내라고 종용했다. 호소와 종용이 몇 차례 거듭되자 한 여중생이 자리에서 일어나더니 기사에게 닦달을 당하고 있던 노인을 대신해 만 원을 쾌척함으로써 소란을 진정시켰다. 이 광경을 지켜보던 50대의 이 패널은 망설이다 버스에서 내리며 지갑에서 만원을 꺼내 소녀에게 찔러주었다. 이 에피소드 속의 기사와 노인 그리고 승객들은 한 번쯤은 목격하게 되는 오늘 우리 사회의 면면들이다. 소녀는 쉽게 찾아볼 수 없는 존재로서 우리가 기대해도 좋은 긍정의 아이콘이 된다. 소녀의 마음 씀에 부끄러워한 패널은 비록 소수이긴 하지만 우리 사회의 양식과 선의를 대변한다. 나머지 기사와 다른 승객들은 무심하고 무정한 우리 대부분의 모습일 것이다. 힘겨운 현실 속에 있지만, 이런 소녀와 패널의 존재가 우리에게 여전히 희망을 이야기하도록 만든다. '더 나은 공동체 만들기' 말이다.

구보 씨는 사람들을 고독하게 내모는 코로나바이러스가 세상을 어떻게 또 얼마나 변화시킬지 자못 궁금해진다. 혼자만의 시간 속에서 자기의 내면을 들여다보며 내실을 다질 수 있을지도 모른다는 긍정적 전망을 해 보지만, 세상사에 대한 무관심이 증폭될 개연성이 있다. 구보 씨는 언뜻 알베르 카뮈(Albert Camus, 1913~60)의 소설 《이방인》의 주인공 뫼르소를 떠올린다. 코로나 이후 내몰릴 '각자도생'의 삶은 기존의 가치에 무심해지게 만들 수도 있다. 사회가 부여하는 가치보다 내가 의미 있다고 여기는 가치를 우선시하는 경향성에 공감할 소지가 커 보인다. 내 의지와 무관하게 내 삶에 영향을 끼치는 모든 것에 반감을 가질 수 있다. 뫼르소는 작열하는 태양에도 적의를 드러내며 살인을 저지른다. 코로나 이후 모두가 뫼르소의 삶을 살게 될지는 알 수 없지만, 분명한 사실은, 우리는 모두 이제 다시는 그 전의 삶으로 돌아갈 수 없을 것이라는 점이다. 토마스 울프(Thomas Wolfe, 1900~1938)의 1929년 작 소설 《천사여 고향을 보라Look Homeward, Angel》에 등장하는 읊조림, "그대 다시는 고향에 돌아가지 못하리."처럼, 인류는 그전에 누렸던 일상의 즐거움을 다시는 접할 수 없을지도 모른다. 상실해야 하는 것들이 속출하고 있다. 해외여행, 회식, 강의, 강연, 전시회, 음악회, 스포츠, 노래 교실, 에어로빅, 댄스, 사교 파티, 미사와 예배, 결혼식과 장례식, 자선 모임, 광장의 집회 등이 그러하다. 구보 씨도 지중해 동쪽 끝 바다인 레반틴Levantine에 머물고 있는 후배가 유혹한 황혼 무렵의 흑황색 태양 구경을 포기해야 한다.

코로나바이러스로 관계, 소통, 교육 등 많은 부문의 풍경들이 달라질 수밖에 없을 전망이다. 사람들의 두려움은 갈수록 커지고 있고, 백신과 치료제의 개발은 난망이다. 빗장을 잠근 채 자기 삶 속으로 침잠해 들어가는 것 외에는 달리 선택이 없어 보인다. 자기 살길은 자기가 챙겨야 하는 무정한 삶의 장이 펼쳐질지도 모른다. 공통의 불안 앞에서 안전을 담보하기 위한 데이터 기반의 프라이버시 침해 등 정부 역할의 증대와 개인의 자유 축소 그리고 이에 따른 민주주의의 약화도 점점 관심 대상에서 제외될 것이다. 일상에서도 타인의 삶의 모양이 어떠하든 개의치 않게 될 것이다. 내가 내 식의 삶을 영위하는 게 무엇으로도 대체할 수 없는 지상의 가치가 될 것이기 때문이다.

인류학자들은 "인류의 역사는 비대면의 진화과정"으로 본다. 편지, 전신, 전화, 무전, 라디오, TV, 인터넷, e-mail, 휴대전화 등이 그 결과물들이었다. "인류는 새로운 비대면 수단이 등장할 때마다 '뉴노멀New Normal'을 경험하며 새 현상에 대응해왔다. 그에 따라 정부 역할이 커지는 것은 불가피했다."라고 진단한다(《대변동Upheaval》: 위기, 선택, 변화, 재레드 다이아몬드, 김영사, 2020). 무관중 스포츠 경기, 무청중 쇼 프로그램, 무관객 뮤지컬이 자연스레 정착되고 있다. TV의 오디션 프로그램에는 청중 대신 가정에서 컴퓨터나 핸드폰을 이용해 화상으로 참여하는 사람들로 채워진다. 객석에는 사람 대신 화상 모니터들이 빼곡히 들어선다. 한 공간에서 동질감을 느끼며 함께 즐기고 환호하는 관중의 모습은 사라지고 없다. 사람들은 섬처럼 제각각 떨어진 채 더 이상 한 공간에 있기가 어려워졌다. 이동할 때마다 핸드폰에는 그 지역 지자체의 코로나 상황 안내 문자가 뜬다. 정부가 개인의 동선을 모두 파악하고 있는 것이다.

역설적으로 사람들 간 관계의 강도가 약해지는 게 혁신과 창의를 촉발할 가능성도 있어 보인다. 구보 씨는 SNS에서 만나는 외국 친구가 "코로나가 밉지만, COVID 이후 공원을 산책하고 벤치에서 책을 읽고 준비해

간 커피를 마시며 음악을 듣고 빵집에서 빵을 사서 먹거나 싸간 도시락으로 늦은 점심을 때우고 사진을 찍으며 시간을 보내는 일상을 갖게 돼 행복하다."라고 피력하는 걸 보면서 시선이 차분하고 마음이 고요하면 풍경도 그에 걸맞게 평화로운 모습으로 찾아온다는 사실과 함께 그 평화를 코로나가 가져다주었음을 발견한다. 구보 씨는 어쩌면 코로나 위기 상황이 부조리 속에서 재미를 찾으며 살아가는 법과 그 필요성을 비로소 이해하게 만드는 계기로 작용할 수 있겠다는 전망도 해본다. 해방 이후 오랜 세월 편을 갈라가며 격렬하게 대치했던 진영의 싸움도 개인의 무관심 속에 덧없이 종결되면서, 역설적으로 관용과 연대의 문화가 정착될 수 있을지도 모를 일이다. 모든 일은 반드시 하나의 모습만으로 고착되지는 않는 법이다. 예상하지 못했던 다른 모습들도 툭툭 튀어나오게 마련이다. 부정과 긍정, 비관과 낙관, 절망과 희망이 교차하며 혼재하는 것이 삶의 다양한 풍경이다. 유연한 사고로 변화에 적응하려는 마음가짐이 불확실한 시대를 살아가는 데 필수 불가결한 인간의 조건이 되고 있다. 위기가 기회가 될 수도 있는 것이다. 그러니 상황이 비관적이더라도 절망에만 빠질 게 아니라 무언가 이겨내려는 몸부림을 쳐야 하지 않겠는가. 영화 《Singing In the Rain》의 프레디 아스테어Fred Astaire처럼 쏟아져 내리는 빗속에서도 춤을 추려는 자세가 바람직하지 않겠는가.

 구보 씨는 상념이 꼬리를 물고 이어지자 마침내 고개를 들어 망연히 하늘을 응시한다. 하늘은 구름 한 점 없이 맑고, 한강은 전날 내린 비로 살쪄 있다. 꽃과 나무들의 푸르름이 바이러스의 위협을 일축하는 듯 보인다. 만족감이 든다. 풍경이 이렇게 위로를 주는 존재인지를 코로나 위기 전에는 제대로 알지 못했다. 최근 들어 구보 씨는 푸르름에서 알 수 없는 슬픔의 감정을 느끼게 되었다. 전에 없던 경험이었다. 그 존재 자체만으로 이미 아름다운데도 세상이 어두워져야 비로소 신음처럼 탄성을 지르게 되는 색깔이 'blue'라는 걸 발견하는 것이다. 한여름 저녁 8시쯤에 어둠 속에서 마지막 빛을 발하는 하늘의 잉크 빛 색은 다른 어떤 표현보다도 "슬프다."라는 표현이 어울린다.

20세기의 거장 파블로 피카소(Pablo Picasso, 1881~1973)는 감지했던 것 같다. 이른바 '청색시대Blue Period'를 이루는 일련의 작품들에 스민 푸른색은 1901년부터 4년간 '피카소의 색'이라 부를 정도였다. 〈자화상〉을 비롯해 〈팔짱을 낀 여인〉, 〈해변의 모자〉, 〈기타 치는 노인〉, 〈압셍트를 마시는 사람〉, 〈늙은 거지와 소년〉, 〈눈먼 사람의 식사〉, 〈어머니와 아이〉, 〈비둘기를 안고 있는 소녀〉 등의 작품들에 주조로 쓰인 청색은 고뇌, 절망, 고독, 우수, 비애 등을 대변한다. 특히 《청년 피카소의 자화상 1901》에 묘사된 광대뼈가 드러날 만큼 푹 꺼진 볼, 덥수룩한 턱수염, 퀭한 두 눈 그리고 검은 옷은 청색을 배경으로 한 것이어서 강렬한 대비를 이룬다. 작가의 내면의 슬픔은 청색을 만나 더욱 격렬해지는 느낌이다. 푸르름이라는 아름다움으로 가지 못한 채 견뎌내야 하는 힘든 현실이 강조된다. 이때 청색은 슬픔에 머무를 뿐이다.

푸른 초여름의 풍경에서 오히려 슬픔을 감지하는 모순에 구보 씨는 머리를 흔든다. 한강 변의 고층 로프트Loft들이 눈에 들어오자 구보 씨는 평소 상상하곤 했던 이마쥬Image 하나를 그려본다. 강변 고층 아파트들의 높이를 활용해 폭포가 쏟아져 내리는 비주얼을 연출한다면 명소가 되지 않을까, 하는 것이다. 밤의 유람선에서 그 광경을 본다면 환상적 경관이 될 게 틀림없다. 디지털 강국임을 과시할 수도 있을 것이다.

동작대교를 다 건너자 강북 쪽 둔치로 내려선다. 풀들 사이에 생긴 길을 따라 황토색 흙을 밟고 간다. 서울시가 심은 미루나무들이 훌쩍 자라 방풍림을 이루며 강변에 운치를 더해주고 있다. 바람에 떠밀려 착근着根한 버드나무들도 곳곳에서 풍채를 자랑하고 있다. 구보 씨는 버드나무를 볼 때마다 누군가가 집을 지으며 기둥 한 짝으로 쓸 재목이 부족해 냇가의 아름드리 버드나무를 베어다 썼는데 비를 맞고 흙이 튀어 생장의 환경이 갖춰지자 키가 커져서 결국엔 버려야 했다는 이야기를 떠올린다. 그 정도로 생명력이 강한 수종이라는 이야기이다. '적재적소'의 교훈으로도 언급된다. 편하다고 별생각 없이 물건이나 사람을 썼다가는 낭패를 본다는 훈화이다. 구보 씨는 어설픈 아마추어들이 주요 직책을 맡아 제멋대로 정책을 구사하다 난장판을 만드는 모습들을 익히 보아온 터라 마음이 불편해졌다.

02 동부이촌동

슬픔을 안주로 삼던
낭만의 시간들이 세월 저편에 있었다

둔치를 버리고 동부이촌동으로 올라와 걷는다. 구보 씨는 이 동네에서 로맨티시즘을 느낀다. 아파트와 상업시설이 서로 절제를 잃지 않으면서 공존하고 있다. 1970~80년대에 사람들의 발길이 잦았던 지역이다. 매력적인 음식점과 술집들이 세련된 모습으로 포진해 있었던 기억이다. 그 중심에 '장미의 숲'이 있었다. 1973년부터 충신 교회 뒤쪽에 있었던 이 경양식 집은 스파게티로 유명했지만, 피자 안주로 맥주를 마시기에도 좋았다. 예약하지 않으면 입장이 어려웠을 정도로 인기를 끌었다. 여성 고객들에게는 장미꽃 한 송이를 선물하는 로맨틱한 전통이 있어 데이트족들이 즐겨 찾았다. 내로라하는 유명인들과 30, 40대 직장인들도 있었다. 웨이터에게 팁을 찔러주면 말하지 않아도 오이 피클을 계속 갖다주는 서비스를 받을 수 있었다. 음식점으로는 유일무이하게 주제가를 갖고 있던 곳이었다. "내 마음 외로울 때 즐겨 찾던 장미의 숲~"으로 시작되는 그 곡은 '쟈니 브라더스'의 멤버 김준(1940~)이 짓고 디바 패티김(1938~)이 분위기 있게 불러 이 집의 매력을 더해주었다. 이 집은 1978년 한강을 건너 방배동 카페 골목 초입으로 자리를 옮긴다. 구보 씨는 1984년에 그 옆으로 이사 오는 바람에 자주 드나들면서 수많은 로맨티시스트와 조우하곤 했다.

충신교회 뒤에는 '크레이지 호스'와 '전원' 등의 카페도 있었다. 당시로서는 세련된 분위기였던 이 카페들은 장안의 애주가들 사이에 명성이 자자했다. '전원'의 여주인은 가수 서유석 씨와 인연을 맺어 더욱 유명해졌다. 구보 씨는 '크레이지 호스'를 1983년 소설가 김주영(1939~) 선생이 이끌어 처음 가보았다. 김 선생은 둘이 마시는데도 안주를 이것저것 많이 시켰다. 미안한 마음에 만류하자 선생이 말했다. "많이 먹읍시다. 나는 푸짐하게 차려놓고 먹는 게 좋아요." 그는 경상북도 청송에서 어려운 집안 형편 탓에 배를 곯았던 서러운 기억을 안고 있었다. 남의 집 밭 무를 뽑아 먹다 야단맞고, 학습 준비물을 마련하지 못해 혼나고, 진달래꽃으로 허기를 달랬다. 크레파스 살 돈이 없어서 빌린 흰색 크레파스로 하늘을 처리했다가 벌을 받기도 했다. 스무 살 무렵 서울을 보고 싶다는 일념으로 안동역에서 중앙선을 무임 승차했다가 몇 차례나 역무원에게 적발돼 강제 하차당했던 눈물겨운 사연도 갖고 있었다. 경상북도 어느 산이역의 캄캄한 어둠 속에 내팽개쳐지던 때의 절망감과 비애도 잊지 못하고 있었다.

동작대교에서 바라본 동부이촌동과 강북강변도로 옆 둔치(우상)

60년대에 많은 시골 젊은이들이 꿈을 찾아 서울을 향했다. 무작정 상경도 마다하지 않았다. 대한민국 전체가 가난하던 시절이었다. 서울을 향하지 않으면 미쳐버릴 것 같은 청춘의 몸부림이 있었다. 많은 꿈이 좌절의 아픔을 겪었다. 국가 경제의 규모가 모든 청춘을 모두 품어줄 수 있는 사이즈가 못되었다. 시인 김지하는 당시 청춘들이 가졌던 좌절감을 '서울 길'이라는 시에서 이렇게 읊었다.

간다 울지마라 간다 모질고 모진 세상에 살아도 분꽃이 잊힐까 밀 냄새가 잊힐까/ 사뭇사뭇 못 잊을 것을 꿈꾸다 눈물 젖어 돌아올 것을 밤이면 별빛 따라 돌아올 것을

이런 청춘의 절망은 70년대까지도 계속된다. 조용필(1950~)은 비행기 안에서 농촌 청년들의 고통에 관한 기사를 접하고 〈꿈〉의 노랫말을 지었다.

여기저기 헤매다 어두운 문턱에서 뜨거운 눈물을 먹는다. 머나먼 길을 찾아 여기에, 꿈을 찾아 여기에, 괴롭고도 험한 이 길을 왔는데 이 세상 어디가 숲인지 어디가 늪인지 그 누구도 말을 않네

〈꿈〉은 구보 씨가 예전에 노래 집에서 즐겨 불렀던 곡이다. 사이먼 앤 가펑클Simon & Garfunkel의 1970년 발표작 〈The Boxer〉와 가사의 분위기가 비슷해 두 곡을 이어 부르곤 했다.

고향 집과 가족을 떠날 때 난 아직 어린애였어
기차역의 적막 속에서 겁에 질려 배회했고
기가 죽어 움츠러들었고 그래서 빈민촌을 찾아 나섰어

그저 막노동꾼 품삯 정도만 바라며 일자리를 찾아다니지만
어디서도 반기는 데가 없어

    70년대 초중반 부산에서 서울로 올라와 힘들게 살았던 기억을 안고 있는 구보 씨로서는 공감이 큰 노래들이었다. 김주영 선생의 옛이야기는 술안줏감으로 훌륭했다. 그는 조선 시대 보부상들의 이야기를 다룬 《객주》로 장인의 반열에 오른다. 발품을 들여 보부상들의 언어를 수집하고 스토리를 구하고 영감을 얻으려 애썼다. 그들의 모습을 꿈속에서라도 만나보려고 길 위에서 노숙하는 수고도 마다하지 않았다. 그런 각고의 노력으로 탄생한 소설 《객주》가 베스트셀러가 되고 작가로서 인정을 받은 1980년대가 그의 화양연화花樣年華가 되었다. 객주는 TV 드라마로도 방영돼 인기를 끌었다. 김주영은 어떤 독자로부터 "《객주》는 절대 화장실에서는 읽지 않는다."라는 이야기를 들었을 때가 가장 뿌듯했다고 밝혔다. '크레이지 호스'에서 특유의 재담으로 옛이야기를 들려주던 선생의 모습이 아스라이 그려진다.

    오랫동안 구보 씨의 입을 즐겁게 해 주었던 이 거리의 또 다른 터줏대감인 '이자카야' 술집 '국화'가 사라진다는 소식을 들어 알고 있었던지라 구보 씨는 굳이 거기로 걸어가 아쉬운 마음으로 작별을 고한다. '도리야끼(닭 꼬치구이)'와 '타코 와사비(겨자 낙지)', '시샤모(학꽁치)' 등을 안주로 맥주를 마시는 재미가 있었다. '스시'가 일품인 건너편 '기꾸菊'보다 대중적이어서 주머니가 가벼운 축들이 많이 찾던 곳이었다. 이 거리에 안개비가 내리던 지난 4월 이 집을 좋아하는 목수 친구와 밤늦은 시각에 들러 '히레사케'를 마셨던 게 마지막 추억이 되었다.

03 용산

변화의 바람 앞에서
바야흐로 땅의 지문이 바뀌고 있다

용산龍山으로 접어들며 구보 씨는 면모를 일신한 용산역 주변을 파노라마 촬영하듯 빙 둘러본다. 집창촌과 음식점들이 소멸해버린 자리에 고층 건물들과 잔디 광장이 들어섰다. 구보 씨는 그 자리에서 명멸해 간 옛 흔적들을 잠시 반추한다. 온몸을 던져 생을 이어갔던 사람들의 궤적이 어딘가에 묻어있을 터이지만, 옛 사연을 알지 못하는 사람들의 눈에 이곳은 그저 세련된 현대적 공간으로만 비칠 것이다. 이 지역에 들어선 고층 아파트 단지들은 힘이 세 보인다. 평당 가격이 7천만 원을 상회한다. 부유층들이 사는 곳이니만큼 예민하고 무정한 일면도 보인다. 단지 내 연못에서 울려 퍼지는 개구리울음 소리가 시끄럽다는 민원이 제기되자 주민대표는 연못의 물을 모두 빼버렸다. 그 개구리들은 다 어떻게 되었을까. 부지런히 점프를 거듭해서 용산가족공원으로라도 옮겨갔으면 좋겠다고 구보 씨는 안쓰러워한다.

"땅에도 지문이 있다."라는 명리학자들의 말이 가장 설득력 있게 전달되는 곳이 용산일 것이다. 한강과 접해 있고 남산과도 붙어 있어 이곳은 일찍감치 군사기지로 지문화 됐다. 고려 시대에 몽골군이 병참기지로 사용한 것을 비롯해 조선 시대에는 군마를 키우는 양마장으로 썼다. 임진왜란 때는 고니시 유키나가(小西行長, 1555~1600)와 가토 키요마사(加藤淸正, 1562~1611)의 부대 등 왜군이 주둔했다. 1882년 임오군란 때는 청나라 장수 위안스카이(袁世凱, 1859~1916)가 청군의 군영으로 삼고 군란을 일으킨 병사들을 이태원에서 왕십리까지 이 잡듯이 뒤져 몰살했다. 배후로 지목받은 흥선대원군은 이곳에서 피랍돼 군함 편으로 티엔진天津에 압송된다. 1894년 청일전쟁에서 패한 청군이 떠나자 이번에는 일본군 병력이 진주했다. 1904년 일본은 이곳에 조선군사령부를 설립해 만주 침공을 준비한다. 일제가 태평양전쟁에서 패배하고 조선을 떠나자 1945년 9월 미군 제24단이 주둔했다.(《근대를 산책하다》, 김종록, 다산초당, 2012) 한국동란을 거쳐 1955년 미군은 일본에 있던 미 8군을 대거 이곳으로 옮겨와 용산 기지 시대를 열어

오늘에 이른다. '8군'이라 부른 주한미군의 존재는 당시 한국 경제와 대중문화에 지대한 영향을 미쳤다. 8군 무대를 통해 60, 70년대에 많은 보컬 그룹과 그룹사운드들이 양성됐다. 신중현과 더 맨, 조커스, 바보스, 키보이스, 히식스, 키브라더스, 트리퍼스 등이다. 이들이 오늘날 세계를 무대로 맹활약을 펼치는 BTS 등 K-pop의 선구자가 된다. 1955년 이후 미군을 대상으로 하는 연예 산업이 전성기를 구가했다.

1957년에는 8군 쇼 무대만을 전문으로 대행하는 용역업체가 탄생했다. '용역불(用役弗) 수입업자'였다. 최초의 외화벌이 업체였다. 1950년대 중반 전국의 미군 클럽 수는 264개에 이르렀고, 미군이 한국 연예인 공연단에 지급하는 금액은 연간 120만 달러에 육박했다.[1] 이 금액은 당시 한국 연간 수출 총액과 맞먹는 액수였다.

고려 시대부터 지금까지 천년에 걸쳐 배타적 성격의 군사 공간으로 기능한 용산의 지문이 바야흐로 지워지게 된다. 미군이 평택으로 이전하면서 이 공간은 조만간 '민족공원'으로 탈바꿈하게 되었다. 남산과 한강을 잇는 중간 부위에 위치하는 이 공원에 우리는 어떤 그림을 그려야 할까. 구보 씨는 런던의 하이드 파크나 뉴욕의 센트럴 파크처럼 역사와 문화 그리고 생태가 어우러져 시민의 자랑이 되는 공간이 탄생하기를 기원하는 마음이 된다.

---

1 《한국 팝의 고고학 1970》, 신현준 외, 2010 참조

용산 한강로(좌)와 아파트 타운(우)

04 한강로 — 갈월동 — 후암동

결핍의 마음이 향하는 곳엔
보잘것없는 습관들이 유적처럼 남아 있다

한강로를 따라 걸으며 구보 씨의 시선이 아스팔트 위에 멈춘다. 서울 도로를 포함해 한국의 도로 대부분의 포장이 차도 중심에서 인도 쪽으로 가면 여전히 흐지부지해진다. 비만 좀 오면 '포트홀Pothole'이 생겨 교통사고를 유발한다. 그걸 목격할 때마다 구보 씨는 짙은 자괴감을 느끼곤 한다. 일본의 도시 어느 곳에서도 그렇게 아스팔트를 처리한 모습을 본 적이 없다. 차도의 아스팔트는 인도까지 깔끔하게 포장된다. 그런 도로포장의 차이가 두 도시의 인상을 결정짓는다. 한쪽을 고급스럽게, 다른 쪽을 싸구려로 보이게 만든다. 인도의 블록들도 마찬가지이다. 한결같이 평평하지 않고 어디부터는 블록이 선을 잃고 삐뚤삐뚤하며 툭 튀어나온 채 방치된 모습을 보인다. 다리 힘이 약한 노약자들이 곧잘 튀어나온 블록에 발이 걸려 낙상하는 사고를 당한다. 일본에서는 이런 경우가 발생하면 해당 지자체가 책임을 진다. 보상은 물론이려니와 책임부서의 장이 환자를 찾아와 정중히 사과하고 재발 방지를 약속한다. 2009년 11월 도쿄에 첫눈이 내리던 날 일본 공무원이 보여준 공복의 모습은 구보 씨에게 깊은 인상을 남겼다.

밤새 큰 눈이 오자 공무원들이 꼭두새벽부터 나와 도쿄 시내 경사지 주택가 골목마다 늘어서서 출근길 차량의 운행을 돕고 있었다. '월급을 주어도 아깝지 않을 일본 공무원'이라는 찬사는 괜히 하는 말이 아니다.

우리는 관민 할 것 없이 대충 대충하는 경향이 여전히 남아 있고, 일본은 철저하게 원칙을 지키는 차이이다. 아마추어와 프로의 차이에 비유될 만하다. 방콕에서 치앙마이까지 국도를 달리다 보면 메우고 때운 흔적이 없는 데 놀란 적이 있다. "우리가 태국보다 못한가?" 여기다가 사연을 듣고 고개를 끄덕이게 된다. 태국의 주요 간선도로는 일제 자동차의 배타적 수입 조건으로 일본이 무상으로 지어 준 까닭이다.

비단 공무원뿐만 아니라 일본인들은 무슨 일을 하든지 자기의 일을 천직으로 여기며 최선을 다하는 소명 의식이 있다. 그들은 자기가 하는 일을 통해 하늘에 닿을 수 있다고 생각한다. 그래서 일본에는 개업한 지 백 년 이상인 '시니세老鋪'들이 2만 개가 넘는다. 미꾸라지가 두부로 파고드는 추어탕, '도조どぜう나베'를 만드는 도쿄 아사쿠사淺草의 코마가타駒形는 1801

년쯤에 창업했으니 220년의 역사를 간직하는데 여전히 성업 중이다. 가게 주인은 추어탕 만드는 일을 누대에 걸쳐 지켜온 집안의 후손임을 자랑스러워한다.

  몇 년 전 큐슈九州 미야자끼宮崎의 한 '스시'집에 들렀을 때 40대 중반의 주인에게 인사치레로 물은 적이 있다. "골프 도시에 사시니까 골프 자주 치시겠어요?" 주인의 대답은 의외였다. "저는 골프를 안 칩니다. 제가 골프를 치면 땀을 흘리고 물을 많이 마시게 되므로 제가 만드는 음식 간이 짜질 수 있어서 그렇습니다." 문득 장사 좀 되면 가게를 맡긴 채 열심히 필드에 나가 사교하고 다니는 한국의 음식점 주인들이 떠올랐다. 둘 다 OECD 선진 국가에 속하는 한국과 일본은 지표나 수치 면에서는 별 차이가 없을지 몰라도 구성원들의 의식 면에서는 아직 차이가 현저하다고 구보 씨는 여긴다.

  자기 직업을 천직으로 여기며 최선을 다하는 시민은 책임감이 있고, 타인에 대한 예의가 있으며, 질서를 중시하고 남을 시기하지 않는다. 그런 시민의 캐릭터는 갈등과 대립을 만들지 않아 시민사회를 형성하고 유지하는 데 도움이 된다.

  한국과 일본의 차이는 장인 의식이 있고 없고의 차이일 것이다. 장인 의식의 부재는 디테일을 경시하는 풍조에 직결된다. 구보 씨는 거대 담론에만 몰입하는 우리 민족의 경향성이 그런 풍조를 조성하는 원인이 된다고 여긴다. 좌우 진영으로 나뉘어 이념 투쟁에 '올인'하는 사이에 인간적 삶의 영위에 필수적인 많은 요소가 사각지대에 방치되어 온 탓이 크다고 생각한다. 안전사고나 사기, 사채, 도박 피해, 학교폭력, 조직 내 성추행, 성희롱, 갑질 등은 우리가 외면하거나 시선을 주지 못하는 취약지점들이다. 모두가 피해자 개인에게는 자존을 위협할 정도로 삶을 옥죄는 올가미들이지만, 이 폐단을 깨부수려는 우리 사회의 적극적인 노력은 보이지 않는다. 담론의 크기가 작다고 여기는 탓일 것이다. 기실 개인에게는 거대 담론보다 평화롭고 안전하게 삶을 영위할 수 있는 환경이 더 중요하다. 그 환경 조성은 사회가 작은 디테일을 챙기는 데서부터 비롯된다. 이 디테일에 관심을 두지 않으면 그 사회는 집단 상실감이나 깊은 무력감이 도화선 작용을 하면서 분노라는 화약에 닿아 마침내 거대폭발에 이르게 된다.

1917년 11월 러시아 혁명 직후 레닌은 외투의 단추가 떨어진 채로 다니던 부하에게 식량 수송의 중요 임무를 맡겼다가 실패한 후 자책한다. 그의 떨어진 단추를 간과한 데 따른 응보라고 여긴 것이다. 이 일화는 디테일에 약한 사람은 결국 큰일을 해내지 못하는 경우가 많다는 점을 적시한다. 개인과 마찬가지로 사회도 디테일을 등한시하면 반드시 큰 화를 당하게 마련이다. 302명의 어린 생명을 속수무책으로 수장시킨 2014년 4월 16일의 세월호 사고로 국민은 큰 트라우마를 안았고 정권이 붕괴하였던 사례가 대표적이다. 낡은 선박을 들여와 객실을 증축하고 컨테이너를 과적하면서 평형수를 줄인 탓에 좌우 불균형이 되면서 침몰했다. 여기에 선장의 선실 이탈과 선원들의 과실이 더해졌다. 선박 수령 20년 제한을 완화하지 말았어야 했고, 선실 증축을 허용치 않아야 했으며, 과적을 단속했어야 했고, 조타 원칙을 지켰어야 했다. 변칙적인 세부 사항들이 걸러지지 않으면서 비극은 일찌감치 잉태되었다. 안전에 둔감한 상태이다 보니 사고 매뉴얼도 있을 리 없었다. 막상 일이 터지자 우왕좌왕하기만 했을 뿐, 어디서 어떻게 손을 써야 할지를 알지 못해 피해를 키웠다. 선현들은 이미 그 위험성을 경고한 바 있다. 기원전 430년경에 만들어진 《중용》 제23장 〈기차치곡장其次致曲章〉에서도 확인된다.

其次는 致曲이니 曲能有誠이니 誠則形하고 形則著하고 著則明하고 明則動하고 動則變하고 變則化니 唯天下至誠이야 爲能化니라.

이재규 감독의 2014년 작 영화 《역린》에서는 이 부분을 성소 대왕의 내사로 전달하고 있다.

"작은 일도 무시하지 않고 최선을 다해야 한다. 작은 일에도 최선을 다하면 정성스럽게 된다. 정성스럽게 되면 겉에 배어 나오고, 겉에 배어 나오면 겉으로 드러나고, 겉으로 드러나면 이내 밝아지고, 밝아지면 남을 감동하게 하고, 남을 감동하게 하면 이내 변하게 되고, 변하면 생육된다. 그러니 오직 세상에서 지극히 정성을 다하는 사람만이 나와 세상을 변하게 할 수 있는 것이다."

작은 것을 챙기는 습관이 만사의 기본임을 강조하고 있다. 학자 군주였던 현군 정조대왕(이산李祘, 1752~1800)이 능히 입에 올렸음 직한 대목이다. 위인들에게서 공통으로 발견되는 덕목이다. 성웅 충무공 이순신(忠武公 李舜臣, 1545~98) 장군도 그랬다. 나라가 당쟁으로 어지럽던 시절에도 휩쓸리지 않고 자기의 맡은 바를 묵묵히 실천했다. 《난중일기亂中日記》는 충무공이 당시 조선의 관리로는 유일하게 왜의 침략에 대비했음을 보여준다. 원칙주의적이고 도덕주의적인 면모의 발현에 다름아니다. 1591년 2월 전라좌도 수군절도사로 임명된 이순신은 여수에 부임하자마자 병적기록부와 병기창부터 확인했다. 병력 통계가 뒤죽박죽이고, 병기의 관리 상태가 엉망이었다. 전임자들은 챙기지 않던 일이었다. 사소할 수도 있지만, 지도자가 꼭 챙겨야 할 확인 작업이었다. 이런 유의 오류는 지금도 곳곳에 숨어있다. 챙기려 들지 않으면 보이지 않는다. 충무공은 하자들을 꼼꼼히 보정한 후 전력 증강 작업에 나섰다. 실전 같은 훈련을 하고 전법을 연구하고 철갑선을 건조했다. 공수작전을 효율적으로 전개하기 위해 좌수영 본영을 한산도로 옮겼다. 1년 뒤 발발한 임진왜란으로 국파산하國破山河의 지경에서 나라를 구한 건 다름 아닌 충무공의 챙김과 대비였다. 위대한 선조가 남긴 절대 진리, '유비무환有備無患'의 정신을 후대가 제대로 계승하지 못하고 있는 것은 부끄러움을 넘어 국가적 손실이 아닐 수 없다.

세월호 사고나 연이어 터진 서울 지하철 추돌 사고 그리고 그 전후에 발생한 수많은 사고의 원인은 모두가 후진국형 사고였다. 언론은 한결같이 '안전 불감'이라는 표현을 써가며 개탄했지만, 기실 그 사고들의 원인은 작은 것을 제대로 챙기지 않은 데 있다. 거대 담론만을 논할 뿐, 디테일은 가볍게 여겨 온 우리의 자업자득이었다. 그래서 2015~16년에 걸쳐 지하철 스크린 도어에 작업자가 끼어 숨지는 사고가 세 차례나 되풀이된 데서 보듯이 안전사고 뉴스는 시간과 장소, 피해자만 달라질 뿐 동어반복을 계속한다.

구보 씨의 뇌리에 문득 한 단어가 떠오른다. '메멘토 모리Memento Mori'. 우리의 어리석음이 빚어내는 비극은 모두 '죽음을 기억하라'는 이 단어를 망각하면서 비롯된다고 느낀다. 주변을 돌아보면 사람들은 영원히 살 것처럼 군다. 탐욕적이며 환락적이고, 공격적이며 파괴적이다. 삶이 시작된 순간 이미 죽음도 시작되었음을 잊고 산다. '현재에 충실하라'는 가르침, '카르페 디엠Carpe Diem'도 그저 즐기라는 뜻으로만 받아들인다. 매일 매순간 죽음에 가까워지고 있다고 생각하지 못한다. 이익을 극대화하려는 욕심은 이런 인식의 배후에서 자라난다. 겸허함이 실종된 풍토에서 타인의 생명을 존중하려는 철학이 생겨날 리 없다.

후암시장 안에 1923년에 누군가가 찍은 갈월동 사진 한 장이 전시돼 있다. 사진 속의 신작로는 지금 지하철 1호선과 4호선이 지나는 한강로로 보인다. 길가의 집들은 모두 왜식 건물이다. 사진 왼쪽 바깥엔 경부선 철로가 놓여 있었을 것이다. 널찍한 비포장도로 위를 우마차와 수레 몇 대가 한가롭게 다니고 있다. 금석지감을 느끼게 한다. 구보 씨는 문득 타임머신을 타고 그 시절의 한가한 풍경으로 들어가 보고 싶은 충동을 느낀다. 구보 씨는 지금과는 천양지차를 보였을 100년 전 서울은 어떤 모습일지 늘 궁금해하곤 했다. 동네마다 이런 사진들을 발굴해 전시하면 상상의 나래에 기초해 커뮤니티에 대한 애정이 커지지 않을까, 생각하는 것이다.

갈월리, 1923

    숙대입구역서 구보 씨는 남산 방향으로 향하다 왼쪽 주택가 쪽으로 방향을 튼다. 일제 강점기 때 일본인들이 많이 거주해 아직도 적산가옥들이 많이 눈에 띈다. 여전히 다다미방 구조일지 궁금해진다. 창문 너머로 남산이 조망돼 입주자들은 근사한 차경借景을 누렸을 것이다. 일식집 2층을 개조해 1인 룸을 몇 개 만들어 세를 놓은 집들도 보인다. 내부가 어떤 모양일지 궁금해진다. 아마도 매식하며 겨우 잠만 자는 구조 아닐까 여겨졌다. 서울의 주택난을 반영하는 현상이지 싶다. 청년들은 셰어 하우스Share House도 선호한다. 침실은 독립적으로 쓰면서 부엌, 거실, 마당 등은 공동으로 사용하는 주거 형태이다. 대학생이나 사회 초년생들이 선호한다. 점점 늘어나는 추세이다. 구보 씨는 가족도 아니고 독거도 아닌, 내 집이 아니지만 남의 집도 아닌 공유주택의 삶이 실험적 시도라고 느낀다. 누군가의 표현처럼 '느슨한 가족'의 형태를 이룰 수 있다면, 나름대로 서로에게 의지가 될 수도 있겠다고 여긴다. 이 셰어 하우스도 진화를 거듭해서 서재, 명상실, 만화방, 피트니스 룸 등을 갖춘 곳도 생겨나고 있다. 창업이나 요리,

후암동, 1965년

음악, 영화 등 아예 관심사가 같은 사람들끼리 함께 살며 차별화를 이루는 형태도 등장했다. 개인의 사생활이 침범받지 않으면서 공동의 관심사를 추구할 수 있는 환경도 21세기적 삶의 한 풍경일 수밖에 없을 것이다.

도로에 접한 이면 골목에는 스테이크와 소시지, 부대찌개를 파는 식당들이 있다. 한국동란 후 50년대에 들어선 미군 부대와 역사를 함께 하는 곳들이다. 몇 곳은 옛 생각에 잠기게 한다. 레스토랑 같은 양식당들이 생겨나기 전인 60, 70년대에 존재감을 과시하던 곳들이다. 버터로 달군 프라이팬 위에서 지글지글 끓던 고기들이 절로 떠오른다.

구보 씨는 버터를 '빠다'로 부르며 어린 시절을 보냈다. 누구에게나 한 시절의 환경이 절로 연상되는 음식이 있게 마련인데, 구보 씨에게는 그것이 '빠다 밥'이었다. 1960년대가 내포하는 '가난'과 '미군 부대'가 그 환경을 이루는 요소들이다. 뜨거운 쌀밥에 미군 부대서 흘러나온 '빠다(버터, Butter)'를 넣어 '왜간장'이라 부르던 양조간장에 비벼 먹으면 환상이었다. 전 국민이 가난했던 시절, 그전엔 구경도 못 했던 맛의 신천지를 보여줬던 까닭이다. 살기가 나아진 1970년대 이후에는 우리 밥상에서 멀어져간 이 음식은, 프랑스 사회학자 피에르 부르디외(Pierre Bourdieu, 1930~2002)의 정의를 빌리면, 구보 씨를 비롯한 60대 이상의 '아비튀스habitus'에 속한다. '아비튀스'는 번역하면 '습성'쯤에 해당하는데, '사람이 어떤 생소한 상황에 부닥치면 익숙한 세계 쪽으로 타성적으로 퇴각하게 되는 몸의 독특하고 무의식적인 성향'을 이른다. 사전적 의미로는 '특정한 환경 요인으로 인해 형성된 성향이나 사고, 인지, 판단과 행동 체계를 의미'한다. 주로 정치, 사회, 문화적으로 계급 구성원들의 표상이나 특성을 나타내는 개념으로 쓰인다. 이를 음식에 국한해보면, 1950~1970년 시기를 살았던 중장년층이 그 시기를 자동으로 떠올리며 무의식적으로 향수를 갖게 되는 먹거리가 '빠다 밥'이어서 그 현상을 '아비튀스'라 부를 만하다. 구보 씨의 경우, 그것이 그의 '아비튀스'임을 확인시켜준 계기가 있었다. 몇 년 전에 우연히 접한 한 TV 프로그램에서였다. 구보 씨는 2014년 가을 TV 채널을 돌리다 《심야식당》이라는 일본 드라마에서 멈췄다. 도쿄 신주쿠 후미진 골목길에 자리 잡은 '메시야'라는 허름한 식당을 배경으로 한 상황극이었다. 손님이 원하면 안 되는 것 빼고는 모두 만들어 내놓는데 그곳을 찾는 사람들의 음식에 얽힌 사연들을 풀어내는 것이 이 드라마의 세일즈 포인트였다. 구보 씨에게는 일본의 음식 문화를 접하는 재미도 있었지만, 이 작은 식당으로 모여드는 군상들의 면면이 흥미를 끌었다. 모두가 외로운 존재들이었다. 막일꾼, 삼류 배우, 음식점 아르바이트생, 동성애자 미용사, 조폭, 창녀, 스트립댄서, 술집 여성 등 소위 사회의 '루저loser'들이었다. 밤이 깊어도 딱히 갈 곳이 없고 집이 있어도 '왠지 허전해서 바로 들어가기 싫은' 사람들이 이곳을 찾고 있다. 모두가 자신만의 추억이 깃든 음식을 주문하고 그걸 먹으며 행복해한다. 그들을 만족시키는 것은 음식이겠지만, 그들이 진정으로 그곳에서 누리는 것은 다름 아닌 집 같은 따스함과 가족 같은 친밀함이었다. 누군가가 자기 사연 한 자락을 펼쳐 보이면 자연스럽지만, 결코 과하지 않은 범위 안에서 관심을 표한다. 그곳에서는 그 누구도 상대를 무시하지 않고 자신도 무시당하지 않는다. 고단한 삶을 사는 사람들끼리 서로를 다독이고 용기를 불어넣어 준다. 음식에 담긴 일본 보통 사람들의 사연이 낯설지 않다. 구보 씨는 음식에 관한 한 우리와 일본인은 비슷한 정서를 공유하고 있는 것 같다고 느꼈다. 어느 날엔 '빠다 라이스'가 소개되었다. 떠돌이 노老 악사가 노래 사례로 독특하게도 이 메뉴를 주문하자 이 집의 소문을 듣고 처음 찾은 저명한 음식 평론가가 그 옛날 자기 누나의 애인이었던 그를 기억해내고선 고향에서 아직도 그가 돌아오기를 기다리는 누나 곁으로 그를 돌려보낸다는 줄거리였다. 누나는 30여 년 전 어린 소년이었던 자기와 하숙생이었던 악사를 위해 '빠다 라이스'를 만들어주곤 했던 것이다. 그 누나는 늘 간장의 양을 잘 조절해야 '빠다 라이스'의 맛을 해치지 않는다고 강조했는데 악사도 '빠다 라이스'를 주문하며 마스터에게 간장을 조금만 넣을 것을 부탁하는 걸 보고 불현듯 그 시절을 떠올리게 된 것이다. 프랑스 유학파인 평론가는 프랑스 요리와 와인에 둘러싸여 그 맛을 까마득하게 잊어버린 채 살아오다 추억의 맛과 조우하고선 "그래 이 맛이 진짜야!"라고 되뇐다. 그는 그 이튿날 부인과 함께 그 집을 다시 찾는다. 그가 '진짜'라고 표현한 건 왜일까? 가장 맛있다는 의미는 아닐 것이다. 세상엔 맛있는 음식이 즐비하니까. 혀를 타고 뇌에 전달되는 어떤 자극이 그 맛에 절대 가치를 부여한 것이라고 봐야 한다. 마치 '정언명령定言命令'처럼 세월이 흐르고 삶의 내용이 바뀌어도 혀는 그 옛날의 맛을 하나의 도덕률처럼 절대미絶對味로 온존하고 있음을 보여준다. 1945년 제2차 세계대전에서 패망한 후 어렵게 살아야 했던 일본인들이 점령군인 미군의 진주로 접하게 된 버터를 밥과 섞어 먹었는데 묘하게도 이 '빠다 밥'은 한국동란 후인 1950~60년대 이 땅에서도 선풍적인 인기를 얻었던 별식이었다. 미군 부대에서 흘러나온 버터의 맛은 환상적이었다. 동불성 버터여서 맛이 강했던 것으로 기억된다. 구보 씨보다 9살 위 선배 하나는 중학생 때 다락 안에 숨어 들어가서 거기 있던 버터를 다 먹어 치우느라 식구들이 온 동네를 찾아다니는 줄도 몰랐다는 일화를 남겼을 만큼 당시의 버터 맛은 유혹적이었다. 은색 포장지를 뜯고 버터를 한 숟가락 떠서 따뜻한 밥 속에 넣고 '왜간장(양조간장)'을 뿌려 비벼 먹으면 입 안은 온통 천국이 되곤 했다. 이 '빠다 밥'과 김치는 아주 훌륭한 조합이어서 버터의 기름진 맛을 몇 조각의 김치가 멋지게 잡아주었다. '빠다 밥'은 부대찌개와 더불어 구보 씨가 기억하는 최초의 퓨전 음식이었다. 동서양의 음식이 전쟁이라는 불행한 사건을 통해서 서로 만나 화합하게 된 것은 우연의 발로였겠지만, 막걸리 칵테일까지 등장한 현재의 '섞임문화' 관점에서 보면, 시간의 이르고 늦음의 차이가 있었을 뿐 언젠가는 만날 운명이었을 것임은 충분히 짐작할 수 있지 싶다. 최근에 시도됐다면 그 명칭도 '빠다 밥'이 아니라 '버터 밥'이나 '버터 라이스'가 되었겠지만, '빠다 밥'만큼의 메뉴가 되진 못했을 것이다. 가난했던 시절, 축복처럼 찾아왔던 맛인 까닭이다.

스테이크 하우스 거리를 지나 주택가로 접어든다. 마을 공동체 정신이 살아 있어 공동 독서실과 어린이 도서실, 공집합 레스토랑도 보인다. 피자를 조각으로 파는 가게도 보인다. 정겨운 커뮤니티이다. '살고 싶은 마을'이라는 캐치프레이즈가 어울리는 동네이다.

후암동 골목길 깊숙한 곳에서 백반집 하나를 발견하고선 구보 씨는 반가운 마음이 된다. 점심 장사하는 곳인 듯하다. 인근의 직장인들로 보이는 손님들이 줄지어 찾아든다. 요일별로 메뉴가 정해져 있고 값은 6천 원이다. 제육볶음과 쌈, 생선, 어묵, 콩나물, 무생채, 새우볶음 등 반찬들이 하나같이 맛나 보인다. 뭐든지 원하는 대로 리필해준다. 착한 식당이다. 식당이든 주막이든 구보 씨는 작고 외지고 볼품없는 집들을 선호하는 경향이 있다. 낯선 길을 걷다 후미진 곳에서 맞춤한 가게를 발견하면 호감을 느끼며 기웃거리게 된다. 그렇게 발견한 집이 대단한 장점을 갖추고 있는 걸 여러 차례 경험한지라 나름의 자부심도 크다. 구보 씨의 한 선배는 그의 이런 취향을 "속물근성"이라고 비꼰 적도 있다. 고상한 척 유난을 떠는 게 가식적으로 비쳤던 모양이다. 우리 사회의 주류에 속해 살면서도 다니는 가게들이 보잘것없음을 탓한 것이다. 시쳇말로 "싼 티 난다."라는 빈정거림이었을 게다. 구보 씨는 그 선배의 지적이 맞는다고 여긴다. 친구들과 약속 장소를 정할 때도 초라한 집들을 선택하는 경우가 많다. 자신의 마음속에 유명하고 고급스럽고 비싼 집을 기피하는 성향이 존재함을 분명히 안다. 그의 음식점 고르는 기준은 세상이 정해 놓은 객관보다는 그 밖의 여건들에 눈길을 주는 편이다. 가성비나 주인의 매력 혹은 그 집만의 특색, 편안함 등이다. 구보 씨의 이런 싸구려 취향은 만만하다고 느끼는 사람들에게 한해 적용된다. 어려운 관계에 있는 사람들에게는 절대 시도하지 않는다. 사람에 관한 좋고 싫음의 기준도 마찬가지이다. 방귀 뀌고 폼 잡는 사람들에게선 생래적 거부감을 느끼게 된다. 소박하고 겸허한 마음씨들이 좋다. 그들에게서는 상대를 존중하고 배려하는 마음이 읽힌다. 그런 기준으로 구보 씨는 주위 사람들을 '내 편'과 '남 편'으로 나누는지도 모르겠다. 그의 "속물적" 선택을 받은 사람들은 구보 씨가 애정하는 사람들이라 부를 만하다. 구보 씨는 생선찜이 나오는 월요일에 다시 이 집에 들러야겠다고 다짐한다.

후암동 스테이크집(위), 후암시장(아래), 남산타워(우)

남산에서 내려다본 후암동 옥상 카페 전망

05 서울역 ─ 중림동 ─ 만리동

정겨운 옛것이 걸음을 멈추게 하고
어색한 새것은 걸음을 피하게 한다

약현성당 전경. 앵베르 주교(오른쪽 위)

　서울역에 다다르자 구보 씨는 대합실을 가로질러 서부역 방향으로 향한다. 거기 만만찮은 역사를 안고 있는 중림동中林洞이 있는 까닭이다. 서울 중구 중림동은 1946년 조선 시대 지명이었던 약전중동과 한림동을 합쳐 한 자씩을 따 합성한 이름이다. 대동여지도를 제작한 고산자 김정호(古山子 金正浩, 1804~66)가 이곳에 살았다. 서울역 서쪽에 위치한다. 랜드마크로는 약현성당이 있다. 옛 사진을 보면 언덕 위에 홀로 우뚝 솟아있다. 중림동은 서대문구에 속했다가 1975년부터 중구에 편입됐다. 유서 깊은 동네여서 아직도 옛 정취가 남아 있다.

　조선 시대에 이 야산에는 약초들이 많아 약전들이 즐비했다. 사람들은 언덕배기인 이곳을 '약방 고개'라는 뜻으로 '약현藥峴'이라 불렀다. 이 언덕 위에 자리 잡은 약현성당은 1892년에 지어진 우리나라 최초의 고딕 양식 벽돌 조 교회 건축물이다. 길이 32m, 폭 12m, 종탑 높이 26m이다. 1886년 프랑스와 수호통상조약을 체결하며 개항한 이후 고종이 종교의 자유를 허용하면서 지어졌다. 이곳에 성당이 들어선 이유는 순교자 처형

지였던 인근의 서소문 밖 사거리를 염두에 둔 까닭이었다. 프랑스인 신부 코스트(Coste, 1842~96)가 설계 감독했다. 명동대성당과 인천 답동성당도 그의 작품이다. 구보 씨가 약현성당에 애정을 갖는 이유는 〈구노의 아베마리아〉 때문이다. 이곳에는 구노에게 작곡의 계기를 제공한 앵베르(Laurent-Joseph-Marius Imbert, 1796~1839) 신부의 동상과 초상화가 모셔져 있다. 〈구노의 아베마리아〉는 슈베르트와 카치니의 아베마리아와 함께 '3대 아베마리아'로 불린다. 샤를 프랑수와 구노(Charles François Gunod, 1818~93)는 오페라 《파우스트》와 《로미오와 줄리엣》을 만든 프랑스의 근대 거장이다. 구노는 바흐의 평균율 클라비어곡집의 첫 곡인 C장조 프렐류드를 들으며 성모 마리아의 고결함을 떠올렸고, 이 원곡에 새로운 선율을 얹어서 아베마리아를 작곡했다. 작곡의 모티브는 조선의 기해박해와 연관을 맺는다. 앵베르 주교의 순교였다. 앵베르 주교는 1837년 12월 샤스탕(Chastan, 1803~39) 신부와 함께 조선으로 들어와 먼저 입국한 모방(Maubant, 1803~39) 신부와 합류해 활동하다 1839년 기해년의 박해 때 한강 새남터에서 효수됐다. 구노는 존경하던 앵베르 신부가 먼 이역에서 순교를 당했다는 소식을 접하자 즉흥적으로 이 아베마리아를 작곡했다(《daum 백과》). 이런 사연을 안은 채 바흐의 원곡에 바리에이션을 얹은 구노의 선율은 〈구노의 아베마리아〉라는 노래로 탄생했다. 구보 씨는 2017년 10월 30일 명동대성당에서 러시아의 모스크바 스레텐스키 수도원 합창단이 이 노래를 부르는 걸 들은 적이 있다. 스레텐스키 수도원 합창단은 1397년에 창립돼 오늘에 이르는 유서 깊은 남성합창단인데 22명의 멤버들이 소년 시절부터 수도원에서 성가대로 활동하며 호흡을 맞추어 온 베테랑들답게 다양한 성부로 천상의 하모니를 선보였다. 앵베르 주교의 순교와 노래에 담긴 사연을 소개한 후 이들이 부른 〈구노의 아베마리아〉는 청중들을 숙연케 만들었다. 그 유명한 곡이 우리 때문에 생겼다니, 라는 표정들이 역력했다.

2014년 8월 16일 프란치스코 교황이 이곳을 찾아 참배했다. 후원의 14

처는 사계절 가리지 않고 사진 애호가들이 즐겨 찾는 명소이다.

약현성당과 고개를 사이에 두고 '손기정기념체육공원'이 있다. 이리로 가는 길은 어느샌가 카페 타운으로 변모해 있다. 골목마다 근사한 레스토랑들이 들어섰다. 청춘들에게는 또 하나의 데이트 코스가 생겨난 셈이다. 구보 씨는 늘 낙후된 곳으로 여겨온 중림동의 변신에 적잖이 놀란다. 이 업소들이 캄캄하기만 했던 중림동의 밤에 활기를 불어넣고 있다.

손기정기념체육공원은 1918년 11월부터 이곳에 자리 잡았던 양정고등학교의 옛터를 이름이다. 이곳에는 마라토너 손기정(孫基禎, 1912~2002)이 1936년 제11회 베를린 올림픽에서 2시간 29분 19초의 세계 신기록을 수립해 금메달을 딴 후 당시 독일 총통 아돌프 히틀러(Adolf Hitler, 1889~1945)로부터 상으로 받은 지중해산 월계수Sweet Bay 묘목을 심은 것이 아름드리로 자라나 있다. 손기정은 양정고등학교 출신이다.

옛 양정고를 나서면서 구보 씨는 길 건너 만리재 골목에 있는 이발소 한 군데를 떠올린다. 서울에서 가장 유서 깊은 이발소이다. 이 '성우이용원'은 나그네의 걸음을 절로 멈추게 한다. 이 건물의 외관에 시선을 빼앗기면 들어가 보지 않고는 못 배기게 되는 까닭이다. 곧 무너질 것만 같은 이 낡은 건물은 유려한 아웃 라인으로 생명감을 유지한다. 구보 씨는 그 선이 예전에 보았던 만화가 박수동의 선과 닮았다고 생각한다. 구보 씨의 눈에 사물은 선이 예뻐야 돋보이는 법이다. 나무나 돌, 집, 자동차, 그릇 등도 그러하지만, 사람의 자태도 그러하다. 승무를 추는 비구니의 춤사위나 골퍼 타이거 우즈의 스윙, 노 목수의 대패질 등이 이루는 동작 선은 미감으로 충만하다고 느낀다. 구보 씨는 잠시 다리를 쉴 겸 머리를 다듬기로 한다. 이발사의 손길을 느껴보기 위함이다. 내부는 의자 둘, 대기석 그리고 세면대로 4평 공간을 구성한다. 아니나 다를까 '바리칸' 대신 가위로 머리를 깎고, 물뿌리개로 머리를 감기고, 비누 거품으로 면도를 한다. 선풍기를 가운 아래에 넣어 에어컨을 대신한다. 모두가 아련한 옛 이발소 풍경이다. 밀레의

〈만종〉 그림만 붙어 있으면 영락없는 50~60년대 이발소 풍경이 완성될 터이다. 정적 속에 싸각거리는 가위 소리를 듣고 있자니 사르르 졸음이 몰려온다. 1952년생인 이발사 이남열 씨는 1927년에 외조부가 문을 연 이곳을 선친에 이어 3대째 이어오고 있다. 허물고 새 건물을 짓자는 유혹을 여러 차례 거절했다. 의자와 가위, 면도기 그리고 거품 솔도 모두 윗대 어른들이 쓰던 그대로이다. 그는 '문화유적지'를 지키는 완고한 '문화지킴이'이다. 이 이용원 덕에 이 길의 역사성은 그 깊이를 더한다.

구보 씨는 다시 서부역 방향으로 걸어 나가 육교 위를 오른다. 1970년에 차량 통행용 고가도로로 만든 것을 2017년에 보행 전용도로로 개조했다 해서 '서울로 7017'이라 명명한 하늘길이다. 길이 938m, 폭 10.3m로 서울시가 미국 뉴욕의 '하이라인 파크'를 본떠 2014년에 의욕적으로 단장을 시작했다. 나무를 심고 조망대를 두고 거리 예술가들의 공연을 위한 공간을 마련했다. 시민의 환영을 받을 것으로 예상했겠지만, 효과는 그리 크지 않아 보인다. 이용객이 적어 한적한 공중 길을 따라 서울역 건물을 오른편으로 내려다보며 걷다가 대우빌딩 앞에서 내렸다. 양동을 둘러보기 위함이다.

Malli-dong

SEOUL.LO 7017

양동의 쪽방촌

06 양동

모든 스러진 것들에 영광 있으라
내가 줄 수 있는 것은
오래도록 기억하는 일일 뿐

양동陽洞은 서울역 건너편에 위치한다. 이름은 '햇볕이 내리쬐는' 곳이지만, 1980년대까지도 이 거리는 사창가였다. 새벽 네댓 시에 야간열차에서 내려 서울역 광장으로 나오면 '뚜쟁이'라 불린 포주들이 달그림자처럼 다가와 가만히 속삭이곤 했다. "쉬었다 가세요." 그 말을 들을 때마다 '쉬어 가라'는 말이 이중적 의미를 띠게 된 건 언제부터일까, 생각하곤 했다. 아마도 한국동란 이후일 것이다. 그 전 소설에서는 그런 표현을 발견한 기억이 없는 까닭이다. 그 말은 따뜻하고 다정해서 꽤 유혹적이었다. 어떤 촌로는 "인정스럽기도 하다."며 고마운 마음으로 따라갔다는 우스개도 전한다. 양동은 한국동란 중에 피난민들이 모여들어 판자촌을 형성하면서 생겨난 빈민촌이었다가 유전을 거듭하며 집창촌으로 변모한 역사를 안고 있다. 1960, 70년대 일자리를 찾으러 상경한 어린 시골 처녀들이 납치돼 신세를 망친 사례들로 넘쳐나던 곳이었다. 창녀들의 애환이 서린 그 골목은 여전히 폐쇄구조를 유지한 채 남아 있다. 철문으로 고립된 쪽방들 속에 지금은 누가 거주하는지 알 수 없지만, 입주자들의 표정에서는 여전히

어두운 기운이 뿜어져 나오는 것으로 구보 씨는 느낀다. 70년대 이곳에는 그레이하운드 고속버스 터미널이 들어선 적도 있었다. 도심에 버티고 있는 윤락 지대를 없애려는 노력의 일환이었다. 명칭도 양동에서 남대문 5가로 바꾸기도 했다. 1988년 서울 올림픽 유치를 계기로 양동은 역사 속으로 사라진다. 80년대 초 사회부 기자 시절 구보 씨의 기억으로는 이 골목에도 곤혹스러운 모양이나마 삶이 존재했다. 구멍가게와 '뼉다귀집(뼈다귀집)'이 그 삶을 지켜봤다. 지게꾼, 노숙자, 부랑자, 야바위꾼 그리고 몸 파는 여인 등 소위 '루저'들이 그 주인공들이었다. 그들은 구멍가게에 쪼그리고 앉아 쥐포 안주로 소주를 마시거나 돼지뼈를 뜯으며 어둠의 시간과 함께했다. 그 삶의 모습은 너무나 엄연해서 20대의 구보 씨를 비애에 젖게 만들곤 했다. 그들이 사라지고 없는 지금은 힐튼 호텔이 내뿜는 휘황한 불빛이 밤의 양동 풍경을 대신한다.

양동 고개를 넘어가며 구보 씨는 막스 브루흐(Max Bruch, 1838~1920)의 〈콜 니드라이Kol Nidrei〉 선율을 떠올린다. 유대력에서 가장 중요한 날인 '신의 날'에 드리는 간절한 기도를 담은 곡이다. 양동에서 상처받고 스러져 간 많은 영혼을 달래주고 싶은 마음이 되었던 것이다. 미샤 마이스키(Mischa Maisky, 1948~)의 첼로 버전이 적당해 보였다. 이 곡에 최적화되어 있다고 여기는 까닭이다. 구보 씨의 발걸음은 숭례문을 향한다.

07 숭례문

증오가 부른 파괴
불멸을 위한 멸함

전혀 예스럽다는 느낌을 갖기 어려운 남대문을 앞에 두고 선 채로 구보 씨는 다시 우리 속의 DNA를 생각하게 된다. 한 70세 노인이 화가 난 나머지 국보 1호를 불 질러 버린 사건이 떠오른 까닭이다. 2008년 2월 10일 밤 숭례문崇禮門은 불길에 휩싸인다. 1398년에 지어져 오랜 풍상을 겪으면서도 의연하게 제 자리를 지켜왔던 서울의 랜드마크Landmark가 석축을 제외하고는 모두 붕괴한다. 사람들은 허탈감을 맛보았다. 오래 지켜봐 온 익숙한 이마쥬Image 하나가 소멸한 데 따른 허망함이었다. 방화범은 "2년 전 창경궁 문정전에서 불이 났는데 근처에 있었다는 이유만으로 방화범의 누명을 쓴 게 분해 그 억하심정을 푸느라 불을 질렀다."라고 범행 동기를 밝혔으나 경찰은 "토지 보상 문제에 대한 불만으로 창경궁과 숭례문에 방화했다."라고 수사 결과를 밝혔다. 본인의 주장처럼 억울한 사연이 있을 수도 있겠으나 국가의 보물 가운데 으뜸을 없애버린 행위는 명백한 잘못이다. 공과 사를 구별하지 못하고 일 처리를 감정에 기대는 습성 탓이다. 이런 사례들이 빈번하게 발생한다. 198명을 숨지게 한 2003년 2월 18일의 대구 지하철 방화 사건도 궤를 같이한다. 우리는 걸핏하면 남 탓을 하고, 순간을 넘기지 못한 채 돌이킬 수 없는 일을 저지르기도 한다.

일본에서도 1950년 유서 깊은 교토京都의 금각사金閣寺를 불태운 사건이 있었다. 일본 언론이 이 사건을 대대적으로 다루었다. 교토의 상징이었던 까닭이다. 우리의 불국사쯤에 해당하니 그럴 만도 했다. 금각사는 검은 지붕과 금박을 입힌 벽면으로 이루어져 있으나 전체적으로는 금색 이미지로 남는다. 이 흑황黑黃의 건물이 초록의 숲과 자아내는 색 대비는 황홀감을 준다. 특히 바로 앞의 경호지鏡湖池 호수에 반사되는 금빛 모습은 넋을 잃게 만든다. 2009년 5월 이 금각사와 마주했을 때 구보 씨도 "디자인이 있다.", "화려하다.", "호수에 비치게 한 의도가 절묘하다." 등의 인상을 받았다. 부동의 자세로 바라보는 한 일본인 참관자에게 말을 걸었더니 "철마다 받는 인상이 매번 다 다르다."라는 대답이 돌아온다. 일본인들은 금각사에서 받는 심상을 하나씩 쌓아가며 가슴 속에 또 하나의 금각사를 짓고 있는 듯 보였다. 이 건물과 일체감을 느낄 정도로 소중히 여기고 아끼는 모습이었다. 때로 사물은 눈에 보일 때보다 눈앞에서 사라질 때 더 구체적이고 강렬한 이미지로 부각되기도 한다. 망막이 아닌 마음에 맺히는 상相의 위력 덕이다. 미국 작가 토머스 울프(Thomas Clayton Wolfe, 1900~1938)가 1930년대에 화려한 예술의 도시 파리에 있으면서 고향 노스 캐롤라이나North Carolina를 더욱 사무치게 그리워한 것도 같은 맥락으로 설명된다.

이 일본의 자랑을 불 지른 범인은 젊은 승려였다. 그는 경찰 조사에서 "신성한 절 안에서 미군 병사가 기생을 데리고 와 추태를 부리는 걸 보고 성소가 오염되었다고 여겨 불을 질렀다."라고 말했다. 아름다움이 훼손되었다고 여긴 게 방화 동기였다는 것이다. 1956년에 미시마 유키오(三島由紀夫, 1925~70)가 이 사건에서 모티브를 빌려 승려의 시각으로 소설 〈금각사〉를 썼다. 미시마는 2차 대전 이후에 일본이 택한 평화헌법을 굴욕이라 여겨 폐지를 촉구하며 할복 자결할 정도로 극우주의자였고 군국주의의 부활을 부르짖은 시대착오적인 작가였지만, 미감에 대해서는 '멸망', '파멸', '질투', '허무의 미', '예술적 완성' 등의 개념을 구사하며 예민한 촉수를 뻗곤 했던 '극과 극' 구조의 인물이었다. 미시마는 주인공이 금각사에서 받는 미감과 어떤 심리로 만나게 되는지를 주체와 객체 간 '관계 맺기'의 틀로 분석하며 방화 동기를 풀어냈다.

"아름다움은 그쪽에 있고 나는 이쪽에 있다. 이 세상이 계속되는 한, 이러한 상황은 결코 달라질 수 없다."

─〈금각사〉, 미시마 유키오, 웅진지식하우스, 2017

금각사가 품은 미감은 내 쌀이 닿지 않는 곳에 있어서 그 아름다움이 결코 나의 것이 될 수 없다는 절망감에 사로잡히자 영원히 내 것으로 만들기 위해 승려는 오히려 그 아름다움을 불사르는 선택을 불사한다. 소설의 묘사처럼 "멸함으로써 불멸을 차지"하려 한 집착이든, 승려의 실토처럼 "성소가 오염"된 데 대한 절망에서든 금각사의 방화는 '미美의 추구'라는 철학적 동기와 연관을 맺는다. 적어도 당대의 소설가가 그 입장을 대변해 주고 싶어 했을 정도로 심미 의식이 스며있는 사건이다. 이에 비해 숭례문은 단순히 개인적 원한에서 비롯된 적개심이 불을 질렀다. 구보 씨는 그 차이에 절로 한숨을 쉬게 된다.

생명력이 느껴지지 않는 숭례문을 바라보며 구보 씨는 우리의 소중한 문화재들이 더 이상 분노의 재물이 되지 않기를 비는 마음이 된다. 문화재가 소실되면 국민의 자부심도 함께 추락한다. 그 동기가 "화가 나서"라면 우리의 마음은 더욱 초라해질 수밖에 없다.

금각사, 일본 교토, photo by Zoe Lee, pixavay

08 시청 주변

죽이려는 증오 정치의 뿌리
살리려는 음식을 향한 그리움

북창동 고추장돼지불고기집

구보 씨는 남대문에서 시청 방향으로 걷기 시작했다. 시청 앞 '먹자 타운'에는 구보 씨가 스무 살 무렵에 자주 찾던 고추장돼지불고기집이 아직 남아 있다. '남매집'이다. 손바닥 크기의 동그란 돼지고기 덩어리에 고추장을 발라 연탄불 위에서 구워 먹는 그 음식은 떠올리기만 해도 입 안에 침이 고인다. 저녁 장사를 하는 집이라 낮에는 닫혀 있다. 구보 씨에게 그 음식점은 일주일에 4일 가르치고 2만 원을 받던 1973년 무렵, 아르바이트 월급을 받던 날에만 올 수 있었던 곳이었다. 하숙비 1만 2천 원을 내고 나면 남는 8천 원으로 한 달 용돈을 해야 하던 시절이어서 여유가 없었다. 그런 절절함이 작용한 연유로 이 집 고추장돼지불고기는 맛을 더하지 않았나 생각된다. 맛을 결정하는 절반의 요소는 그 음식을 둘러싼 환경에 있다고 구보 씨는 생각한다. 잠시 회상에 빠져 있던 구보 씨는 플라자 호텔 방향으로 다시 발걸음을 옮기다가 어떤 술집 앞에 놓인 글귀를 발견하고 미소를 짓는다. 문장이 정곡을 찌르고 있었다.

"술이 사람을 나쁘게 만드는 게 아니라
원래 나쁜 사람을 술이 드러나게 해 준다."

시내를 걷다 보면 가끔 이런 촌철살인 글들을 만나곤 한다. 언젠가 강남 양재동 술집 앞에서는 이런 문장도 접했다.

"얻었다고 여겨지는 것은 본래 있었던 것이고,
잃었다고 생각되는 것은 본래 없었던 것이다."

구보 씨는 유독 술집 앞에 이런 글귀들이 비치돼 있는 걸 보고 요즘 술집 주인들은 모두 '스디일리시stylish' 하다고 느낀다. "시나친 음주는 삼사합니다."라는 문구보다 격이 높다. 이런 위트들이 주당의 발길을 잡아당기는 세련된 매력으로 작동할 게 틀림없어 보였다.

>술집은 낚시꾼
>(중략)
>그들이 네온사인으로 미끼를 던지면 물고기는 덥석 문다
>감추어진 낚싯바늘을 훔쳐보면서도 눈 감고 딱 한 잔만
>첫 잔이 목을 미끄러져 내려갈 때 물고기는 생과 사를 초월하여
>이미 열반의 경지에 접어든다
>아예 내장을 속절없이 다 내주고 심지어
>이름도 없는 절간의 목어木魚가 되어도 좋다고 호언한다
>술김에
>
> — 황훈성, 〈눈 감고 딱 한 잔만〉

시청 앞 잔디 광장이 푸르게 시야에 들어오자 구보 씨는 온 국민이 한마음으로 대동단결하던 2002년 월드컵 응원 장면을 떠올린다. 국가에 대한 애정과 한국인이라는 자부심이 가슴 벅찬 감동으로 광장을 뒤덮던 순간이었다. 고양된 시민들의 함성이 하늘에까지 닿던 빛나는 시간들이었다. 이 아름다운 광경은 매체들을 통해 전 세계에 알려졌다. 한국은 당당히 4강에 오르는 기염을 토했다. 국민은 자랑스러움을 만끽했다. 당시에도 사람들은 아쉬워했다. "정치만 잘하면 우리가 못 할 게 없는데…"

시청을 지나쳐 다동길로 접어든다. 다동茶洞 동명洞名은 조선 시대 궁중의 음식 공급을 맡아 하던 사옹원司饔院에 속한 다방茶房이 이곳에 있었던 데서 유래했다《서울지명사전》. 추억의 노포들이 즐비한 곳이다. 남포면옥, 부민옥, 용금옥, 오륙도, 철철복집 등이다. 각각 평양냉면과 양 무침, 추탕, 소금구이, 복어 불고기 등으로 이름을 날리는 음식점들이다.

구보 씨는 이 거리의 한 음식점에서 맛보았던 이색 경험을 떠올린다. 양

념이 강하게 가미된 한국 전통음식과 화이트 와인의 절묘한 콜라보였다. 귀화 독일인으로 후에 한국관광공사 사장을 지내는 이참 씨의 덕분이었다. 2001년 이참 씨는 독일 와인의 면모를 한국에 소개하려고 동분서주하던 중이었다. 후배 기자가 자리를 주선해 세 사람이 이곳의 한 감자탕집에서 모였는데 이참 씨가 화이트 와인 3병을 들고 왔다. 자신의 고향인 독일 모젤Mosel 강 유역에서 생산되는 화이트 와인이었다. 프랑스가 레드 와인으로 유명하다면 독일은 화이트 와인이 좋다. 햇볕이 좋은 프랑스와 차고 습기가 많은 독일의 기후 차이가 각각 적과 백의 와인 생산에 유리한 여건을 형성하는 까닭이다. 라인과 모젤 강 유역의 경사진 언덕에서 서늘한 기후를 견디며 자라는 리즐링Riesling, 뮐러 투르가우Müller Thurgau, 게뷔르츠트라미너Gewürztraminer 등의 품종은 엄지손가락을 치켜 세우게 만든다. 이참 씨가 들고 온 쉬타일라게 리즐링Steillage Riesling은 모젤강 유역의 가파른 경사지에서 재배한 품종이었다. 감자탕을 먹을 땐 꼭 소주를 곁들이던 습관 때문에 와인의 등장은 호기심을 자극하기에 충분했다. 자극적인 한국 음식과 화이트 와인이 잘 맞을까가 사뭇 궁금했다. 결과는 상상 이상이었다. 모젤 화이트 와인은 달콤함과 새콤함의 밸런스가 좋아 양념 맛을 방해하지 않으면서 혀에 착 감겼다. 오히려 혀를 달래고 순화시키면서 양념을 더욱 맛있게 느끼도록 해 주었다. 놀라운 조합이었다.

살다 보면 이런 예기치 못한 결과를 맞닥뜨릴 때가 있다. 어울릴 거라곤 상상도 못 했던 조합이 놀랄 만한 하모니를 이루는 경우들 말이다. 사물과 사물, 일과 일 그리고 사람과 사람 사이에 이런 매혹적인 화학작용이 발생한다. 그러니 함부로 속단하지 말자. 누가 알겠는가? 어제의 적이 오늘 내 손을 들어주는 경험을 하게 될지!

모전교毛廛橋에 이르자 구보 씨는 청계천이 콘크리트로 덮여 있던 시절을 기억 속에서 소환해 본다. 1958년에 복개 공사가 시작된 청계천 위로는 1976년부터 고가도로가 놓였다. 초입에는 김중업이 설계한 삼일빌딩이 1970년부터 자리 잡고 있었다. 삼일빌딩은 110m, 31층으로 국내 최고 높이를 뽐냈다. 한동안 이 두 건축물은 서울의 랜드마크Landmark를 이루었다. 삼일빌딩은 1985년 여의도의 63빌딩에 최고층 자리를 내주었고, 고가도로는 2006년 철거됐다. 구보 씨는 이 도로를 지날 때마다 늘 땅속 청계천 풍경을 궁금해하곤 했다. 2003년에 시작된 복원사업에 따라 청계천은 어둠의 시간에서 벗어나 햇빛 아래 옛 모습을 되찾았다. 청계천의 가장 큰 다리인 광교는 원래 이름이 대광통교大廣通橋였다. 길이 12m, 폭이 14m로 길이보다 폭이 더 컸다. 명륜동과 혜화동 두 방향에서 흘러내리는 물이 합쳐지던 곳이어서 넓은 다리가 필요했던 까닭이다. 원래 위치는 청계천 2가쯤이었다. 조선 시대에 이 다리 주변은 금은방과 제조장, 푸줏간, 과일 점들이 모여있었다는 기록으로 미루어 번화가였던 것으로 보인다. 광교는 증오심의 산물이라는 특이한 기록을 갖고 있다. 태종 10년인 1410년 청계천이 홍수로 범람하면서 기존의 다리가 유실되자 태종은 계모이던 신덕왕후 강씨의 정릉 터에서 돌들을 옮겨다 다리를 만들었다. 사람들이 그 돌을 밟고 지나다니도록 만든 것이다. 신덕왕후의 센 기를 누르기 위함이었다. 그 한 해 전 태종은 지금의 정동에 있던 정릉을 현재의 정릉동으로 이장했다. 강씨를 좋아했던 부친 태조가 사망한 후였다. 왕비의 제례도 폐했다. 태종이 강씨를 미워한 이유는 그녀가 낳은 방번과 방석이 부친의 사랑을 받아 후계자로 지목된 까닭이었다. 태종 방원은 이 이복형제들과 피비린내 나는 골육상쟁 끝에 요절한 형 정종에 이어 왕위에 올랐다. 왕이 된 후 눈엣가시이던 계모의 능을 경복궁에서 멀리 떨어진 곳으로 옮겨버린 것이다. 부친 태조는 강씨를 사모하여 궁궐 가까이 두고자 정동에 능을 만들었다《서울지명사전》. 광교를 바라보며 구보 씨는 우리 증오 정치의 뿌리가 깊음을 재확인한다. 죽은 사람에게도 증오의 위해를 가하는 '부관참시의 문화'는 같은 문화권인 중국과 일본에서는 찾아보기 어려운 만행이다. 대표적으로 김옥균의 경우가 그러하다.

1884년 갑신정변 실패 후 일본으로 망명했던 김옥균(金玉均, 1851~94)이 청의 실력자 북양대신 리훙장(李鴻章, 1823~1901)과 만나기 위해 상하이에 왔다가 1894년 3월 27일 동행했던 홍종우(洪鍾宇, 1850~1913)에게 권총 세 발을 맞고 숨지는 사건이 발생했다. 홍종우는 민비 척족들의 사주를 받아 김옥균에게 접근했고, 김옥균은 그의 정체를 알지 못했다. 소식을 접하자 김옥균과 가까이 지냈던 일본군 장교 출신 오카모토 류노스케(岡本柳之助, 1852~1912)가 친구의 시신을 거두려 즉시 상하이로 달려왔지만, 한발 늦은 후였다. 외교 문제로 비화할 것을 우려한 리훙장이 홍종우와 김옥균의 시신을 군함에 실어 인천으로 보낸 것이다. 민 씨들은 상하이에서 옮겨온 김옥균의 시체를 인수해 양화진에서 효수한 후 조리를 돌렸다. 그의 시체는 양화진 언저리에 나뒹굴었다. 그를 추종하던 일본인 가이군지甲斐軍治 부부가 시신 일부를 거두어 도쿄의 절집 신죠지眞淨寺에 매장했다. 일본의 지식인들은 김옥균을 "조선을 개화하려다 희생당한 안타까운 영웅"으로 여기며 조선 정부가 김옥균의 시신을 조각내 팔도에 내다 버린 부관참시 행위를 "잔인하고 미개하다."라고 강도 높게 비판했다.[2] 일본인의 생명 중시 사상의 발로였다. 일본인은 죽음을 삶의 완결편으로 여긴다. 에드워드 즈윅Edward Zwick 감독의 2004년 작 《라스트 사무라이》에서도 묘사됐듯이, 그들이 좋아하는 벚꽃의 잎들이 바람에 우수수 지는 모습을 바라보며 삶을 마감하는 것을 "완벽한" 죽음으로 여기는 심사도 일본인 특유의 죽음의 미학이 가미된 사생관의 발로다. 일본의 전통은 사무라이의 목을 친 후에도 그 시신을 꼭 망자의 고향으로 돌려보낸다. 일본인이 김옥균의 시신을 수습한 것도 망자와의 개인적 친분이나 존경심 외에 죽음에 대한 각별한 예의가 작용했을 것으로 이해된다.[3] 우리와는 사생관에 있어 큰 차이를 보인다. 철천지원수라고 하더라도 망자에게 모욕을 가하는 증오의 행위는

---

2 《메이지천황》, 도널드 킨, 김유동 옮김, 다락원, 2002
3 《고종과 메이지》, 안상윤, 휴먼필드, 2019 참조

2007년 광교를 떠나 명동 입구 먹자골목으로 이전한 하동관

삼간다.

구보 씨는 광교 사거리에서 옛날 그 아래 수하동에 있던 곰탕집 '하동관'을 떠올린다. 탕을 좋아하는 구보 씨가 오랜 시간 좋아했던 음식점이었다. 하동관은 1939년에 북촌 양반가 출신 류창희 여사가 개업해 4대를 거치며 이어온 우리나라의 대표적인 노포에 속한다. 구보 씨가 이 집을 처음 찾은 것은 1967년 첫 서울 방문 때였다. 연혁 표를 보니 2대 홍창록 씨 시절이다. 당시 중학생이던 구보 씨는 명동 칼국수와 무교동 낙지에 이어 이 집 곰탕을 맛보게 되었다. 부산에서 먹는 소고기국밥과는 모양과 맛이 완연히 달랐다. 소고기국밥 맛이 진한 반면 하동관 곰탕은 담백했다. 편으로 올려진 고기를 씹는 맛이 좋았고 양도 많았으며 국물이 고소했던 기억이다. 이름을 '곰탕'으로 부르는 게 좀 우스웠던 기억이다. 아마 곰을 연상했던 모양이다. 도포 자락에 갓을 쓰신 수염 허연 노인들이 맛나게 드시는 모습이 인상적이었는데 지금 생각해 보면 하동관의 위명이 시골에까지 닿았던 모양이다.

중국 음식점의 초기 명칭인 '청요리' 집과 더불어 이 음식 명가에서 저녁을 먹는 것은 그 이튿날 자랑거리가 되곤 했다. 소고기가 귀하던 시절이어서 고급 음식을 자처했던 까닭이다. 60년대 음식값은 잘 기억하지 못하지만, 70년대에는 고기가 많이 들어가는 곰탕이 5백 원, 설렁탕이 3백 원이었던 것으로 기억한다. 짜장면의 3~5배 값이었다. 당시 아르바이트로 생활해야 했던 시절이어서 하동관을 들어가려면 큰맘을 먹어야 했다.

2007년 재개발로 오랜 터전이었던 광교를 떠나 명동으로 옮겨갔다. 곰탕은 먹을 것 귀하던 시절 한국인들이 보약처럼 먹던 음식이었다. 땀 흘리며 한 그릇 먹고 나면 괜히 힘이 나는 것처럼 느껴지곤 했다.

09 덕수궁 — 정동

석조전 수양벚꽃 석어당 살구꽃
풍경은 저토록 아름다운데

구보 씨는 언제부턴가 덕수궁 정문인 대한문을 볼 때마다 어떤 한 장면이 떠오르면서 고개를 젓게 되었다. 서재필(徐載弼, 1864~1951)의 일생을 알게 되면서부터였다. 국비장학생으로 일본 군사학교에 유학 가서 공부하던 청년 서재필은 김옥균의 부름을 받고 스무 살의 나이로 1884년 개화파가 일으킨 갑신정변에 참여한다. 이 쿠데타가 실패하자 일본을 거쳐 미국 망명길에 올라 1890년 Philip Jaisohn이라는 이름의 미국인 의사로 변모한다. 11년 후 그는 유길준 내각의 중추원 고문으로 초빙받아 고국에 돌아온다. 유길준이 개혁을 위해서는 국민 의식개혁이 필요하다는 판단 아래 그에게 언론기관을 세워달라는 요청을 한 데 따른 것이었다. 그는 박영효와 더불어 독립신문을 창간하고 독립협회도 세워 국왕의 전제정치를 견제했다. 고종을 알현할 때도 미국 시민임을 내세워 절을 하지 않고 악수로 대신했으며 조선의 낙후 요소들을 마구 비판했다. 그는 TV 드라마《미스터 선샤인》에서 이병헌이 분한 미국 대사관 무관의 실제 모델로 비친다.

《daum 백과》를 보면, 서재필은 왕이 국가의 주권을 독점하는 전제군주제가 조선 실정失政의 원인이라고 보고 1894년 갑오개혁 당시 내각의 부속기관으로 설치된 중추원을 의회로 삼아 왕권을 견제하고자 했다. 1884년 갑신정변 때처럼 입헌군주제를 주창한 것이다. 그러나 이 의회 개설 운동은 정부의 탄압으로 좌절되었고, 독립협회도 해산당하고 말았다. 명성황후가 부재한에도 여전히 권력 중심에 있으면서 유길준과 서재필 등에게 적대적이었던 민 씨 외척들의 방해 탓이 컸다. 1898년 서재필은 다시 미국 망명의 길에 올랐다. 서재필이 떠남으로써 독립신문도 1899년 12월 4일 폐간당한다. 독립협회가 사라지면서 왕권의 전제화 경향은 더욱 힘을 받았다. 대한제국은 헌법에 해당하는 대한국제大韓國制를 선포해 전제화 의도를 분명히 했다. 대한국제는 "황제는 행정·입법·사법에 걸쳐 무한 불가침의 군권君權을 향유한다."라는 서구의 절대왕정 체제를 도입함으로써 전제정치를 추구하려 한 것이다《한국민족문화대백과사전》. 당시 청이 오랜 절대왕정제의 폐단을 없애고자 입헌군주제를 도모했던 것과는 다른 방향이었다. 역주행이었다.4

대한문을 언급한 이유는 서재필이 정변 실패 후 일본으로 몸을 피했을 때 그를 대신해 18살이었던 동생이 이 대한문 앞에서 참수를 당했기 때문이다. 꽃다운 나이에 망나니의 칼을 받아야 했던 동생의 최후가 서린 대한문을 서재필이 어떤 마음으로 바라보았을까? 국가의 앞날은 아랑곳하지 않은 채 기득권 지키기에만 열중했던 부도덕한 집권 세력에게 대항했다 해서 혈육을 잃어야 했던 그 마음을 아프게 헤아리게 된다.

당시 경운궁慶運宮으로 부르던 덕수궁은 고종의 흔적이 많이 묻어있다. 이곳은 처음 조선 제9대 임금 성종의 형인 월산대군(月山大君, 1455~89)의 집터였다. 임진왜란 이후 선조의 임시거처로 사용하면서 정릉동 행궁으로 부르다가 광해군 때 경운궁으로 개칭했다. 경운궁의 본전인 석조전은 유럽 궁정 건축 양식으로서 우리나라 최초의 서양식 건물이다. 대한제국 황제 광무제(光武帝, 고종, 1852~1919)의 숙소 겸 사무실 공간용으로 지어졌다. 길이 54m, 높이 31m의 3층 석조건물에는 황제의 접견실과 귀빈대기실, 식당, 침실, 거실, 욕실 등을 두루 갖추었다. 탁지부 고문이던 영국 출신 맥리비 브라운(J. McLeavy Brown, 柏卓安, 1835~1926)의 제안으로 1898년 영국인 하딩(John Reginald Harding, 1858~1921)이 설계해 1910년에 완공했다. 1907년 광무

---

4 《고종과 메이지》, 안상윤, 휴먼필드, 2019

제가 양위한 후 경운궁에 기거하게 되자 순종이 부친의 장수를 빈다는 뜻에서 덕수궁德壽宮으로 개명했다. 광무제는 1919년 1월 22일 승하할 때까지 황제의 침전인 함녕전에 머무르며 석조전을 집무실과 알현실로만 사용했다. 경운궁에서 태어난 광무제의 일곱째 아들 영친왕(英親王, 이은李垠, 1897~1970)이 1963년 11월 볼모로 잡혀 있던 일본에서 귀국한 후 부인인 이방자 여사와 함께 잠시 기거했으나 곧 혼수상태에 빠져 성모병원을 거쳐 창덕궁 낙선재에서 생을 마감했다. 부친 고종과 모친 순헌황귀비 엄씨(純獻皇貴妃 嚴氏, 1854~1911)와의 추억이 남아 있는 덕수궁에서는 얼마 머무르지 못한 채 세상을 떠났다. 석조전은 141억 원을 투입해 5년간의 복원 작업을 거쳐 2014년 10월 7일 104년 만에 부활해 오늘에 이른다.

구보 씨는 4월이면 석조전 앞에서 흐드러지게 자태를 뽐내는 수양벚나무를 보는 재미를 만끽한다. 꽃잎들이 발산하는 핑크빛이 마음에 봄을 심어주는 느낌을 받곤 한다. 그 꽃잎들이 바람에 지는 풍경도 놓칠 수 없는 장관이다. 꽃샘바람이 부는 날엔 꽃잎들이 휘날리며 핑크빛 바람을 시각화하는 극적 효과를 자아낸다. 이맘때쯤이면 사진 애호가들이 이 나무 앞에 줄을 짓는다. 석어당 앞 살구꽃도 봄이 되면 하얗게 꽃을 피우는 고혹적인 자태를 뽐낸다. 석조전 수양벚꽃이 화려한 서양 미인이라면, 석어당 살구꽃은 은은한 동양 미인을 연상시킨다.

1897년(광무 1), 고종이 러시아공사관에서 이곳으로 거처를 옮긴 이후부터 중화전을 비롯해 경효전, 중명전, 함녕전, 석조전 등 많은 서양식 건물들을 지속해 세웠다.

대한문(위), 석조전 수양벚나무(우)와 석어당 살구나무(아래, 사진 문화재청 제공)

구보 씨는 덕수궁 옆 서울 시청 서소문 별관의 정동전망대에 올라 덕수궁 주변을 내려다본다. 5개의 도로가 덕수궁으로 집결돼 있다. 이 또한 전제권을 강화하려 했던 대한제국의 의도가 반영된 결과이다. 당시 서울시장 격인 한성판윤 이채연이 소윤小尹 이계필李啓弼과 손을 잡고 1896년부터 진행한 근대적 도시 개조사업을 벌였다. 이완용에 이어 워싱턴 주미 공사관의 대리공사로 재직한 경험이 있었던 이채연과 '김옥균 유학생'으로 1883년 일본에서 2년간 수학한 후 미국으로 건너가 한국인 최초의 미국 대학 출신이 된 이계필은 미국의 워싱턴DC를 모델로 삼아 방사상도로를 기획했다. 이 신설 도로는 경운궁(덕수궁)을 중심으로 부채꼴 모양으로 전개된 것이어서 고종 황제에게로 권력이 집중된다는 성격을 띠고 있었다. 백성과 유리돼 있던 황제의 위상을 높이려는 의도였다.[5]

1922년 일제는 미국 대사관저와 덕수초등학교 사이에 도로를 만들어 덕수궁의 사이즈를 줄였다. 덕수궁 북쪽의 어진御眞 보관소이던 선원전 일대와 서쪽의 황실 도서관 건물이던 중명전 일원이 덕수궁에서 떨어져 나갔다. 지금보다 세 배는 더 컸던 덕수궁은 그렇게 역사의 뒤안길로 물러났다.

덕수궁 문에서 정동까지는 '왕의 길'이라는 길이 재현돼 19세기 말 암울했던 조선의 역사를 상기시킨다. 무능한 왕의 행적이었지만, 낭만적으로 묘사하려는 후세의 마음이 엿보여 구보 씨는 안쓰러움을 느낀다.

1895년 8월 민비가 왕이 거주하던 궁궐 경복궁에서 학살당한 후 고종은 신변에 위협을 느끼고 있었다. 이를 기화로 친미·친러 세력은 자신들이 중심이 된 새 정권을 세우려 들었다. 임금이 통치의 중심인 궁궐을 버리고 다른 곳으로 피신하는 파천播遷이 그 수단이었다. 권력의 핵심인 왕이 파천하면 통치의 중심부도 옮겨지므로 그 정치적 의미가 클 수밖에 없다.

---

5 《한국 개화사의 제문제》, 이광린, 일조각, 1986

고종은 1896년 2월 11일 새벽, 왕세자와 함께 극비리에 정동의 러시아 공사관으로 파천했다. 이른바 '아관파천俄館播遷'이다. 고종은 러시아공사관에서 1년을 지낸다. 고종은 몰랐겠지만, 이 결행은 국제정치를 제대로 이해하지 못한 처사였다. 강대국 간 역학관계에 무지했던 것이다. 러시아의 남하정책을 견제하려는 최강국 영국의 세계 정책에 정면으로 반하는 행위였던 까닭이다. 예나 지금이나 최강국과의 관계를 잘못 설정하면 국익은 심각한 타격을 입는다. 1902년 영일동맹에 기초해 영국은 조선을 일본에 넘겨주기로 한다. 6년 전 조선 국왕이 보인 친러시아 정책이 영국의 결정에 큰 요인으로 작용한 것이다. 외교 노선은 국가의 흥망성쇠를 결정짓곤 하는 중차대한 것이어서 결코 이념이나 감정에 의존해서는 안 된다는 교훈을 남겼다.

1905년 일본에 외교권을 빼앗긴 을사늑약은 중명전에서 체결됐다. 2층에는 이토 히로부미의 주재로 열린 당시의 회의 모습을 재현한 모형이 전시돼 있다. 회의에 앞서 이토는 고종을 압박했고 고종은 반승낙을 해버렸다. 고종은 종지부를 찍으려는 이토의 두 번째 알현 요청을 병 핑계로 피했고, 이토는 이를 고종의 승낙으로 여겼다. 회의에 참석한 대신들은 주권을 넘기는 서류에 서명하고서도 중명전 앞에서 이토와 나란히 기념촬영을 했다. 국가의 흥망을 결정짓는 자리였지만, 대신들은 왕조가 바뀌는 정도의 인식밖에 못 가졌던 듯하다.

구보 씨는 조선의 운명이 1884년 갑신정변이 실패하면서 사실상 끝난 거나 다름없었다고 여긴다. 갑신정변 이후 조선의 상황은 뜯기고 찢어지는 형해의 과정이었을 뿐이다. 김옥균, 박영효, 홍영식, 서재필 등 개화파 청년들은 아름다운 이상을 좇아 조선의 개혁을 시도했으나 결과는 쓰나미 같은 외세를 안방에 끌어들이는 빌미를 제공하는 아이러니를 보였다. 어려운 상황 속에서 반전을 꾀했지만, 동력이 약했고 준비가 미흡했던 탓에 결국 설상가상의 선택으로 귀결되고 말았다. 결정적 패인은 고종이 개혁의 대의를 깨닫지 못한 채 청에 도움을 요청한 데 있었다. 구보 씨는 그때 고종이 개화파의 개혁안을 수용했더라면, 입헌군주국으로서 사회 안정에 바탕을 둬 나라 상황을 다르게 전개할 수도 있지 않았을까 생각해 본다. 국력 차이 때문에 국가 간의 외적 균형을 이루기 어렵다고 하더라도 훌륭한 리더십이 있어 국민의 신뢰를 얻는 내적 균형을 이루었다면 스스로 자신을 지켜낼 수 있지 않았을까 생각해 보는 것이다.

'젊은 그들'이 꾀했던 갑신년의 개혁은 추락하던 조선으로서는 마지막으로 맞이한 비상의 기회였다. 국왕은 개혁파가 내민 손을 잡아 내부를 견고하게 다짐으로써 군민 일체 단합으로 외세에 맞서는 리더십을 보였어야 했지만, 자주 국가로서 국운을 되살릴 수 있었던 그 절호의 기회에 오히려 청에 매달리는 어리석고 나약한 선택을 했다. 나라는 어찌 되든 왕실의 안위만을 챙긴 탓이었다.

국왕은 진즉에 부패의 온상인 민 씨 척족을 처단하는 칼을 들었어야 했으나 그러지 못한 탓에 아무런 효과 없이 희생과 대가를 치르는 악순환만을 되풀이했다. 국왕이 '정치 사유화'라는 환부를 좀 더 일찍 도려냈더라면, 아까운 동량들을 잃지 않고 그들을 개혁의 동력으로 삼을 수 있었을 것이다. 외세 개입을 초래한 군인들의 반란이나 농민봉기도 없었을 것이다. 김옥균, 서광범, 홍영식, 서재필, 윤치호, 박영효, 김홍집, 이범진 등 공공성이 강했던 엘리트들을 앞세워 국가 근대화를 이룰 수 있었을 터이다. 내부 결속이 단단한 나라가 외세의 압박을 받을 일은 없었을 것이며, 매국노로 돌아서는 배신자도 생겨나지 않았을 것이다.[6]

구보 씨는 고개를 가로저었다. 허망한 백일몽을 꾸고 있음을 알았기 때문이었다.

---

6 《고종과 메이지》, 안상윤, 휴먼필드, 2019 참조

덕수궁에서 정동에 이르는 '왕의 길'. 고종은 이 길을 걸어 러시아공사관(아래)으로 피했다.

덕수궁 돌담길을 따라 걷던 구보 씨는 정동 길은 '한국 근대사의 지문이 남아 있는 거리'라고 느낀다. 건물 하나하나가 모두 역사의 흔적을 안고 있다. 1885년 선교사 아펜젤러(Henry Gerhart Appenzeller, 1858~1902)가 설립한 정동제일교회는 고풍스러운 모습이다. 이문세의 〈광화문 연가〉에 등장하는 '언덕 밑 정동길엔 아직 남아 있어요. 눈 덮인 조그만 교회당'이 여기일까, 생각해 본다. 조그만 교회당은 아니지만, 노래의 정서상 이 교회가 맞으리라는 추측을 해본다. 작사가 이영훈(1960~2008) 씨의 노래비가 교회를 바라보며 서 있다.

이웃한 배재학당 역시 1885년 아펜젤러가 세웠다. 서재필이 1886년 미국에서 귀국해 강의했던 유서 깊은 명문 사학이다. 러시아공사관 등 외국의 영사관들이 자리를 잡기도 했다. 수령 5백 년이 넘은 명물 향나무가 여전히 자리를 지키고 있다. 1592년 임진년 5월 왜장 가토 기요마사(加藤淸正, 1562~1611)가 한양에 도착해 말을 매어둔 나무라는 이야기가 전해 내려온다. 이화여고 자리에는 1902년 러시아 공사 베베르Weber의 처형이었던 손탁(Sontag, 1854~1925)이 지은 '손탁호텔' 터가 남아 있다. 고종이 베베르의 청을 받아들여 하사한 부지였다. 이곳에서는 선택된 사람들에게 한해 커피를 제공했다. 구보 씨는 정동 한복판에서 축음기에 걸린 레코드판이 왈츠를 토해내고 시가 연기가 피어오르는 가운데 성장을 한 신사 숙녀들이 커피를 마시는 풍경을 그려본다. 정부가 제구실하는 상황이었다면 낭만적 풍경이었겠지만, 현실은 무력한 나라를 뜯어먹으려는 제국주의자들의 이해타산이 복잡하게 얽히고 있었다.

1896년 아관파천으로 러시아영사관에서 1년을 지내는 동안 커피 맛을 안 고종은 덕수궁으로 환궁하자 정관헌을 지어 커피를 즐겼다. 고종은 한국 최초의 커피 애호가였고, 정관헌은 최초의 커피숍이었던 셈이다. 국운이 기우는 상황임에도 고종은 한껏 여유를 즐겼음을 알 수 있다.

정동제일교회(위)와 배재학당(아래)

구 이화여고

이화여고 앞에 이르자 진한 원두커피의 냄새가 코를 자극한다. 구보 씨는 참지 못하고 근처의 한 커피숍으로 들어섰다. 쓴맛이 덜한 자메이카산 블루 마운틴 커피와 빵을 주문하고 2층에 앉아 옛 손탁호텔의 모습을 그려보던 구보 씨는 불현듯 제주도 올레길 9코스를 걷다가 들어갔던 대평리의 한 커피숍을 떠올렸다. 원두의 냄새가 후각을 자극한 까닭이었다.

그 집은 서울서 광고 일 하다 내려온 사람이 차렸는데, 들어갈 생각을 했던 것은 빨간 지붕 색깔 때문이 아니었나 싶다. 올레길의 여정에서 다리도 아프던 차였지만, 아무래도 바람 세찬 제주 앞바다의 검푸른 색깔과 묘한 대조를 이루는 그 집의 빨간 지붕 때문이었을 것이다. 실내는 나지막이 재즈곡이 흐르고 있었다. 바깥은 제주도의 바람이 어떤 것인지를 보여주기라도 하려는 듯 세찬 바람이 불고 있었다. 넘실대는 파도는 희뿌연 이빨을 간단없이 드러내고 있었고 바닷가에 선 꼿꼿한 열대 나무들은 허리가 꺾여나갈 것만 같았다.

커피숍 창문과 지붕을 핥고 지나가는 바람 소리를 듣고 있노라니 주인이 맛 좀 보라며 인도네시아산 커피 만델링Mandelling을 한 잔 내려서 갖고 왔다. 향이 좋은 커피였다. 쓴맛 뒤에 단맛이 느껴져 목 넘김이 좋았다. 둘이서 재즈 이야기를 잠깐 나누다 〈I'm a fool to want you〉라는 빌리 할러데이Billie Holiday의 곡을 신청했다. 이윽고 그녀의 산전수전 다 겪은 듯한 저음이 실내에 퍼지기 시작했고, 귀를 맡긴 채 '만델링이 바람 부는 날과 꽤 잘 어울린다'라고 생각하며 커피 맛을 음미하고 있었다. 그러다가 어느 순간 어떤 이상을 발견하고선 귀를 할러데이의 노래에 집중했다. 묘한 일이었다. 바람 소리가 그렇게 거센데도 할러데이의 노래는 전혀 지장을 받지 않는 것이다. 뭐랄까? 그녀의 노래가 바람의 결 속으로 파고들더니 마침내 바람과 하나가 되는 듯한 느낌을 맛보았던 것이다. 감탄했다. 재즈의 생명력이었다.

이태원과 압구정, 가로수길, 서래 마을 등지에 재즈 바들이 있어 가끔 들른다. 대단한 재즈 마니아는 아니어서 오래 앉아있는 편은 못 된다. 그렇지만 한 번씩 그 선율에 몸을 맡기고 싶어질 때가 있다. 아마도 '절대'라는 게 있을 수 없는, 재즈만이 갖는 즉흥성이 자유로움을 던져주는 까닭이 아닌가 싶다. 즉흥성(improvisation)은 마음속에서 우러나오는 감흥을 그대로 뱉어내게 한다. 재즈 자체가 곡의 특정 형식이 아니어서 연주자의 감각과 스타일에 따라 그 연주 내용이 수시로 달라지는 장르이기 때문이다. 정형화된 음악 장르들이 '그래서'의 문법에 충실하다면, 재즈는 '그렇지만', '그럼에도 불구하고'를 문법으로 쓸 줄 안다. 영혼이 자유로운 까닭이다.

한국 재즈의 디바 박정현은 고3 때 길을 지나다 듣게 된 어떤 음악에 매료돼 그길로 그 음반을 구매했다. 재즈였다. 박정현은 "그 순간 내 인생이 바뀌었다."라고 회상한다. 줄리어드에서 재즈를 전공한 동기가 되었기 때문이다. 생애 두 번째로 들은 재즈곡을 그녀는 지금도 애창곡 1번에 올린다. 〈God bless the child〉. Billie Holiday의 고전이다. 물론 그녀가 부르는 이 곡도 이미 처음 듣던 그 순간의 멜로디는 아닐 것이다. 가스펠Gospel을 만나고 스윙Swing을 즐기며 R&B에 열광하던 순간의 궤적들이 켜켜이 배면서, 순간순간 새로운 생명이 스며들었을 터이기 때문이다.

피아니스트이자 작곡가인 재즈 아티스트 김광민이 Bee Gees의 〈Holiday〉를 재해석해서 연주하는 걸 들으면 비애를 내뱉지 않고 속으로 삼키는 듯한 절제된 슬픔을 느끼게 된다. 같은 곡인데도 원곡보다 훨씬 장중하면서 감미롭다. Brenda Lee나 Skeeter Davis가 칸트리송 풍으로 부르는 〈Crying Time〉을, Ray Charles가 스윙 풍으로 부르면, '당신의 눈을 보니 날 떠나려 하는군요. 이제 곧 난 울게 되겠군요'라는 노랫말이 더욱 절절한 느낌으로 다가온다.

우리 노래 가운데도 옛날 어니언스의 곡을 리메이크한 DJ 김동욱의 〈편지〉나, 정훈희가 불렀던 곡을 조관우가 다시 부른 〈꽃밭에서〉, 한국 팝의

뿌리로 일컬어지는 손석우의 〈이별의 종착역〉 김현식 버전은 원곡의 형식에 자유롭게 바리에이션variation을 주며 전혀 다른 맛의 노래를 선보인다. 백 사람이 각기 자기만의 개성을 살려 백 가지 색으로 부를 수 있다면 그 노래들은 들을 때마다 새로운 느낌으로 다가올 것이다. 그러한 무정형과 즉흥이 자유로운 곡 해석을 불러오는 장르가 재즈의 세계다. 여유와 배려 그리고 존중, 재즈는 이 가치들을 포용한다. 재즈를 좋아하는 사람들도 그런 면모를 보인다.

구보 씨는 한국인 속에는 '재즈 정신Jazz Spirit'이 잠재해 있다고 믿는다. 어떤 난관도 뚫고 나가는 의지의 원천이다. "그래. 그렇다. 그렇지만 우리는 또 전진한다. 그럼에도 불구하고."라며 미래를 향한다.

커피를 마시며 구보 씨는 창밖으로 내려다보이는 수령 564년의 회화나무가 지지대에 의지한 채 의연하게 서 있는 모습에 경의를 표한다.

정동 노거수(좌상)와 정동길

10 광화문

깃발을 믿지 마라
정신이 피폐해지기 쉽다

구보 씨는 구 러시아영사관을 지나 광화문으로 향한다. 법궁法宮인 경복궁의 입구여서 사정문四正門으로 부르던 이름을 세종 7년 집현전 학사들이 광화문光化門으로 바꿨다. '왕의 큰 덕이 온 나라와 백성을 비춘다'라는 의미였다. 구보 씨는 그 이름의 의미가 세종의 치세를 제하고는 제대로 작동한 적이 없었다고 여긴다. 묘한 아이러니가 아닐 수 없다. 광화문은 지금껏 그런 이상적인 지도자의 역할을 요구하는 국민의 외침과 분노로 가득한 곳이 되고 있다. 집현전 학사들은 예견하지 못했던 걸까, 아니면 염원을 담았던 걸까.

  2019년 연말까지만 해도 좌우 진영의 집회가 교대로 열려 소란스러웠던 광장은 잠시 조용해졌다. 평화롭게도 느껴졌다. 우리 사회가 별다른 갈등 없이 늘 이처럼 안정된 모습을 보여주면 좋겠다고 구보 씨는 생각한다. 그러나 실상은 코로나바이러스 전염 위험 탓에 '사회적 거리 두기'를 하

느라 모임을 피하고 있을 뿐, 갈등의 불씨는 여전히 맹렬하다고 봐야 한다. 전 정권의 정치에 분노하고 실망한 시민들이 촛불로 새 정권을 지지해 주었다. 지금 정권은 그런 시민의 염원에 충실히 임하지 못하고 있다. 청와대 수석과 법무부 장관, 국회의원 등 정권 실세들이 도덕성 문제로 도마 위에 올랐음에도 정의를 독점한 채 오만하게 군다는 비난에 직면해 있다. 성격을 달리하는 두 집단이 소리치는 걸 목격할 때마다 구보 씨는 집단의 힘에 압박감을 느끼곤 했다. 그 속에 개인은 없었다. 의식이니, 이념이니 하는 깃발 아래 줄 선 개인은 있어도, 홀로 자유롭고 스스로 독립적인 개인은 없었다. 집단의 사고에 함몰된 개인은 있어도 한발 물러서서 자기의 신념이나 이념을 의심해보는 개인은 없었다. 철학에서는 스스로 질문하려 들지 않으면 그 사람의 정신세계는 답보상태에 빠지게 된 것으로 본다. 변화를 모색하려는 의지가 있어 인간은 위대한 법이다. 개인이 저마

다 추구하는 가치를 퇴색시키며 같은 색깔의 사고만을 강요하는 집단의 움직임은 폭력적이며 공허할 뿐이라고 구보 씨는 여긴다. 매사에 깃발이 표방하는 구호보다 개개인의 자율적 인식이 선행되는 게 바람직하다. 자율적 개인이 집단을 이룰 때라야 깃발의 논리에 매몰당하지 않는다. 균형 잡힌 사고가 결여된 힘의 대립만으로는 갈등을 키우기만 할 뿐, 결코 해소하지 못하는 법이다. 우리 사회에서 끊이지 않고 전개되는 대립과 갈등의 국면을 보노라면, 서로 적대시하지 말고, 서로 죽이려 들지 말고, 같은 배를 탄 이상 극단을 피하자는 실용적인 양명학적 세계관이 자리 잡아야 나라가 산다는 생각이 들지 않을 수 없다. 철저한 단죄로 사회기강을 바로잡으려는 성리학적 사고는 '인간'을 도외시한 것이어서 이상론에 그치기 쉽다. 적대시하는 상대에게서도 얻을 지혜가 있고, 포용으로 예상치 못했던 지지를 얻기도 하는 게 인간사회인 까닭이다. 기능론에 치우친 사고라는 비판이 있겠지만, '인간'을 배제한 지나친 도덕주의 역시 비합리를 초래하기 쉬운 법이다. 사고가 유연하지 못하면 우리 사회는 '정의 실현'을 반복적으로 내세우면서 이분법적 사고에 발 묶인 채 한 발짝도 앞으로 나아가지 못한다. 상대를 배척하는 진영 논리만으로는 얻는 것보다 잃는 게 더 많다는 사실을 역사는 무수히 입증한 바 있다. 진정한 개혁을 위해서는 과거를 단죄하려 들기보다 미래를 육성하려는 자세가 바람직하다. 공동체의 구성원으로 역할을 할 수 있도록 양명학적 세계관을 배양하는 것, 그 교육을 유아기부터 시작해야만 민족의 부정적 DNA를 개선할 수 있다. 그 미래를 함께 만들어나갈 수 있도록 지금은 피아를 구분 짓지 말고 힘을 합쳐야 한다. 부처가 말했다. "세치주사細緻做事하고 대기주인大氣做人하라." "일은 꼼꼼하게 처리하고 사람은 대범하게 대하라."라는 뜻이다. 여기서 대기大氣는 후덕함과 아량을 의미한다. 오늘 우리 사회에 꼭 필요한 덕목이다. 사람을 대하는 개인의 이러한 자세가 모든 강물을 받아들이는, 드넓은 바다의 기상을 뜻하는 '해납백천海納百川'의 사회 분위기를 조성한다.

박인환 집터

목은 이색 생가

숙명여고 신흥학교 옛터

대한매일신보 옛터

구보 씨는 칭기즈 칸(Genghis Khan, 1155~1227)의 몽골이 동서에 걸쳐 대제국을 이룬 배경에 평등 정책이 자리 잡았음을 떠올린다. 몽골은 세금만 내면 민족과 국가, 종교와 문화를 차별하지 않고 평등하게 대우했다. 이런 단순하고 무심한 정책이 세계제국을 유지하는 원동력으로 작용했다. 이민족에게도 시민이 될 수 있는 길을 터놓았지만, 선택적으로 시민권을 주었던 로마제국의 포용 정책보다도 한 수 위였다. 그야말로 '모든 냇물을 모두 받아들인 바다'의 표상이었다. 같은 국민이지만 이민족보다도 더 화합하기 힘든 게 2020년 한국의 현실이라 생각하니 마음이 무거워졌다. 구보 씨는 다시 발걸음을 옮기기 시작했다.

교보문고 옆에 서 있는 '시인 박인환(朴寅煥, 1926~56) 집터'라는 표지석을 보며 불과 40년 전만 해도 이곳이 나지막한 조선집들이 있던 자리라는 생각이 낯설게 다가왔다. 교보문고는 1880년대에 문을 열었던 우리나라 최초의 서점 회동서관匯東書館의 계보를 잇고 있다.

구보 씨는 교보문고에 들어설 때마다 새로이 쏟아져 나온 책들을 보며 희열을 맛보곤 한다. 사람은 죽을 때까지 배워야 하는 존재임도 확인한다. 뉴질랜드산 카우리Kauri 소나무로 만든 1.6톤 무게의 장탁은 명물이다. 자연재해로 쓰러져 진흙 속에서 5만 년 동안 보존됐던 원시목이다. 17걸음 길이의 장탁 2개는 모두 50명 정도가 앉을 수 있는 크기인데 늘 빈 자리가 없었다. 코로나 때문에 당분간은 이용을 금하고 있다. 서점 곳곳에 책에 열중하는 사람들의 모습이 보인다. 구보 씨의 눈에 그들은 지혜롭고 선하게 다가온다. 그들의 삶 역시 가볍지 않을 것이라고 여긴다.

종로 1가 1번지가 서점이라는 사실은 상징적이다. 그 배경에 교보생명의 설립자인 고 신용호(1917~2003) 회장의 의지가 있다. 신 회장은 늘 책을 가까이했고 사람들이 책과 친해질 수 있도록 배려했다. 교보문고를 설립한 연유이다. 2003년에 세워진 강남대로의 교보문고 역시 다른 기업들은 흉내도 못 낼 스케일을 자랑한다. 축구장 두 배 크기이다. 지하철과도 바로 연계된다.

신 회장은 사람들에게 귀감이 될 좋은 글귀도 소개하고 싶어 했다. 1991년부터 가로 20m, 세로 8m 크기의 대형 글판이 교보 건물에 들어섰다. 2020년 여름에는 "상처를 딛고 일어나 달리자!"라는 BTS의 노랫말이 걸려있다. 가사가 등장하기는 처음이다. 교보빌딩이 내거는 현판의 문구는 장르를 가리지 않는 독특함을 보인다. "열심히 일한 그대 떠나라 낯선 곳으로". 어느 날 마주했던 이 글귀는 구보 씨의 가슴을 울렁거리게 만들었다. 그리고 정말이지 멀리 떠나고 싶었다. "지루한 일상으로부터 낡은 반복으로부터". 또 언젠가 버스를 타고 가다 눈에 들어 온 "자세히 보아야 예쁘다 오래 보아야 사랑스럽다 너도 그렇다.", "사람이 온다는 건 실은 어마어마한 일이다 한 사람의 일생이 오기 때문이다."는 절로 고개를 끄덕이게 했다. 그 글귀들은 인연 맺은 사람들이 얼마나 소중한 존재인지를 새삼 깨닫도록 해 주었다. "대추가 저절로 붉어질 리 없다. 저 안에 태풍 몇 개 천둥 몇 개 벼락 몇 개.", "흔들리지 않고 피는 꽃이 어디 있으랴. 그 어떤 아름다운 꽃들도 다 흔들리며 피었나니." 등은 고단한 삶을 견디며 살아가고 있는 사람들 모두에게 큰 용기를 주었을 것이다.

교보 글판은 이윤을 독점하지 않고 사회에 환원하려는 기업의 선善 의지로서 사람들의 마음에 울림을 주고 지친 심신을 쓰다듬으며 심성을 따뜻하게 만드는 사례이다. 글판이 독특한 소통 매체로서 역할하고 있는 것이다. 구보 씨는 그 글귀들이 우리 사회 전역에 넘쳐나는 편향된 선동 문구나 상대 비방 일색인 살벌한 문자와 달리 가치중립적이면서도 진정성이 담긴 것들이어서 사람늘의 공감을 얻기에 부족함이 없다고 평가한다.

교보문고 장탁

광화문 피맛골 입구

북한산 해장국집

11 무교동

맵고 뜨끈한 음식이 있어
고단한 삶이 위로받았다

구보 씨는 광화문 광장에서의 긴 상념을 마치고 무교동으로 걸어갔다. 무교동이 보이자 구보 씨는 자연스레 낙지볶음을 떠올린다. '무교동 낙지'는 구보 씨에게 생각만으로도 입에 침을 고이게 할 정도로 유혹적인 맛이다. 처음 접한 것은 1967년 중1 때였다. 방학을 이용해 12시간 걸리던 완행열차를 타고 온 서울에서 명동칼국수에 이어 두 번째로 접한 서울 음식(?)이었다. 매웠다. 부산에서 자라 맵고 짠 음식에 익숙한 편이었는데도 구보 씨는 혀를 내두르며 먹었다. 진땀을 흘렸던 기억이 생생했다. 당시 무교동에는 '실비집'을 비롯해 비슷한 낙지집들이 성황을 이루고 있었다. 회사원과 데이트족들로 붐볐던 기억이다. 그 후 한국 경제가 나아지면서 고기와 회 그리고 새로 생겨난 패스트푸드가 우선순위를 차지했다. 그동안 '무교동 낙지'는 세월에 떠밀려 하나둘 사라지고 말았다. 급기야 1965년 이래 '무교동 낙지' 시대를 열었던 '실비집'마저 80년대에 남미 파라과이로 이민을 떠나버렸다. '막내집'과 '이강순 실비집' 그리고 '서린낙지' 정도가 그 공백을 메웠을 뿐이었다. '무교동 낙지'는 원조가 사라진 채 한동안 무주공산이 되었다가 원조가 이민 생활을 접고 돌아오면서 원조에서 가지 친 집들과 네 갈래로 나뉘어 선의의 경쟁을 하고 있다.

더러 매운 걸 한번 먹어줘야 할 때가 있다. 몸이 원하는 것이다. 그럴 때면 어김없이 '무교동 낙지'가 당기고 입에는 절로 침이 고인다. 일단 그 생각에 사로잡히면 찾지 않고는 배겨낼 재간이 없다. '무교동 낙지'에 대한 구보 씨의 향수는 커서 요즘도 옛 '무교동 낙지' 맛을 계승하고 있다는 몇몇 집들을 찾곤 하는데 무언가 아쉬움을 느끼곤 한다. 중국산 냉동 낙지를 쓰는 데다 마늘 값이 비싸진 까닭에 매운맛을 내는 방법이 예전 같지 않은 탓일 것으로 여긴다. 설탕을 넣는 까닭도 있다. '달달한' 것을 선호하는 요즘 젊은이들의 입맛을 고려한 까닭이겠지만, 낙지볶음은 단맛이 나면 무언가 '옳지 않다'는 느낌을 받게 된다. 무교동 '원조 낙지집'과 청계천 1가 천변에 있다 종각으로 옮긴 '우정낙지'가 마늘로 매운맛을 내고 있어서 지금은 그 두 집을 주로 찾는다. 구보 씨는 지금도 무언가가 허전하다고 느끼는 날엔 통통한 낙지의 식감을 느끼면서 마늘로 매운맛을 내던 옛 '무교동 낙지볶음'을 간절히 만나고 싶어진다.

무교동과 이웃한 청진동은 '해장국'을 떠올리게 한다. 구보 씨는 지금도 올드 보이들과 가끔 '청진옥'을 찾는다. 2015년 1월에는 새벽에 영하 10도의 강추위를 견디며 동서 형님과 둘이서 찾은 적도 있다. 맛도 맛이거니와 해장국에 얽힌 저마다의 추억이 작용하기 때문이다. 해장국은 여전히 소뼈 우린 국물에 양, 선지, 시래기를 넣어 끓이고 있다. 전통을 중시하는 노포의 힘이다. 40년 전 밤을 새우며 술을 폈거나 여관방에서 쪽잠을 잤거나 통금에 묶여 '고고' 장에서 날이 밝기를 기다려 꼭두새벽에 이곳을 찾던 주당들의 모습들이 기억 저편에서부터 아스라이 떠오른다. 그 새벽에 딱히 갈 곳도 없던 시절이기도 했다. 1937년에 문을 열었을 때는 우이동

북한산 자락에서 수송동 나무 시장으로 장작을 팔러 오던 나무꾼들을 위해 술국을 팔았다. 시대에 따라 고객이 변하면서 공사 현장 노동자들, 예술가들, 대학생들을 거쳐 지금은 직장인들이 주로 찾고 있다. 시간도 예전처럼 새벽이 아닌 점심때가 러시아워이다.

20세기 초 해장국은 어떤 것이었을까? 아무래도 지금과는 좀 다르지 않았을까 싶다. 물과 재료와 조미료가 모두 지금과는 달랐을 것이기 때문이다. 굳이 확인하고 싶다면 발품을 좀 팔아야 한다. 구보 씨가 해장국의 원 맛이 이랬을 것이라고 느끼는 집이 수유리에 있다. 이 집 해장국은 여느 해장국과는 확연한 차이를 보인다. 우선 산의 물을 사용하고 내장이며 선지, 우거지를 푸짐하게 넣어 가마솥에 장작불로 끓인다. 그릇이 넘치게 퍼주고서도 오랜 단골들에게는 중간에 선지를 더 넣어준다. 깍두기도 찹쌀을 넣어 담가 시원한 맛을 뽐낸다. 씹는 맛과 재료의 고소함 그리고 육수의 시원함이 혀를 즐겁게 만든다. 연천 콩으로 만든 두부와 내장 무침을 안주로 누룩 내가 강한 이 집 명물 찹쌀 동동주를 한잔 걸치게 되면 하산을 서둘러야 한다. 오래지 않아 다리가 풀리기 때문이다. 취하는 속도가 꼭 강원도의 옥수수 '진땡이' 같다.

터덜터덜 산에서 내려갈 때면 비로소 그 옛날 여기 어디쯤서 나뭇짐을 지게에 싣고 종로에 나가 내다 판 다음 '청진옥'에서 해장국에 막걸리 한잔 들이켜고선 다시 미아리 고개를 넘던 나무꾼들의 심사에 닿게 된다.

청진동 해장국집 상차림

12 환구단 — 소공동

공익심이 결여된 공허한 정치, 철학의 차이가 가른 19세기 한·일의 운명

해장국을 떠올리는 바람에 입이 궁금해졌지만, 점심시간까지는 시간이 남아 구보 씨는 천천히 조선호텔 앞 환구단圜丘壇 쪽으로 걸음을 옮긴다. 환구단은 하늘에 제사를 지내는 성소로써 대한제국이 천자가 다스리는 나라임을 표방하는 상징적 건축물이었다. 지금은 부속건물이던 3층 팔각루 황궁우皇穹宇만이 남아 있다. 환구단을 둘러보고 있는데 하늘이 조금씩 흐려지더니 빗방울이 듣기 시작했다. 구보 씨는 급히 건너편 팔레스 호텔 로비로 피신했다. 유리창 밖으로 서울 시청이 비에 젖고 있었다. 광장의 잔디밭 풀색도 힘을 얻고 있었다. 구보 씨는 비 오는 시 중심의 풍경을 무표정하게 바라보다 핸드폰으로 쇼팽(Frédéric Chopin, 1810~49)의 〈Prelude in D flat major Op. 28 No. 15〉 조성진 버전을 찾아 듣기 시작했다. 구보 씨는 피아니스트 조성진이 '피아노의 시인' 쇼팽을 표현하는 데 탁월한 재능을 보인다고 느낀다. 쇼팽의 〈피아노 협주곡 1번〉도 조성진의 피아노 연주로 듣기를 즐긴다. 〈빗방울Raindrop 전주곡〉으로 더 잘 알려진 이 곡은 조르주 상드(George Sand, 1804~76)와 애정의 도피 행각을 떠났던 쇼팽이 1838년 12

환구단의 옛 모습

월에 지중해 서부 마요르카Mallorca 섬에서 만들었다. 산 중턱 마을에 위치한 집에서 시내로 외출 나간 연인과 그녀의 두 아들이 돌아오길 기다리며 빗소리를 듣는 병약한 청년 작곡가의 우울이 음울한 피아노 음률에 실려 전해지는 곡이다.

빗방울처럼 나는 혼자였다.
오, 나의 연인이여.
— 〈외로움〉, 와합 알바야티(이라크 시인, 1926~1999)

수직으로 떨어지며 천상과 지상을 이어주는 빗방울이 자신처럼 외로운 존재라고 시인은 여겼다. 외로움의 무게가 비의 입자들을 낙하시킨다고 본 것이다. 쇼팽 역시 빗방울에 자신의 고독을 얹었다. 2005년 교회에 딸린 이 집을 방문했을 때 구보 씨는 "이 작은 산속 마을에서 청년 쇼팽이 즐거움을 찾기란 힘들었겠다."라고 여기던 기억을 되새긴다. 연인의 두 아들과도 친하게 지내지 못하던 터였다. 집 앞 쇼팽의 금색 흉상은 방문객들이 만져대는 바람에 코만 하얗게 탈색돼 있어 사람들의 무심함이 사후에도 쇼팽을 힘들게 한다고 느껴졌다.

시선을 오른쪽으로 돌려 환구단을 바라보던 구보 씨는 망국의 군주 고종도 외로웠을지 모르겠다는 생각에 잠겼다. 1897년 고종은 황제에 올랐다. 제국의 법궁은 경운궁(덕수궁)으로 정했다. 황제는 경운궁 맞은편 지금의 조선호텔 자리에 환구단을 지어 이곳에서 천자의 자격으로 하늘에 고하는 제사를 지낸 후 국호를 대한제국, 연호를 광무光武로 정하고 대한제국의 제1대 황제 '광무제'로 즉위했다.

《고종실록》은 역사적인 그날 고종황제의 사자후를 이렇게 기록하고 있다.

"아! 애당초 임금이 된 것은 하늘의 도움을 받은 것이고, 황제의 칭호를 선포한 것은 온 나라 백성들의 마음에 부합한 것이다. 낡은 것을 없애고 새로운 것을 도모하며 교화를 시행하여 풍속을 아름답게 하려고 하니, 세상에 선포하여 모두 듣고 알게 하라."

—《고종실록》, 광무 1년(고종 34년) 10월 13일

구보 씨는 광무제의 제국 선언이 구태를 벗고 면모를 일신하겠다는 뜻이었으나 의지와 방법이 실종된 채 허망한 말들의 잔치에 그치고 말았을 뿐이어서 다시 한번 비감한 기분을 감추지 못한다. 새로운 세상을 염원하던 대한제국 국민이 뜨거운 마음으로 황제의 포효를 지켜보았을 것을 생각하면, 구보 씨는 120여 년 전 이 땅의 백성들이 못내 안쓰러워진다. '어떻게'라는 방법에 대한 고민이 없고 개혁에 대한 의지가 빈약했으며 국왕을 도와 개혁을 추동해야 할 인재들이 계속되는 변란으로 사라지고 없었으니 부강한 나라를 도모하는 게 난망이었을 것임은 불을 보듯 뻔한 일이었다.

매천 황현(梅泉 黃玹, 1855~1910)은 과거에 급제했으나 암울한 조선의 현실

에 실망해 벼슬을 마다하고 전남 구례에 칩거해 있었다. 그는 오늘날의 미디어 격인 《매천야록》과 《오하기문》 등의 글을 통해 조선 말의 실정을 신랄하게 비판했다. 1899년 오랜만에 한양에 올라와 달라진 수도의 모습을 보았으나 대한제국의 앞날에 불안한 예감을 떨치지 못한다.

> 십 년 만에 한양성에 다시 이르니
> 남산의 옛 푸르름만 낯익어라
> 길 따라 유리창엔 서양 촛불 비치고
> 하늘 가로지른 철삿줄 따라 전차는 울고 가네
> 바다 만 리 밖에서 찾아와 외교를 맺고
> 나라님도 처음으로 황제가 되셨네
> 도리어 우스워라, 기杞나라 사람 걱정이
> 저 하늘 빨리도 기울어지리니
>
> ―〈입경사入京師〉, 황현

황현의 불안감은 기우가 아니어서 대한제국은 1910년 8월 29일 멸망한다. 황현은 지식인의 책임을 통렬하게 자책하며 절명시를 남긴 채 목숨을 끊는다.

> 새와 짐승도 슬피 울고 강산도 찡그리니
> 무궁화 나라는 이미 사라졌구나
> 가을 등불 아래 책 덮고 옛일 돌이켜보니
> 문자나 안다는 사람 인간 되기 어렵구나

구보 씨는 메이지(明治, 1852~1912) 천황의 일본이 유신에 성공하며 근대화에 박차를 가하던 시기에 대한제국은 광무제(光武帝, 1852~1919)의 포효에도 불구하고 채 2대도 채우지 못한 채 스러진 원인을 곰곰 생각한다. 그 생각은 필히 한일의 철학 차이에 닿기 마련이다.

당시 한일 두 나라는 모두 '위정척사衛正斥邪'와 '존왕양이尊王攘夷'라는 쇄국정책을 표방했으나, 조선이 "우리가 옳고 서양은 사악하다."라는 태도를 견지하며 서양을 내쫓으려 했을 때, 일본은 왕정을 복구해 나라를 근대화시키는 동력을 얻기 위해 서양의 힘을 역이용하려 했다. 일본 사회의 대세는 양명학의 영향 아래 있었다. 청과 조선이 왕조 체제의 질서를 유지하기 위해 명분을 중시할 필요가 있었던 데 비해, 일본은 '무상無常'의 논리를 필요로 했다. 1192년 이래 조정을 대신해 '바쿠후(막부幕府)'가 권력을 잡으면서 상황에 따른 변화를 허용할 수밖에 없었던 까닭이었다. '한결같을 수 없다'라는 '무상'의 논리는 명분보다 실리에 무게를 둔다. 명분 중시는 경직된 교조주의로 흐르지만, 실리 추구는 사고의 변용이 가능하다. 교조주의는 원칙에 매달리고 획일성에 집착하느라 진영논리를 펴며 갈등을 빚는다. 이런 경직된 환경 속에서는 관용이나 타협, 협의가 부정적으로 평가된다. 반면 실용주의는 무엇이 세상에 쓸모 있을지를 추구하며 다양한 방법론을 끊임없이 찾는다. 자연히 지식의 실천 의지와 실천 방안을 중시하게 마련이다. '지행합일설'에 입각해 가치 상대화를 견지한다. 생각이 다르더라도 서로 조정할 수 있는 유연성을 갖춘다. 19세기 말 메이지 천황의 일본이 유신의 완성을 위해 반대 세력과도 제휴하고 품에 끌어들인 반면, 고종의 조선은 왕권에 도전하는 세력은 철저히 도륙했다. 일본이 피아를 구분하지 않고 등용함으로써 개혁의 동력을 얻은 데 반해, 조선은 아我가 아니면 모두 처단함으로써 개혁을 추진할 인재들을 헛되이 소진했다. 조선이 개혁에 실패하고 일본이 메이지 유신을 성공시킨 배경에는 공직자의 직업윤리도 작용했다. 일본 지도자들이 공익을 도모했다면, 조선 지도층은 사익을 추구했다. 이 차이가 19세기 말 한일의 국가 운명을 가름했다. 그 차이가 지금도 존재한다고 구보 씨는 생각한다. 구보 씨는 동갑

내기로서 같은 시기에 제위에 올라 한국과 일본의 국운을 결정했던 고종과 메이지를 자주 비교해보곤 한다. 민 씨 척족들의 세도정치에 휘둘려 나라가 나락으로 떨어지는 상황에서도 사리사욕만 추구했던 고종의 조선과 달리, 메이지의 일본은 공익성 넘치는 현신들이 국익을 도모하는 데 힘을 합했다. 메이지 천황을 명군으로 만든 참모진의 면모를 구보 씨는 다시 떠올려본다. 대한제국의 광무제에게는 없었던 시스템이었다.

메이지는 모토다 나카자네(元田永孚, 1818~91)와 오쿠보 도시미치(大久保利通, 1830~78)의 영향을 크게 받았다. 모토다는 구마모토번 영주 아래에 있다가 52세에 번의 추천으로 천황의 선생 격인 시독侍讀으로 뽑혔고, 오쿠보는 사쓰마번 출신으로 정부에 입각해 있었다.

모토다는 '실천적 정치'를 제창한 유학자 요코이 쇼난(橫井小楠, 1809~69)의 영향을 받은 실학파로 사물의 이치를 추구하는 '격물치지'를 위해 실천을 중시했다. 상업과 농업의 부흥을 통해 경제를 튼튼하게 만들려는 중상주의와 농권국가農權國家 수립의 입장을 견지했다. 모토다는 천황에게 결단을 내릴 수 있도록 각의를 비롯하여 여러 회의에 빠짐없이 참석하기를 권했다. 스스로 파악하고 판단할 수 있도록 역량을 함양시킨 것이다. 메이지 천황 전기작가인 도널드 킨(Donald Keene, 1922~2019)의 생각처럼, "불꽃 튀기는 토론 장면은 자주 어린 천황에게 깊은 인상을 남겼을 것"이 분명하다. 모토다가 "국유림 일부를 황실 사림私林으로 하자."라는 건의에 반대하며 메이지를 설득한 일화가 그의 면모를 짐작게 해준다.

"황실이 영원히 의시하고 유시해야 할 것은 토지가 아니라 '시녁대인至德大仁'이다. 백성이 소유한 토지를 빼앗아 황실의 소유로 삼으려는 것은 황실이 백성과 똑같이 이익을 다투는 격이니 제권帝權을 손상하는 일과 다르지 않다. 토지세 일부를 쪼개 황실 부흐세로 삼는 게 공명정대하다. 국민의 마음을 잃는다면 토지를 다 차지하더라도 제권을 잃게 된다. 그것이 천리天理이다."

―메이지천황기, 도널드 킨의 《메이지 천황》에서 재인용

오쿠보 역시 천황에게 중대한 영향을 미쳤다. 오쿠보는 "자기 자신과 국가를 동일화시켜 평생을 국가 건설에 매진한 인물"이라는 평가를 받는다. 여러 사례가 있다. 1877년 1월 1일 메이지 천황은 각 성청에 세출 비용을 절감할 것을 명령한다. 사람들은 천황의 결단 뒤에 오쿠보가 있음을 읽는다. 1876년 여러 곳에서 살기가 어려워진 농민의 봉기가 빈발하자 오쿠보는 이를 '농민이 힘든 처지에 놓인 증거'라고 파악하고 농지세를 1% 줄여 2%로 할 것을 건의한다. 감소할 세입분은 세출을 줄여 만회하자는 제안도 함께 낸다.[7] 메이지는 오쿠보의 건의를 받아들인다. "농민의 부담을 경감시켜주는 것이 국가의 번영을 불러온다."라는 오쿠보의 조언에 공감한 것이다. 메이지는 농민의 삶을 향상하기 위해 농업학교를 지어 생산성 제고법을 가르치는 실질적 교육도 병행했다.

구보 씨는 19세기 말의 조선이 그러했듯이 지금의 한국 정치판에서도 공익성 강한 인물들을 찾아보기 어렵다고 생각한다. 그때처럼 정치를 사유화하려는 파당은 있어도 국가를 위하는 대승적 정치를 펴려는 정치인은 보이지 않는다고 여긴다. 구보 씨는 우울해졌다.

서울 시청 옆 소공동小公洞은 공주가 시집와 궁을 짓고 살면서 붙은 '작은공주골'이라는 이름에서 유래한다. 조선의 제3대 왕으로서 형제들을 모두 죽이고 왕이 되었을 정도로 카리스마가 넘쳤던 태종은 제위에 오른 지 3년 되던 해인 1403년 애지중지하던 둘째 딸 경정공주(慶貞公主, 1387~1456)를 영의정 조준(趙浚, 1346~1405)의 아들 호군護軍 조대림에게 시집보낸다. 당시 조대림은 모친상을 당한 직후였지만, 명明이 공주와의 정략혼인을 요구하던 차라 태종은 3년 탈상을 기다리지 않고 서둘러 결혼을 진행했다.

---

7 《메이지천황》, 도널드 킨, 김유동 옮김, 다락원, 2002 참조

《조선왕조실록》 애지중지하는 딸을 이역에 빼앗기기 싫었던 것이다. 경정공주는 이곳에서 네 딸을 낳고 행복하게 살았다. 태종은 자주 딸을 보러 이곳에 행차했다고 전해진다. 경정공주의 궁은 그 자리에 1897년 대한제국의 환구단이 세워지고, 다시 1914년 6천 7백 평 규모의 조선호텔이 들어서면서 역사 속으로 사라졌다.

이곳에서 동쪽 방향 명동明洞으로 향하는 길은 일제시대에 장곡천長谷川으로 불렸다. 지금은 복개되어 차도로 쓰이는 이 길가 플라자호텔 근처에 필명이 이상李箱이었던 소설가 김해경(1910~37)이 경성 최초의 찻집 '낙랑파라'를 차려 '모던 보이modern boy'들의 사랑을 받았다.[8] 이상은 이에 앞서 청진동에 자신의 소설명을 딴 '제비'라는 커피숍을 운영하기도 했었다. 일제시대에 커피숍들이 일종의 문화 살롱처럼 대중문화의 축으로 역할을 한 것을 보면, 현실이 암울해도 사람들은 삶을 영위해야 하는 존재들임을 확인한다. 망국의 시간 속에서도 낭만을 즐기고 연애를 하고 가정을 이루며 삶의 기쁨을 구가하는 것이 사람들의 삶일 수밖에 없다. 이 유서 깊은 소공동 길에는 낡고 오래돼 곧 무너질 것 같은 건물들이 10년 이상 폐허의 모습으로 남아 있어 불안감을 준다. 더 유리한 보상을 원하는 건물주의 요구와 서울시의 방침이 접점을 찾지 못한 채 쌍방 간 힘겨루기 양상이 계속되고 있다. 김해경의 '낙랑파라'가 복원돼 이 거리의 명소가 될 날을 그려본다.

비가 그쳤다. 구보 씨는 팔레스 호텔에서 나와 소공동을 관통한 후 일제시대에 미쓰코시三越 백화점이었던 신세계백화점 앞 광장에서 길을 건너 명동우체국 쪽을 향한다. 명동으로 들어가는 입구다.

---

[8] 《명동 변천사》, 박경룡 김일림 홍윤정, 중구문화원, 2003

소공동 조선호텔 앞 환구단

13 명동

세월은 가도 옛날은 남는 것
결핍의 아름다움이 그리워지는 곳

여전히 서울의 중심 자리를 놓지 않고 있는 명동은 동남아, 중국, 일본 등지의 관광객들로 신세계백화점 부근서부터 붐볐지만, 코로나 이후로는 철 지난 바닷가처럼 스산하기만 하다. 메인 스트리트로 사시사철 북적대던 롯데 백화점 건너편 입구도 한산한 모습이다. 코로나가 바꾸고 있는 풍경들 가운데 하나이다. 명동우체국 골목으로 들어서면서 구보 씨는 이 골목에 있었던 국빈대반점國賓大飯店을 떠올린다. 천진깡陳金剛이라는 젊은 주인이 운영하던 곳이었는데 호형호제하며 친하게 지내던 옛 기억이 생각났기 때문이었다. 천 씨는 구보 씨가 친구들과 함께 갈 때마다 한두 가지의 서비스 요리를 제공해 구보 씨의 어깨를 으쓱하게 해주었다. 국내 화교 자제들이 공통으로 겪는 어려움이지만, 천 씨도 타이베이臺北에서 대학을 다녔으나 타이완인臺灣人으로 쳐주지 않아 취직에 애를 먹었다. 할 수 없이 서울로 돌아왔지만, 당연히 서울에서도 이방인일 수밖에 없었다. 설상가상으로 1980년대 당시 한국 정부는 화교華僑들의 사업장 규모와 가격을 제한했다. 많은 화교들이 견디지 못하고 외국으로 빠져나갔다. 천 씨도 그 대열에 합류해 지금은 캐나다로 옮겨 갔다. 이 길목의 노포인 산동교자점은 오향장육과 교자가 맛있기로 소문이 난 집이다. 만두는 속을 피로 둥글게 감싼 것이고 교자는 주머니처럼 반달 모양으로 접은 것이다.

교자점에 앉아 건너편 중국 대사관저를 바라보며 구보 씨는 새삼 중국

진고개 표지석

을 생각한다. 중국은 우리에게 무엇인가. 구보 씨는 평소 한국의 대중국 인식을 불만스럽게 여겨온 편이다. 저자세 탓이다. 중국의 일개 장관이 우리 대통령의 팔을 툭 쳐도 "친하다는 표현"이라며 넘어간다. 타국 국가 수반이 수도 베이징을 방문했는데 중국 주석이 급한 일이 생겼다며 지방으로 가버리는 무시를 보여도 이해한다. 사드Thaad 배치 문제로 국가 간 힘겨루기가 진행되고 있는데도 의원들이 진사 사절단을 자처하며 찾아가 머리를 조아리는 비자주적 행태를 보이면서도 그것을 '외교'라고 강변한다. 중국발 미세먼지가 한반도를 뒤덮는다는 사실이 위성사진으로 입증되고, 중국 어선들이 한국 영해를 제집 마당처럼 들어와 불법조업을 일삼아도 중국 정부는 아랑곳하지 않는다. 한국 정부의 대응은 무력하다. 서울시는 미세먼지를 줄이자며 차량 2부제를 실시하는 겸손함마저 보인다. 중국 어민들이 창과 낫을 휘두르며 만행을 저지르고 우리 해경이 다쳐도 우리 정부는 강력하게 응징할 생각을 하지 못한다. 중국은 한술 더 떠 2020년 자국 어민들을 보호한다는 명분으로 준군사조직인 해상 민병대를 조직해 한국의 자주권을 더욱 위협하고 나섰다. 그들이 주장하는 '공존공영共存共榮'은 자기 편의적인 말일 뿐이다. 코로나바이러스 초기에 진원지인 중국 후베이湖北성 우한武漢시 주민의 입국을 제한하려는 한국 정부의 시도는 "WHO(유엔보건기구) 규정에 따라야 한다."는 중국 대사의 언급에 흐지부지돼버렸다. 베트남은 자체 결정으로 중국인 입국을 전면 금지해 코로나 피해를 최소화했다. 1950년 북한의 남침으로 동란이 발생하자 UN군이 들어와 압록강까지 북상하며 국토통일을 눈앞에 둔 시점에서 80만 중공군의 개입으로 한반도의 통일이 물거품이 되었지만, 중국을 원망하는 목소리는 들리지 않는다. 중국공산당은 한국전쟁 개입을 "미국의 압제하에 놓일 뻔했던 한반도를 중국이 해방시켜준 전쟁"으로 여긴다. '항미원조抗美援助' 전쟁이라는 것이다. BTS가 2020년 10월 한미친선단체인 코리아소사이어티가 주는 '벤 플리트' 상을 받은 후 "한국전쟁에서 한미 양국이 함께 고난을 겪고 이겨냈다."라고 수상소감을 말하자 중국 공산당기관지 환구시보와 댓글 부대들이 비난 공격을 편 것도 그런 중국의 인식이 반영된 사례이다.

2020년 가을 중국은 김치와 한복이 원래 중국 것이라고 주장하고 나섰다. 고구려를 자기 역사에 편입하려는 '동북공정東北工程' 시도를 한 지는 오래다. 구보 씨는 1990년 한국 드라마와 노래가 중국에서 붐을 일으키자 당 지도부가 "한류韓流"라는 표현이 적절치 않다며 "한열韓熱"이라고 쓸 것을 미디어에 지시하는 보도를 접하고 쓴웃음을 지은 기억을 떠올렸다. '류流'는 지속적인 흐름을 뜻하고 '열熱'은 일시적인 반짝 현상을 의미한다.

2020년 한 해 청와대와 여권은 시진핑習近平 중국 국가주석의 방한에 공을 들이는 인상이다. 11월 25일 중국 외교부장 왕이王毅가 방한하자 대통령, 국회의장, 국회 외교통일위원장, 청와대 특보단, 민주당 대표, 외무장관, 경제인단체 등이 그를 만났다. 한국에 오기 전 들른 일본에서는 초청자인 외무상만이 회견을 가졌다. 큰 비교였다. 한국 정부가 시진핑 방한을 대단한 국가적 어젠다Agenda쯤으로 여기는 모습을 보이자, 왕이는 그것이 무슨 시혜나 되는 것인 양 구는 듯했다. 한국은 기대했지만, 왕이는 "시 주석은 코로나가 잡히면 그때 봐서 방한할 것"이라는 원론적인 말만 남긴 채 돌아갔다. 한국 정부의 중국 경사 태도는 서방에 '프로차이나

ProChina'로 비치고 있다. 이에 대한 우려의 시선이 크다. 19세기 말 고종이 러시아에 줄 섰다가 세계 최강 영국의 눈 밖에 나면서 일본에 나라를 빼앗긴 역사가 있는 까닭이다.

한국은 어느덧 중국의 주변국 가운데서 유일하게 위협이 먹혀드는 나라가 되었다. 조금만 견디면 이겨낼 수 있었을 사드 경제 보복에 OECD 국가이면서 굴복해버린 것이 대표적 사례에 속한다. 베트남은 1979년 전쟁을 불사하면서까지 중국에 맞서 국익을 지켜내는 결기를 보였다. 그 이후 중국은 베트남을 함부로 하지 못한다. 중국 원조에 목을 매는 북한조차도 중국에 호락호락하지 않다. 중국 외교부장 왕이는 절대 김정은 위원장의 팔을 툭 치지 못한다. 중국의 일대일로一帶一路 정책에 동참했던 필리핀, 파키스탄, 인도네시아, 방글라데시, 스리랑카 등 여러 국가도 '채무의 덫'에 빠졌음을 깨닫고 격렬하게 저항하며 반감을 표시하고 있다. 자본을 앞세워 상대국을 자기의 질서 아래에 두려는 중국의 패권주의적 의도를 뒤늦게 눈치챈 것이다. 한국의 입장에서는 '자유민주주의 수호'라는 동일한 가치를 추구하는 미국과의 관계와 달리, 공산주의 국가인 중국과는 함께 좇아야 할 가치가 존재하지 않는다. 공유하는 가치가 없는 관계는 철저히 이해관계로만 움직일 수밖에 없다. 한국은 중국에 대해서도 일본에 그러는 것처럼 '파이팅' 정신이 필요하다고 여긴다. 구보 씨는 지금의 한국은 중국의 압박이 있어도 버티며 싸울만한 위치에 있다고 생각한다. 한국은 조선조 이래로 중국에 대한 파이팅 정신을 상실했다. 자국의 이익만을 취하려는 경향이 점차 커지는 추세에서 결기를 보이지 않으면 비참하게도 때릴 때마다 맞는 수밖에 없다.

이 대목에서 구보 씨는 19세기 메이지의 일본이 중국에 보인 결기를 떠올린다. 외무경 소에지마의 기개였다. 이 소에지마의 에피소드는 《메이지 천황기》 등 일본 근대사를 나룬 서적마다 모두 언급될 정도로 일본의 자랑거리이다. 1873년 4월 소에지마 다네오미는 천황의 특명전권공사로 베이징을 방문했다. 1871년에 체결된 청일수호조약의 비준 문서를 교환하고, 제10대 황제 동치제의 성년成年과 성혼成婚을 축하하는 천황의 친서를 전달하기 위함이었다. 그동안은 생모 서태후가 섭정해오고 있었다. 일본은 차제에 타이완 거주 일본인 피살 사건의 책임을 묻고 타이완을 할양받으려는 계산도 있었다. 또한, 조선에 관한 청의 입장을 떠보려는 속셈도 있었다. 외국과의 국교는 조공朝貢에 한정해오던 청은 관행대로 소에지마에게 황제 알현 시 이마를 땅에 닿도록 절할 것을 요구했다. 소에지마는 천황의 대리임을 내세워 거부했다. 그러자 다섯 번 절하라는 황실의 대안 제시가 있었다. 소에지마는 이 제안도 거부했다. 소에지마는 유교의 가르침을 인용하며 친구의 예로 맞아 주라고 요구했다. 40여 일의 끈질긴 협상 끝에 소에지마의 요청대로 황제와 맞절을 하는 것으로 마무리되었다. 황제 알현 순서도 축하사절단 가운데 소에지마가 가장 먼저였다. 자신이 다른 사절과 달리 천황의 대리임을 강조한 까닭이었다. 서양의 사절들이 5배, 9배를 했고, 세계 최강이던 대영제국 국왕의 특사 매카트니 경도 한쪽 무릎을 꿇었던 전례에 비추어 일본 사절의 기개는 당당했다. 청으로서는 천하주의에 입각한 조공외교에 처음으로 예외를 기록한 순간이었다. 메이지 유신 이후 커진 일본의 국력을 알고 있던 북양대신北洋大臣 리훙장이 중재에 나선 덕도 있었지만, 소에지마의 기개는 국가에 대한 자부심이 작용한 덕이었다.[9]

조선은 '천자'의 나라인 명·청을 중심으로 세계를 명·청과 주변 조공국으로 구성되는 사해四海 내 '문명'의 범주와 사해 바깥의 '야만' 영역으로 나누는 '사해주의四海主義' 사상의 영향 아래 있었던 까닭에 서양과 일본은 '야만'에 속한다고 여겼다. 그래서 종주국인 청에는 사대하고, 미개하다고 여긴 일본은 '왜倭'로 지칭하며 하대했다. 조선 사대부들은 명·청의 번방藩

---

9 《고종과 메이지》, 안상윤, 휴먼필드, 2019

邦 노릇을 하는 건 당연하다고 여겼다. 이는 1905년 을사늑약으로 청이 종주국 지위를 일본에 넘기자 비분강개하며 자결을 서슴지 않았던 사실과 대비된다. 김옥균은 청의 종속국 지위에서 벗어나려고 정변을 기도했으나 실패했다. 1884년 갑신정변의 좌절로 한국은 중국의 그늘에서 벗어나려는 자주 의지의 계기를 상실했다고 구보 씨는 생각한다. 지금의 밀레니얼Millennial 세대 젊은이들은 과거 세대와 달리 콤플렉스 없이 일본과 중국을 대할 것이라고 구보 씨는 애써 자위한다.

옛 코스모스 백화점 자리를 지나 명동으로 들어서자 구보 씨는 스멀스멀 피어나는 추억의 냄새를 맡기 시작한다. 아무래도 감수성 예민하던 스무 살 무렵의 추억이 주가 된다. 나팔바지와 청바지에 샌들 차림으로 젊음을 구가하던 그 시절을 회상하며 명동 길을 걸어간다. 지금은 가고 없는 시간들을 어루만지느라 희미한 옛 기억을 자꾸 더듬는다. 학사주점에 앉아 카바이드carbide 섞인 질 나쁜 막걸리를 마시며 젊음의 고민을 쏟아내던 풍경들이 손에 잡힐 듯 그려진다. 그 주점도 지금은 사라지고 없다. '은하수', '돌체', '청자' 등 다방들이 사교의 중심에 있었고, 마담들은 한결같이 한복 차림이었다. 부유한 사람들은 그런 마담을 옆에 앉히고 쌍화차를 사주는 걸 멋으로 알았다.

차를 나르는 여종업원 '레지'들도 단골손님 옆에 앉아 커피를 얻어 마시며 매상을 올리는 게 그 시절 다방의 일반적 풍경이었다. '레지'는 '등록'을 뜻하는 영어 'register'에서 비롯된 말로서 주문을 받는 사람이라는 의미로 그렇게 호칭했다. 영어가 편의대로 해석되던 시절이었다. 아침나절 커피에 달걀노른자를 타서 내놓는 건 '모닝커피Morning Coffee'라고 불렀다. 나름 영양을 생각해서 개발해낸 60~70년대 아이디어 상품이었다. 변두리 지역 마담들은 그 단어에 대한 개념이 약해서 우스개도 만들어냈다. 누군가가 노른자위를 빼고 커피만 달라고 주문하자 마담이 주방에다 대고 외쳤다. "김 양아! 여기 모닝 빼고 커피만 한 잔!" 그녀에게 '모닝'은 달걀노른자였던 것이다.

　이 거리에 있던 '본전다방'에서 친구를 만나기로 해 나갔다가 두 시간이 지나도 나타나지 않아 자리에서 일어서는데 기둥 뒤에서 그 친구가 똑같이 일어서는 바람에 둘이 한참을 웃었던 기억이 아스라한 기억 저편에서 되살아나 구보 씨를 미소 짓게 했다. 둘 다 참을성의 정도가 비슷했던 것이다. 핸드폰이 없던 시절이어서 확실히 지금보다 불편했지만, 사람과 사람 사이의 정은 훨씬 도타웠던 기억이다. 지금은 잘 쓰지 않는 편지를 기다리느라 대문 우편함을 하루에도 몇 차례씩 열어보던 기억도 달콤 쌉싸래하니 남아 있다.

　옛 국립극장 자리를 지나며 윗세대 선배들의 삶을 떠올린다. 다방과 술집들이 문화예술의 산실이던 50~60년대에 이 거리에 포진해 있던 돌체, 모나리자, 포임, 피앙세, 갈채, 유목장, 은성, 유명옥, 명동장, 무궁원, 딱총집, 동해루, 동방싸롱 등은 특히 예술가들의 사랑을 받았다. 구보 씨보다 윗세대들로서 당대를 풍미하던 오상순, 조병화, 이봉구, 김수영, 박인환, 이진섭, 최정희, 이중섭, 구상, 천경자, 고은, 황순원, 서정주, 김관식, 천상병, 현인, 나애심, 이병복, 전혜린, 추송웅, 김금지, 이해랑, 오태석, 박재삼 등 기라성같은 면면들이 이 공간을 함께 했다.[10] 그들에게 명동은 위안이자 치유였다. 전쟁 후의 피폐함 속에서 명동이 없었다면 그들의 절망과 상처는 치유되지 못했을 것이다. 명동과 함께 선술집과 목로주점이 들어섰던 피맛골도 젊은 예술가들의 우울한 일상을 달래주었지만, 명동은 피맛골과는 또 다른 공간이었다. 피맛골이 어둠이라면 명동은 빛이었다. 피맛골이 쓰다면 명동은 달콤했다. 그 중심에 탤런트 최불암(1940~)의 모친 이명숙 여사가 1953년에 문을 연 은성銀星이 있었다. 옛 국립극장 옆 골목에 있었던 은성은 문인, 예술가, 언론인 등의 사랑방이었다. 소설가이자 언

10　《명동 변천사》, 박경룡 김일림 홍윤정, 중구문화원, 2003

론인이던 '명동백작' 이봉구(李鳳九, 1916~83), 시인 김수영(金洙暎, 1921~68), 작곡가 윤용하(尹龍河, 1922~65) 등이 창작의 영감을 받곤 했던 곳이다. 1956년 봄 시인 박인환(朴寅煥, 1926~56)이 이곳에서 취중에 시를 읊고 이진섭(李眞燮, 1922~83)이 곡을 붙여 가수 나애심(1930~2017)이 즉석에서 부른 것으로 알려진 '세월이 가면'은 명동의 전설이 되었다. 나애심의 원곡에 이어 70년대에 박인희(1945~)의 리메이크로 계속 큰 인기를 얻었고, 지금껏 사람들의 사랑을 받고 있다.

> 지금 그 사람 이름은 잊었지만
> 그 눈동자 입술은 내 가슴에 있네
> 바람이 불고 비가 올 때도
> 나는 저 유리창 밖 가로등 그늘의 밤을 잊지 못하지
> 사랑은 가도 옛날은 남는 것
> (…)
> 내 써늘한 가슴에 있네

비단 예술가뿐만 아니라 한량들도 명동을 누비던 주역들이었다. 1955년 작 할리우드 영화 《이유 없는 반항 Rebel Without a Cause》의 주인공 제임스 딘(James Dean, 1931~1955)을 흉내 낸 오토바이족들이 속출하던 시기였다. 부유층 자제들 사이에 일제 오토바이가 선풍적 인기를 끌었다. 지금은 가고 없는 한일관 자제 박봉근 씨도 "'혼다' 오토바이를 탄 채 명동 성당 언덕에서 미도파 백화점 앞까지 명동길을 질주하곤 했다."라고 경복고 동창인 박규태(1945~) 씨가 전한다.

1960년대는 나이트클럽이 밤 문화의 대명사였다. 한국은행 옆 상업은행 본점 자리에 있던 국제호텔 나이트클럽이 최고를 자랑했는데, 4인조 캄보 밴드가 춤곡을 연주해 주흥을 돋우었다. 엄토미, 길옥윤 등이 이곳에

명동예술극장

서 연주했다. '사땡(댄서dancer를 거꾸로 부른 속칭)'이라는 은어로 부르던 전속 댄서들이 춤과 술자리를 동반하고 팁을 받았다.

　재벌가의 자제들이 돈을 앞세워 욕망을 충족시키던 공간이었다. 이곳 외에도 한량들은 유엔회관과 아스토리아 호텔의 골든 소사이어티, 대연각 호텔의 무학성 그리고 지금의 명동역 남산 방향에 있던 LCI 등을 전전하며 유흥을 즐겼다. 비어홀Beer Hall은 나이트클럽의 아래 단계였다. 여급을 두고 맥주를 팔던 업소로 피아노 연주로 분위기를 돋우었다. 사보이 호텔 근처에서 '화조'를 운영하던 유영희(1943~) 사장이 신사동을 거쳐 한남동에 문을 연 '투모로우'에는 지금도 올드팬들이 꾸준히 찾고 있다. 정대철, 박근형, 최지희, 문희 씨 등이다. 고인이 되신 방송작가 신봉승 선생과 배우 김혜정 씨도 즐겨 찾던 곳이다. 주인이나 손님이나 모두 50년 세월 동안 '혈맹'의 관계를 유지해온 사이들이다. 구보 씨는 이곳을 찾는 장년들의 모습에서 옛 명동의 분위기를 감지하곤 한다.

　명동 우체국 골목 초입은 전축 가게들이 즐비해서 가게마다 유행가들이 울려 퍼졌다. '명동 통닭'집과 풍국제과 앞 '카네기 홀'이라는 비어 홀은 이 거리의 명소였다. 사보이 호텔 지하에 있던 'GOODY GOODY'는 위스키 잔술을 마시던 곳인데 직장인들의 사랑을 받았다. 처음으로 양주 문화를 도입했던 곳이다. 이를 흉내 내 국산 양주인 도라지 위스키를 잔으로 팔던 바Bar들이 지금의 명동교자 골목을 중심으로 여럿 생겨나기도 했다. 한국 최초의 권투 세계 챔피언 김기수가 운영하던 다방 '챔피언'에는 유명인들이 자주 출현하는 곳으로 유명했다. 1970년대 초 퇴계로 쪽 명동 입구에는 '산수갑산'이라는 맥줏집이 문을 열었는데 여종업원이 없어 대중적이었다. 배우 엄앵란 씨의 삼촌 엄토미(1922~2002) 씨가 이끄는 캄보 밴드가 연주했고, 손님들이 무대로 나와 반주에 맞춰 노래를 부르기도 했다. 구보 씨도 1970년대 초반 당시 유행하던 엄정행(1943~)의 〈목련화〉를 불러 엄토미 씨로부터 "감정 처리가 좋다."는 코멘트를 받고 칭찬으로 여겨 좋아했던 기억이 있다.

을지로 입구에 있던 '화양'에는 이진(1941~)이 DJ로 일하며 한국 최초의 팝 공연을 선보였다. '세시봉'이나 '금수강산, 'OB'S CABIN', '포 시즌', '셀브르' 등은 그 후에 생겨났으니 가히 라이브 공연의 원조라 부를 만하다. '화양'은 포크 뮤직이 아닌 그룹사운드 중심의 밴드 뮤직을 공연했다. 그룹사운드는 미8군 무대에서 기량을 닦은 아티스트들로 구성됐다.

73년쯤에는 음악 평론가 이백천(1933~) 씨가 사보이 호텔 옆에 'LE SILENCE'라는 음악 감상실을 열어 구보 씨를 포함한 대학생들의 사랑을 받았다. 이곳은 최초로 응접실 분위기로 내부를 꾸며 편안한 공간을 연출한 공연장이었다. 여대생들이 음악을 들으며 소파에 앉은 채로 리포트를 작성하곤 했다. 통기타 1세대 포크 가수인 이연실(1950~)이 기타를 치며 〈목로주점〉을 부르던 모습도 기억한다. "가장 멋진 목소리로 기원하려마. 가장 멋진 웃음으로 화답해 줄게. 오늘도 목로주점 흙바람 벽엔 삼십 촉 백열등이 그네를 탄다."라는 노랫말이 매력적이던 곡이었다. 당시 대학생들은 통기타를 메고 다녔는데 이연실은 손님의 기타를 빌려 연주하기도 했다.

'필하모니'라는 클래식 음악 감상실도 사보이 호텔 맞은편에 있었다. LP 턴테이블과 앰프 그리고 대형 스피커에 50여 석의 좌석을 갖춘 곳이었다. 입장료를 내면 오렌지 주스를 한 잔 받아 등받이가 긴 의자에 앉을 수 있었다. 구보 씨의 클래식 입문이 시작된 곳이었다. 스무 살 무렵 구보 씨는 이곳에서 베토벤의 피아노 소나타 〈황제〉를 아르투르 루빈스타인Arthur Rubinstein 버전으로, 브루흐의 〈스코티시 판타지Scottish Fantasie〉 협주곡을 다비드 오이스트라흐David Oistrakh의 바이올린으로 그리고 구스타프 말러Gustav Mahler의 교향곡 5번 4악장을 베를린 필 연주 버전으로 즐겨 듣곤 했다. 이곳을 찾을 때는 무슨 '루틴routine'처럼 반드시 소주 한 잔을 마시고 입장하곤 했다. 그러면 솜이 물을 빨아들이듯 음악이 몸속으로 젖어 들었던 기억이다. 그 시절과 비교하면 요즘은 얼마나 음악을 접하기가 쉬

운가. 핸드폰 하나면 유튜브를 통해 언제 어디서라도 듣고 싶은 곡들을 찾아 들을 수 있다. 외국 라디오의 방송 곡들을 스트리밍streaming으로 받아들을 수도 있다. 그러나 구보 씨는 음악에 접근하려는 그 시절의 방식이 더 절실했다고 느낀다. 쉽게 획득할 수 있는 것은 존재감이 약한 법이다.

명동明洞이라는 이름은 조선 초 명례방明禮坊으로 불렸던 연고로 첫 자를 딴 것이다. 이 지역은 여러 이름을 거쳤다. 한성부 남부 관아가 있었던 까닭에 구남부동(구남붓골)로, 중국에서 들여온 물감과 과일 등을 당피唐皮에 싸주었다 해서 당핏골로, 마을 생김새가 "큰 용이 여의주를 품고 있는 것 같다." 해서 대룡동(大龍洞, 큰용골)으로, 을지로 2가에 장악원이 있었다 해서 장악원동(장악원골)으로, 모시전이 있었다 해서 모시전골(저동苧洞)로, 일제 강점기 때는 시내 중심이라는 의미로 본정통本町通으로 각각 불렀다. 세종호텔 맞은편은 남산 아래라 남산골, 퇴계로에서 을지로로 넘어가는 좁은 길은 땅이 '늘 질다' 해서 진고개(泥峴), 명동 성당 앞 고개는 종현鐘峴으로도 불렀다.[11] 1960년대에 최희준이 불러 히트한 〈진고개 신사〉는 명동을 드나들던 로맨틱한 멋쟁이를 이름이다.

80년을 전후해 경제권 중심이 강남으로 옮겨가면서 대세를 따라 유흥업소들이 발 빠르게 강남으로 옮겨가고 뒤를 이어 의상실과 미용실, 그리고 성형외과 등도 한강을 건넜다. 신사동과 압구정동이 밤 문화와 패션의 새로운 메카로 부상한다. "어제 처음 만나서 사랑을 하고"라는 가사가 도발적이었던 혜은이의 〈제3한강교〉와 주현미의 〈비 내리는 영동교〉, 〈신사동 그 사람〉 등 당시의 히트곡들이 모두 한남대교와 영동교, 신사동을 언급함으로써 강남 시대 개막의 트렌드를 반영했다.

---

11 《명동 변천사》, 박경룡 김일림 홍윤정, 중구문화원, 2003

남산에서 내려다본 명동, 사진 오른쪽은 충무로

14 남산동

봄이 머무는 언덕
아름다운 전설이 깃들어 있는 공간

남산동은 '한국의 할리우드'라 부르며 한국 영화의 산실 역할을 했던 '충무로 시절' 각광을 받았던 곳이다. 50~60년대 이곳은 LA의 베벌리 힐즈 Bevelly Hills처럼 스타들이 모여 살았다. 면면들을 보면, 노경희, 이빈화, 엄앵란, 김지미, 김혜정, 남궁원, 방성자 등 당대의 별들이었다. 그야말로 스타 타운이었다.

구보 씨는 숭의여대를 지나며 이곳을 지날 때마다 남산 자락 어디엔가 있었다는 '유춘오留春塢' 자리를 궁금해하던 생각을 떠올린다. 조선조 후반기 실학자이던 담헌 홍대용(湛軒 洪大容, 1731~83)의 거소였다. 담헌은 베이징에서 습득한 지구의 자전설을 처음으로 조선에 소개했다. 같은 북학파로 '절친'이었던 연암 박지원(燕巖 朴趾源, 1737~1805)은 그의 묘비명에 "아! 슬프다. 덕보(德保, 홍대용의 자)는 툭 트이고 민첩하며 겸손하고 아담하며 식견이 원대하고 사물의 이해가 정밀하며 일찍이 '지구가 한 번 돌면 하루가

남산에서 내려다본 남산동 일대

된다'라고 말해 학설이 오묘하고 깊었다."라고 쓰며 대성통곡했다고 전한다. 담헌의 인품은 사신길에 만나 교유했던 청의 옌청嚴成이 "홍대용의 초상화를 자기 문집에 남기고, 죽을 때는 홍대용이 준 먹을 품에 안았다."라는 일화에서도 확인된다《daum 백과》. 조선에서는 재야의 선비에 불과했지만, 청의 선비들에게서는 추앙을 받았다. 베이징 성당에서 처음 파이프 오르간을 보고 그 자리에서 한 곡을 연주했으며, 서양악기인 철현금을 처음 연주하기도 했을 만큼, 음악에도 조예가 깊었다. 연암이 지은 〈한여름밤의 음악회(夏夜讌記)〉에 그의 풍모가 남아 있다.

    22일 국옹(麴翁, 金用謙, 1702~1789)과 함께 걸어서 담헌 홍대용에게 갔다. 풍무 김억(風舞 金檍)은 밤에야 도착하였다. 담헌이 슬瑟을 타자, 풍무는 금琴으로 화답하고, 국옹은 갓을 벗고 노래한다. 밤 깊어 구름이 사방에서 몰려들자

더운 기운이 잠시 가시고, 현의 소리도 더욱 맑아진다. 좌우에 있는 사람은 모두 고요히 묵묵하다. (중략) 지난해 여름 담헌은 악사 연익성延益成과 거문고를 논하다 긴 우레가 지나가자 거문고를 당겨 소리를 맞춰보는 것이었다. 나도 마침내 천뢰조天雷操를 지었다.[12]

가야금, 거문고, 퉁소, 양금, 생황, 구리쟁반 등의 악기에 노래까지 가세한 명실상부한 음악회였다. 연암은 "담헌과 풍무가 슬과 금을 타는 손길이 마치 거미가 거미줄을 자아내는 듯 경쾌하다."라고 묘사했을 정도로 이들의 연주 실력은 수준급이었다.

성대중(1732~1809)도 1784년 〈기유춘오락회記留春塢樂會〉에 이들의 음악회 모임을 기록한 바 있다. 홍대용이 세상을 떠난 이듬해에 참가자 홍원섭(洪元燮, 1744~1807)이 들려준 그 날의 이야기를 전해 듣고 쓴 글이다.

(전략)

좋은 술이 조금 얼큰해지자 여러 악기가 한데 어우러진다. 뜨락은 깊고 대낮은 고요한데, 지는 꽃잎은 섬돌에 가득하다. 궁성宮聲과 우성羽聲이 번갈아 갈마드니 곡조는 그윽하고 절묘한 경지로 접어든다. 연장자인 김용겸이 갑자기 자리에서 내려와 큰절을 했다. "자네들 괴이하게 여기지 말게. 우임금은 선한 말을 들으면 절을 했다네. 이것은 하늘나라의 음악이니 늙은이가 어찌 한 번 큰절하는 것을 아끼겠는가?"[13]

악공에서부터 선비까지 신분과 나이를 잊고 자리를 함께하며 술을 나누고 악기를 연주하며 어울리는 풍경은 감동적이다. 반상의 차별과 장유유서의 성리학적 질서가 엄격하던 시절이었던 까닭이다.

---

12 《미쳐야 미친다》, 정민, 푸른역사, 2005 참조
13 《미쳐야 미친다》, 정민, 푸른역사, 2005 참조

구보 씨는 '봄이 머무는 언덕'이라는 아름다운 이름의 담헌의 집이 혹시 외교구락부가 있던 자리가 아니었을까 짐작해 본 적이 있다. 어릴 적 이곳에서 살았던 박규태(1945~) 형이 그 자리에 기와집과 연못이 있었고, 어른들이 "대감댁"이라고 불렀다는 기억에 따른 것이었다. 벼슬을 살지 않은 담헌의 집이 으리으리했을 리는 만무하지만, 시간이 흐르면서 행세깨나 하던 누군가가 그 자리에 근사한 집을 지었을 가능성도 있을 것이다. 정확한 장소는 알 길이 없지만, 구보 씨는 언제부턴가 자신의 추측을 사실로 믿고 있었다.

퇴계로 퍼시픽 호텔 옆 남산동 골목길

15 남산 기억의 터

정신을 놓지 말자
관용과 치유가 있는 풍경을 잃게 되리니

구보 씨의 발길은 남산 자락의 '기억의 터'로 이어졌다. 왜 이 자리에 일본을 성토하는 공간이 자리 잡았을까, 생각하던 구보 씨는 이곳에 있던 구 일본공사관을 떠올렸다. 초대 조선 통감을 지낸 이토 히로부미(伊藤博文, 1841~1909)와 데라우치 마사타케(寺內正毅, 1852~1919) 조선총독부 총독 등이 머물렀던 곳이다.

이 남산 '기억의 터'는 2020년 5월과 6월에 다시 세간의 주목을 받았다. 이용수 할머니의 절규가 있으면서부터였다. '기억의 터'는 2016년 8월 한국정신대문제대책협의회(정의기억연대의 전신)와 여성계 등 시민단체를 중심으로 구성된 추진위원회가 국민 성금을 모아 서울시와 함께 만든 곳이다. 5월 25일 정신대로 끌려갔던 92세 이용수 할머니가 2020년 5월 시민단체인 '정의연'의 대표 윤미향의 비리를 고발하는 기자회견을 했다. 할머니들을 이용해 모금하고서는 그 돈을 역사 바로잡기 운동에 쓰지 않고 개인 용도로 썼다는 내용이었다. 이 고발이 있자 즉시 진영논리가 '실드shield'를 치고 나왔다. 윤미향 그룹들을 보호하려는 방패들의 작품이었다. 그 방패는 사람들에게 아픔을 넘어 슬픔을 안겨주었다. 할머니가 16세이던 1944년 강제로 대만으로 끌려가 종군위안부로 지내던 시절 자기 목숨을 구해준 한 일본인 장교에 대한 고마움의 표시로 1997년 대만 현지를 찾아 '가미가제(神風)' 자살 특공대로 죽은 그의 영혼을 달래며 '영혼결혼식'을 올린 바 있는데, 그 사실을 새삼스레 비난하고 나선 것이었다. 그동안 같은 편이라고 여기던 시절에는 언급하지 않았던 내용이었다. 이 할머니는 "일본군이 저지른 만행은 저주해 마땅하지만, 그분의 인간애는 어떤 이념으로도 지울 수 없다."라고 견해를 밝힌 바 있다. 참으로 큰 인간의 모습이었다. 그것을 겨우 진영 논리자에 불과한 자들이 욕하고 나선 것이다. 그들은 '일본=악'이라는 등식을 정해 놓고 모든 사례를 그 속에 함몰시킨다. 그 속에서 피어난 순순한 인간의 정마저도 예외를 두지 않는다. 인간을 이롭게 하겠다며 그 수단으로 운동을 선택한 사람들이 택할 행동은 아니었다. 구보 씨는 이 사례에서 한국 사회가 안고 있는 '이념제일주의'라는 고질적인 병폐에 다시금 절망한다. 여전히 "이념이 가장 옳은 것이고, 유일한 정의"라고 믿는 단세포들의 나라에 살고 있다는 서글픔이 엄습했다. 명분만 붙들고 사느라 나라를 잃은 게 불과 100여 년 전인데도 이 땅의 "머리에 충만하게 들었다."라는 인간들은 하는 꼬락서니가 옛 사대부들과 조금도 다를 바가 없다. 여전히 공익보다 사익을 충실히 살핀다.

'기억의 터' 앞에서 이런 상념에 잡히자 구보 씨는 조금 우울해졌다. 외국에도 보도돼 대한민국이 국제적으로 망신을 당할 걸 생각하니 더욱 마음이 불편해졌다. 정대협이 그동안 위안부를 앞세워 전 세계에서 후원금을 받아온 까닭이었다. 아울러 여론조작과 선동을 앞세워 대중을 수단으로 삼아 정치적 목적을 이루려는 '중우정치衆愚政治'에 다시금 깊은 반감을 품지 않을 수 없었다. 구보 씨는 남산 길을 내려가며 중우정치의 폐해를 곰곰 반추하고 있었다.

중우정치는 민주주의가 꽃을 피운 나라에서 흔히 생겨나는 현상이다. 민의가 존중되는 사회에서 여론을 지배하는 국민이 '르상티망(ressentiment, 원한)'을 앞세우는 선동 앞에서 곧잘 속절없이 허물어져 버리곤 하는데, 이 현상이 바로 중우정치이다. 프리드리히 니체(Friedrich Wilhelm Nietzsche, 1844~1900) 등 실존주의 철학자들은 르상티망을 "약점이나 열등감, 질투심 따위를 부추겨 그 원인을 부정하는 가치 체계 또는 도덕성"이라 정의한다. 약자는 강자를 부정하며 자신을 긍정하려는 경향성을 보이는데, 선동은 이 공간을 파고든다. '평등', '공정', '정의' 등의 이상적 가치 추구가 동원되지만, 왕왕 특정 세력의 집권에 이용되는 선에서 그치고 만다. 선동은 민주주의 제도하에서 정치의 주인인 국민이 빚어내는 부정적 현상인 까닭에 '민주주의의 그림자'에 다름 아니다.

중우정치는 흔히 민족주의Nationalism에 이용당한다. 정치권과 미디어가 합동으로 선동할 때는 그 위력이 대단하다. 1930년대에 독일과 이탈리아가 나치즘과 파시즘으로 각각 입증한 바 있다. 작금의 동북아 3국도 자주 이런 양태를 보인다. 일본 극우의 혐한嫌韓, 중국 네티즌들의 반한反韓, 한국의 반일反日 시위들이 그렇다. 주로 국민의 관심을 내부에서 바깥으로 돌리려 할 때 정권이 구사하는 대표적 수법이다. 정권과 미디어의 대중 선동은 진영 다툼의 도구로 악용되기도 한다. 우리가 경험한 2003년 '광우병 파동'도 그런 사례 가운데 하나이다. 선동 그룹은 광우병 위험을 반미反美로 연결하면서 친미 성향의 정부를 공격했다. "미국산 쇠고기를 먹으면 광우병에 걸리기 쉽다."라는 허무맹랑한 거짓 선동이 많은 대중에게 먹혀들어 가 한바탕 코미디를 연출했다. 더러는 자기의 언행이 코미디인 줄도 모른 채 우스꽝스러운 역할을 자처한 순수 열정파도 많았다. "그것이 옳은 생각"이라는 신념을 놓지 않았던 까닭이었다. 그 선동은 정치적 의도를 숨긴 채 힘차고 빠르게 우중을 파고들어 의도한 바보다 더 큰 후과를 냈다. 그때 광우병의 위험이 있다고 믿어 의심치 않았던 미국산 쇠고기를 사람들은 얼마 지나지 않아 언제 그런 일이 있었느냐 듯이 슬금슬금 먹기 시작했다. 마땅히 보여야 할 부끄러움은 털끝만큼도 드러내지 않았다. 2017년 한 해에 한국인이 소비한 미국산 쇠고기는 11억 달러, 1조 2천억 원의 물량에 달했다(관세청, 2018).

2020년 9월 21일 서해 최북단 소연평도 해상에서 40대 해양수산부 공무원이 실종돼 표류하다가 이튿날 북한 해역에서 사살됐다. 북한군은 사살 직후 시신을 불태웠다. 우리 정부는 이 정황을 파악하고 있었다. 사건이 보도되자 즉시 "월북하려 했던 것 같다."라는 미확인 보도가 흘러나왔다. '자진 입북하려 한 사람을 왜 죽이겠느냐'는 상식적인 의문은 뒷전인 채로 이 소문은 빠르게 퍼졌다. 문재인 대통령이 UN 총회 연설에서 '종전선언'을 언급한 직후였다. 국민이 억울한 죽임을 당하는 과정에서 국가는 여전히 아무런 역할을 하지 못했다. 곤란한 상황을 모면하려는 "월북 기도"라는 거짓 프레임만이 난무했다. 고인은 불명예까지 뒤집어썼고 유가

족은 "이게 국민을 위한다는 나라냐?"라며 오열했다.

구보 씨의 공부로는 우중의 중우정치는 역사가 오래다. 누군가가 필요에 입각해 파렴치한 거짓을 퍼뜨리면, 그 거짓이 꼭 필요하거나 혹은 그 거짓을 믿고 싶은 세력들이 열심히 선동에 뛰어드는 까닭이다. 세상의 여론은 늘 30:40:30 정도의 비율을 유지하게 마련이다. 찬:중:반의 비율을 이름이다. 40%를 차지하는 중간층은 늘 부유하는 집단이어서 상황에 따라 찬이나 반으로 기우는 유동성을 보인다. 이들 중간층을 자기 세력으로 회유하는 수단이 다름 아닌 여론이고 선동이다. 정서를 건드리는 감성적 언어들과 팩트를 조작하는 가짜 뉴스들이 동원된다.

역사에 기술된 최초의 중우정치 사례는 기원전 5세기 아테네에서였다. 기원전 490년 아테네는 2만 병력을 동원해 보스포루스 해협을 건너온 페르시아 육군의 침략에 1만 명이 용감하게 맞서 승리했다. 저 유명한 마라톤 전쟁이다. "왔노라! 보았노라! 이겼노라!" 감격에 겨워 42.195km를 쉬지 않고 달려와 승리의 낭보를 전한 전병은 지쳐 숨을 거두었고, 그의 수고는 오늘날 마라톤의 효시를 이룬다. 때맞춰 아테네에서는 은 광산이 발견돼 승전과 함께 경사가 겹쳤다. 아테네의 정치가들이 은을 시민 모두에게 나눠주려고 하자 집정관이던 테미스토클레스(Themistocles, BC 524~BC 469)가 반대하며 "은으로 전함을 건조하고 군항을 건설해 페르시아의 재침에 대비하자."라는 의견을 냈다. 반대가 따랐지만, 시민들이 그의 손을 들어줌으로써 아테네는 전함 2백여 척을 만들어 대비에 들어갔고, 그 덕에 10년 후 재침한 페르시아를 살라미스Salamis에서 격파한다. 아테네는 전함 수에서 여전히 불리했지만, 살라미스의 좁은 해협과 물살 등 지리적 이점을 잘 활용한 테미스토클레스의 승리로 끝났다. 이 대목은 명량대첩의 이순신 장군을 연상시킨다. 테미스토클레스의 뛰어난 판단력이 아테네를 구한 게 사실이지만, 그를 뒷받침했던 아테네 시민들의 지혜가 결정적 역할을 했다는 게 더 정확한 평가일 것이다. 그러나 이 유능한 정치가이자 군인이었던 당대의 영웅은 그의 공적을 시기한 클레온 등 정적들의 선동으로 추락한다. 클레온의 제국주의 강화 정책은 아테네가 중심이던 델로스 동맹국들을 분열시킨다. 이 과정에는 육군의 해군 견제도 작용했다. 테미스토클레스를 추방하는 데 쓴 수단이 바로 오스트라시즘Ostracism, 즉 도기 파편으로 찬반을 선택하는 최초의 투표행위였다.

기원전 406년. 최초의 민주 도시국가 아테네는 스파르타가 중심인 펠레폰네소스 동맹국과의 아르기누세Arginusae 해전을 마지막으로 역사에서 사라진다. 내부 분열 탓이었다. 전투에서는 아테네가 승리했지만, 침몰한 자국 함선 25척의 병사 천여 명을 물에서 구하지 않은 데 대한 정치가들의 비난 선동에 시민이 동조하면서 장군 8명이 모두 부하를 수장시킨 살인죄로 기소된다. 선동의 파괴적 위력 탓이었다. 퇴역군인 자격으로 1일 재판관으로 위촉된 철학자 소크라테스(Socrates, BC470~BC399)는 이 판결 투표에 불참한다. 소크라테스의 "법에 어긋날 짓은 그 어떤 것도 하지 않겠다(Do nothing that was contrary to the law)."라는 당시 언급으로 미루어 그의 판결 참여 거부는 선동이 야기하는 중우정치의 폐해를 인식한 결정으로 보인다. 여론에 휘둘린 재판은 법의 정신에 반하는 것이라는 의미의 표출이었을 것이다.

1년 후 해군 지휘관들을 모두 잃은 아테네는 재침한 170척의 스파르타 해군에 180척의 전함으로 맞섰으나 160척이 수장되면서 대패한다.

패전의 결과로 아테네 시민들은 모두 스파르타의 노예가 된다. 팔려 가던 아테네 시민들의 머릿속에 억울하게 죽임을 당한 테미스토클레스와 여덟 명의 장군들이 스쳐 지나갔을 것이겠지만, 유행가 가사처럼 "때는 늦으리."였을 뿐이었다. 이로써 아테네 도시국가 시대는 막을 내리고 스파르타 시대가 막을 열었으나, 50년도 지나지 않아 마케도니아의 알렉산더(Alexandros, BC 356~BC 323) 앞에 스파르타도 무릎을 꿇고 만다. 찬란했던 그

리스 문명이 로마 문명에 흡수되는 발단이었다.[14]

BC445년에서 BC405년까지 지속된 아테네와 스파르타의 전쟁을, 당대 그리스 역사가 투키디데스Tuchidides는 '펠로폰네소스Peleponnese 전쟁'이라 명명했다. 이 펠로폰네소스 전쟁은 별다른 이유 없이 헤게모니 장악 목적으로 발생했다가 서로가 깊은 내상을 입은 채 그리스 도시 문명 자체를 소멸시켰다는 측면에서 후세 사가들은 'Tuchidides Trap'이라 부른다. 그러나 이 '투키디데스 덫'은 아테네에 중우정치가 없었더라면 생겨나지 않았을 이름이고 보면, 동서고금을 막론하고 외환보다는 내분이 더 위험하다는 국민 인식이 나라의 안위에 필수 불가결이라 하겠다. 그 내분을 조장하는 선동과 그 결과물인 중우정치는 종국에는 나라를 멸망으로 이끈다.

독일 사회학자 하버마스(Jürgen Habermas, 1929~)가 1998년 《공론장의 구조변경》에서 진단한 것처럼, 현대사회는 '재봉건화'되는 측면이 강하다. 권력이 담론을 생산, 보급하고 대중은 이를 소비할 따름이라는 것이다. 18~19세기 유럽의 근대사회 형성과정에서 시민계급이 공적 영역과 사적 영역의 중간에 해당하는 공론장을 구성해 근대 시민사회를 견인하는 데 주체적 역할을 한 것과 비교해보면, 지금의 대중은 "권력이 공급하는 문화를 단순히 소비만 하는 객체로 전락했다."라는 것이다. 당시 공론장 역할을 하던 커피하우스나 살롱이 소셜미디어(SNS)로 대체된 현재 하버마스의 진단은 더욱 힘을 얻는 양상을 보인다. 대중은 나름대로 판단력과 비판력을 갖추고 있긴 하지만, 주변 상황에 예민하게 반응하는 속성도 함께 갖고 있어서 소셜미디어에 오르는 수많은 다른 이들의 생각을 무비판적으로 수용하는 경향을 보이는 까닭이다(《하버마스의 공론장의 구조변동 읽기》, 하상복, 세창미디어, 2016). 내가 빠지고 타인들이 내 속에 들어와 앉도록 방치하면 그들의 생각에 쓸려가기에 십상인 환경 속에 놓여 있다. 이 쏠림 현상

---

14 《펠로폰네소스 전쟁사》, 투키디데스, 천병희 옮김, 숲, 2011 참조

에서 자신을 제어하지 못하면 '몽매한 다중'으로 전락하기 쉽다. 한 박자 쉬며 좌고우면한 후에 판단해도 늦지 않은데도 즉흥적으로, 즉물적으로 성급하게 판단하려 든다. 오류가 따르는 것은 당연한 귀결이다.

기억의 터를 뒤로 하고 퇴계로로 내려선 구보 씨는 옛 모습을 찾을 길 없는 대한시네마 앞에서 잠시 생각에 잠긴다. 젊은 시절 많은 영화를 보았던 곳이다. 《스파르타쿠스》, 《벤허》, 《모세》, 《영자의 전성시대》 등이 주마등처럼 떠오른다. 구보 씨가 어린 시절 좋아했던 여배우는 프랑스 영화 《남과 여》에 출연했던 아누크 에메(Anouk Aimee, 1932~)였다. 중학생 때 《Sand Pebbles》에서 스티브 맥퀸과 공연한 캔디스 버겐(Candice Bergen, 1946~)을 보고 갈등을 겪다가 뒤늦게 《리오 그란데Rio Grande》에서 존 웨인의 아내로 출연한 모린 오하라(Maureen O'Hara, 1920~2015)를 발견하고선 이상적 여인상에 종지부를 찍었다. 모린 오하라는 우아함과 지성미에 관능미를 두루 갖춰 단번에 구보 씨의 마음을 빼앗았다. 특히 단호함과 배려가 동시에 담겨있는 눈빛이 구보 씨를 서늘하게 만들었던 기억이다.

구보 씨는 이 극장에서 1973년에 관람했던 김호선 감독의 《영자의 전성시대》를 보며 답답해했던 기억을 안고 있다. 가난한 시골 소녀 영자가 서울에 와서 겪는 애환을 그린 영화였다. 주인공 영자가 가사도우미하던 집에서 성폭행당하고 승객을 콩나물시루처럼 태운 채 운행하는 버스의 안내양으로 일하던 중 떨어지는 사고로 팔을 잃은 후 사창가에서 윤락녀 생활을 하다 악질 포주 탓에 목숨을 잃는다. 영자가 상경해 살려고 몸부림을 치다 나락으로 떨어져 생을 마감하는 삶의 전 과정에서 그녀를 도운 사람은 한 명도 없었다. 가정부로 일하던 집의 주인, 버스 회사의 간부, 윤락가의 악질 포주 등 갈등 제공자만이 있었을 뿐이었다. 구보 씨는 훗날 일본 영화 《오싱》을 본 후 한국과 일본 두 나라의 영화 속에 반영된 국민의 의식 수준을 비교해 본 적이 있었다. 비슷한 스토리의 《오싱》은 주인공 오싱이 주인집 노마님의 배려와 보살핌 속에서 삶을 포기하지 않고 견뎌내는 과정을 보여준다. 노마님은 오싱이 억울한 경우를 당하면 중간자의 위치에 서서 편견 없이 갈등을 중재해 주고, 오싱에게 지혜로운 처신법을 일러주며 용기를 잃지 말라고 격려한다. 갈등 유발자들도 사실을 알게 되자 오싱에게 진심으로 사과한다.

사회적 신분이라는 편견에 지배당하지 않는 열린 마음은 비단 픽션의 세계에서뿐만 아니라 현실에서도 확인된다. 도쿄 신주쿠 가부키조의 후린회관風林會館 6층에 있는 카바레는 오랜 세월 동안 장년 이상들의 사교장 역할을 해오다 2020년 4월에 문을 닫았는데 NHK의 다큐 《72시간》이 이유서 깊은 카바레의 마지막 3일을 영상에 담으면서 종업원인 정문 '보이'를 비중 있게 다루었다. 국졸 출신인 그 사람은 15살부터 시작해 손님이 오면 6층 카바레까지 엘리베이터로 안내하고 팁을 받는 생활을 57년간 해왔다. 그는 "다시 태어나도 이 일을 하고 싶다."라고 자부했다. 그럴 정도로 큰 어려움을 겪지 않고 자기 일을 할 수 있었다는 이야기일 것이다. 마츠시타 정경의숙松下政經義塾은 사립 엘리트 양성 기관인데 이곳 졸업생인 유민호 씨가 전하는 바로는, 정문 수위로서 드나드는 사람들에게 90도로 허리 숙여 절을 하던 요시다가 2001년 노령으로 별세하자 정·재계의 거물들을 비롯한 이 학교 출신들이 대거 빈소를 찾아 조문했다.

영화 《오싱》에서 노마님이 보여주는 관용과 자애는 우리 영화에서는 보기 어려운 캐릭터였다. 우리 영화는 그 자리를 '갑질'이 채운다. 하대와 모함, 폭행과 욕설, 성희롱과 성추행 등이 그런 '갑질'의 전형들이다. 현실에서도 마찬가지이다. 자기가 '갑'의 위치에 있다고 느끼면 바로 '을'에게 함부로 하려 든다. 한 개인이 용기를 잃지 않고 역경을 이겨낼 수 있도록 돕는 사회 분위기가 공동체를 건강하고 성숙하게 만드는 법인데, 우리 사회에 결여된 덕목이다.

2020년 현재 우리 영화는 여전히 타인과의 갈등에 기반하는 스토리의 범주를 넘지 못한다. 가진 자의 '갑질'에 절망하거나 복수하는 유의 줄거리가 계속 이어지고 있다. '정의'를 상품화하는 영화들이다. 불법과 부정 그리고 가진 자의 횡포에 맞서는 정의 구현을 다룬 작품들이다. 우리 사회의 부조리를 다룬 테마들이어서 영화를 보고 있으면 불의에 대한 분노와 증오가 절로 생겨난다. 영화가 현실을 반영하는 장르이니만큼 '정의 마케팅'이 봇물 터지듯 쏟아지는 게 추세인 건 어쩔 수 없다 하겠다. 그러나 정과 사, 선과 악의 이분법으로 나누어 권선징악을 추구하는 것만으로는 무언가 허전함이 느껴진다. 다른 주제와 다른 플롯에 대한 갈증 때문이다. 세상과 인간은 정의 비정의의 흑백논리식 구분보다는 훨씬 복잡하고 다의적이라고 여기는 까닭이다. 권선징악만큼이나 용서와 화해, 관용과 치유가 있는 풍경이 아름답다고 느껴질 때가 많다. 모순이지만 그 모순을 삶의 다양한 의미로 승화해나가려는 시도가 있는 지점에 예술의 본령이 자리 잡아야 관객을 긴 사색으로 이끌 수 있다고 구보 씨는 믿는다.

16 남산 순환로

열정적 유위有爲가 있어야
변방에서 중심으로 향한다

구보 씨는 필동 길을 따라 올라가 남산 순환로에 들어선다. 남산 순환길은 나무가 줄지어 서서 햇빛을 가려줘 산책하기에 좋다. 구보 씨가 틈나면 즐겨 걷는 길 가운데 하나이다. 하얏트 호텔에서 시작해 한 바퀴를 돌면 1만 2천 보를 걸을 수 있다. 남쪽 부분은 차도를 따라 걸어야 해서 순환로를 버리고 숲길로 접어들곤 한다. 숲길은 자연 그대로의 풍경과 맑은 공기가 들어 걷는 재미를 더해준다. 북쪽 순환로에서는 노약자와 시각장애자들 그리고 주한 외국인 보모들이 아이를 유람차에 태우고 쉬는 광경들을 자주 목격한다. 길옆에 인공 시냇물을 만들어 놓아 발을 담글 수도 있다. 전 구간이 나무랄 데 없이 좋지만, 국립극장과 필동 사이의 구간에 숨어 있는 소나무 힐링 숲은 비밀스러운 느낌을 준다. 삼림 보호를 위해 사전예약을 해야만 입장할 수 있는 이 은밀한 공간은 의외로 아는 사람들이 드물어 쉬어가기에 좋다.

남산순환로 산책길

남산 순환로는 서울을 찾는 배낭 여행객들이 즐겨 찾는 코스이기도 하다. 일본과 중국의 젊은이들이 자주 목격된다. 구보 씨는 2년 전쯤 이 길에서 젊은 러시아 여성 두 명과 조우한 적이 있었다. 20대 초중반의 대학생과 직장인이었는데 남산 전망대 가는 길을 물어오면서 대화를 나누게 되었다. 구보 씨가 "어떻게 배낭 여행지로 한국을 택했느냐?"라고 물었더니 대답이 의외였다. "BTS를 좋아하기 때문에 그 나라를 보고 싶었다."라는 대답이었다. 의외였다. 단순히 좋아하는 가수의 나라라는 이유로 찾아온 것이었다. 구보 씨는 원래 남산 케이블카를 거쳐 명동 쪽으로 빠질 생각이었으나 그들을 안내해 타워까지 같이 걷기로 마음을 바꾸었다. "밀레니얼세대의 젊은이들은 확실히 그 전 세대들과 달라!"라는 생각이 든 까닭이었다. BTS가 빌보드 1위에 오르면서 세계적인 주목을 받을 때긴 했으나 러시아에서까지 팬들이 찾아올 정도라고는 짐작도 못 했었다. 모스크바도 아니고 첼랴빈스크Chelyabinsk라는 카자흐스탄과의 변경 도시에서도 BTS가 인기몰이를 한다니, 구보 씨는 그저 놀랄 따름이었다. 타워에서 생맥주를 한 잔씩 마시며 이런저런 이야기를 나누다가 그들은 전망대로 올라가고 구보 씨는 다시 을지로로 방향을 잡고 걸으며 K—pop의 위상을 곰곰이 생각했었다. BTS 열기는 2020년 6월 현재도 수그러들 줄을 모르고 있다. 구보 씨는 2년 전에 가졌던 BTS에 관한 생각을 기억 속에서 다시 소환해본다.

방탄소년단(BTS)은 2018년 5월 27일, 미국 음악 매거진 《빌보드Billboard》지가 선정하는 앨범 차트인 '빌보드 200' 1위와 싱글 차트인 '빌보드 100' 10위에 각각 이름을 올렸다. 정규 3집 앨범 《러브 유어셀프 전 티어(Love Yourself 轉 Tear)》와 이 앨범 타이틀곡 〈페이크 러브(Fake Love)〉가 그 주인공이었다.

BTS가 빌보드 1위 돌풍을 일으키자 이를 두고 해석들이 분분했다.

2012년 세계적으로 선풍적인 인기를 끌었던 싸이의 〈강남스타일〉이 빌보드 싱글 차트 2위에 그치며 1위 문턱을 넘지 못한 사례에 비추어 "일대쾌거"라고 흥분하는 시각들이 있는가 하면, "음악성보다는 팬덤fandom의 힘"이라고 일축하는 시각도 있었다. 전자는 BTS의 매력에 주목한다. 준수한 용모에 가창력이 뛰어나고 잘 짜인 댄스를 구사한다는 건 한국 아이돌 그룹의 공통점이니 별다를 게 없다. 이들의 비밀병기는 다름 아닌 노랫말이었다. 가사가 청춘의 절망과 울분을 대변하고, 7명 멤버 전원이 노랫말을 짓고 곡을 쓸 줄 알며 영어가 가능하다는 점이 강점으로 작용했다. 후자는 한국인의 특장으로 부각된 댓글 달기와 다운로드 실력일 뿐이라고 폄하한다. 빌보드 차트가 방송 횟수나 음원과 음반 구매량뿐 아니라 인터넷에서 음성이나 동영상을 실시간으로 재생하는 스트리밍streaming의 조회수로 순위를 결정하는 방식을 택하고 있어 조직적인 응원에 능한 한국 팬덤의 무차별적 지지 덕분에 앨범 차트 1위와 싱글 차트 10위를 차지할 수 있었다는 것이다. 그러나 이들은 BTS의 노랫말이 한국어인데도 세계인이 번역을 보면서까지 열광하는 이유를 알려고 들지 않는다.

목하 스칸디나비아 3국을 제외한 모든 나라의 청춘들이 BTS에 반한 상태이다. 저 멀리 아프리카의 마다가스카르 젊은이들도 BTS의 음원을 찾고 카피copy 경연대회를 하며 BTS에 열광한다. 그야말로 저항의 노랫말로 1960년대 전 세계 청년문화를 바꾼 비틀스Beatles의 21세기 버전이다. BTS의 노랫말에는 지혜가 엿보인다. 〈No More Dream〉은 "네 자신의 삶을 살아라."라고 가르치고, 〈등골 브레이커〉에선 너희들 키우느라 등골 부러지는 부모들에게 명품 사달라며 괴롭히지 말라고 꾸짖는다. 〈Dynamite〉는 "I'm in the stars tonight. So watch me bring the fire and set the night alight. Shoes on get up in the morn. Cup of milk let's rock and roll."을 외진다. "자부심을 갖고 앞으로 나아가자"라는 격려다. 이런 가사들이 언어에 상관없이 전 세계 청춘들의 공감을 사고 있다.

주목할 사실은 방탄소년단의 부상이 개인의 호불호나 긍·부정의 해석을 떠나 이미 하나의 문화적 현상으로 대두되고 있다는 점이다. 물론 이런 현상에 대한 의미 부여마저도 못마땅해하는 시각이 있긴 하지만, 하나의 트렌드를 이루고 있는 것은 분명한 사실이다. 영어권 청춘들이 BTS의 노랫말을 이해하기 위해 한국어를 배우고, 한국 청춘들이 노랫말 번역을 자청해 SNS에 올림으로써 외국 팬들의 이해를 돕고 있다. SNS를 통해 한국과 전 세계의 소통이 이루어지고 있는 것이다

BTS의 노랫말이 계속 전 세계 청춘들의 마음을 두드린다면 미국 포크 가수 밥 딜런(Bob Dylan, 1941~)이 1960년대에 미국의 월남전 참전을 비판한 〈Blowin' in the Wind〉와 흑인 민권운동에 불을 지핀 〈The Times They Are a—Changin'〉 등에서 시적 상상력을 자극하는 은유적인 노랫말을 구사한 점을 인정받아 2016년 노벨 문학상을 받은 사례가 BTS에게도 그대로 적용될 날이 올 수 있다.

방탄소년단 열풍이 얼마나 오래 지속될지도 의견이 분분했다. 혹자는 "당분간", 다른 이들은 "길어야 3개월"이라고 각각 다르게 예상했다. 어느 쪽 예상이 맞을지, 관심을 끄는 관전 포인트가 되었다. BTS는 2020년 8월 31일 〈Dynamite〉라는 곡으로 '빌보드 핫100' 1위를 거머쥔 데 이어 12월 5일자 차트에서는 새 앨범 《BE》와 한국어로 부른 타이틀곡 〈Life Goes On〉으로 동시에 앨범 차트와 싱글 차트 정상을 석권함으로써 여전히 세계인의 마음을 뺏고 있고, 그 열풍이 단기간에 끝나는 것이 아님을 입증했다. 〈Dynamite〉는 싱글 차트 3위에 계속 머무르고 있어 1위와 3위를 BTS가 차지했다.

빌보드 싱글 차트 1위는 아시아 곡으로는 1963년 일본 가수 사카모토 큐(板本 九, 1941~1985)의 〈스키야키(上を向いてあるこう)〉에 이어 두 번째였다. 구보 씨는 이 노래를 1960년대에 부산에서 라디오에 잡히던 일본 방송을 통해 들어 익히 알고 있다. 〈스키야키〉는 2차대전 이후 일본인들이 겪어야

했던 고난의 시간을 대변하는 곡이다. 가난한 현실 탓에 '눈물이 흐를 것 같아 고개를 들어 위를 보며 걷는다'라는 가사를 담았다. 미국 작곡가가 곡을 써서 빌보드 차트에 입성시킨 곡으로 알려져 있다.

　이번 BTS 현상은 몇 가지 사실을 새롭게 인식하게 만든다. 첫째는 우리의 문화가 변방에서 중심으로 진입했다는 점이다. 이미 20여 년 전부터 '한류韓流'라는 명예를 득한 드라마나 영화 그리고 가요들이 선을 보였지만, 영어 노래가 아닌 한국어 노래가 전 세계에 먹히고 있다는 것은 경이로운 현상이다. 전 세계인이 공감하는 가사를 담으면 외국어라도 정서의 공유를 끌어낼 수 있다는 가능성을 제시한다. 실제 BTS의 노래들은 한국에서보다 외국에서 더 많이 소화되고 언급되는 것으로 집계되고 있다. 1958년을 배경으로 한 소설 《회색인》에서 작가 최인훈(崔仁勳, 1936~2018)은 주인공 독고준의 입을 통해 말한다. "'춘향전'이 '로미오와 줄리엣'을 대신해 전 세계인의 환호를 받을 날이 있을까? 그런 날은 절대 오지 않을 거야." 최인훈의 절망적 예상은 60년의 세월이 흘러 BTS의 등장으로 허물어지는 느낌이다. 주류를 흉내 내지 않고 자신들만의 방식으로 세계의 문을 두드려 마침내 활짝 열어젖힌 것이다.

　둘째는 문화 형성에 있어 일방통행식 관계가 깨지고 있다는 사실이다. 'army'라는 팬덤이 SNS를 통해 노래를 퍼 나르고 번역 봉사를 하면서 쌍방이 함께 시장을 공략하고 있다. 기획 단계에서도 팬덤은 영향력을 미친다. 팬덤의 생각이나 트렌드를 읽지 않고선 대중에 어필하는 작품을 내놓을 수 없는 까닭이다. BTS 기획팀은 1982년에서 2000년 사이에 태어난 밀레니엄 세대를 주 타깃으로 설정했다. 이 세대는 인종이나 이념 그리고 언어에 차별성을 두지 않는 자유로움을 보인다는 점에 착목했다. 그들이 편견 없이 공감할 수 있는 청춘의 고민을 주제로 선택한 건 '신의 한 수'였다.

　셋째는 BTS를 매개로 한국의 국가 이미지가 높아지고 있다는 점이다. 과거에는 외국 학생들을 한국으로 불러 장학금을 지급하면서 미래의 '지한파知韓派'로 육성했지만, 이제는 BTS 덕에 자발적인 친한파親韓派들이 생겨나고 있다. BTS에게서 영감을 받은 많은 친한파들이 국제무대에서 한국의 입장을 옹호하고 지지할 것으로 생각하니 구보 씨는 어깨가 절로 으쓱해졌다.

　정치와 경제 현실이 갈수록 암울해지는 상황 속에서 BTS가 있어 술자리 대화가 즐겁고 우리의 미래도 한 가닥 희망이 보여 좋다. 글자 그대로 1당 100의 우리 자원이 아닌가. '댓글 공화국'이라는 불명예를 뒤집어쓰고 있는 탓에 BTS의 업적도 "조직적 클릭 덕"이라고 의심하는 부류들이 있지만, 한국인의 열정은 종국에는 창조적이고 긍정적인 방향을 지향한다고 믿고 싶어졌다. 문화도 인간의 열정적 유위有爲가 있으면 변방의 경계를 허물고 중심부로 그 에너지를 확장할 수 있음을 재음미하며 구보 씨는 조용히 미소를 짓는다. 단순히 자국 팬덤의 클릭 수에 의존하는 수준이 아님을 장수 인기로 증명해 보여주기를 바라는 마음이 일었다.

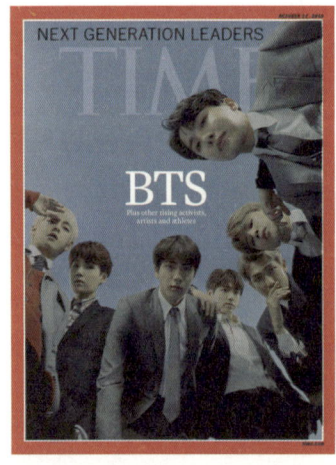

《타임》 표지를 장식한 BTS. 2018. "차세대 리더(next generation leader)"란 타이틀을 달았다.

2020년 4월호 《TIME for KiDS》는 '방탄 소년단 효과'라는 표제 아래 "한국의 팝스타들이 전 세계 팬들에게 '**좋은 원인**(good causes, 전설적인 팝 가수 갬블 로저스의 여섯 번째 앨범 수록곡으로 긍정적인 영향을 주는 사람이라는 뜻을 담고 있다)'을 지향하도록 격려하고 있다."라고 썼다.

남산에서 바라본 서울 시내. 1910년대(위).
2020년 남산에서 바라본 낙산(아래), 명동(오른쪽 위), 용산(오른쪽 아래).

17 을지로

변화의 바람을 피하지 않되
옛것을 잃으면
마음이 가난해진다는 사실도 기억하자

필동 길을 따라 남산에서 내려온 구보 씨는 퇴계로 길을 건너 을지로 3가로 들어선다. 3호선 을지로3가역 근처의 한 노포를 찾았다. 굴전에 막걸리를 한잔하고 싶었던 것이었다. 구보 씨가 30년 전부터 다니기 시작한 그 집 '을지수제비' 집은 항아리 수제비로 유명하지만, 술꾼들도 많이 찾는다. 구보 씨는 그곳으로 향하면서 지난해 늦가을 저녁 낙엽 흩날리는 길을 따라 절친 동산東山과 함께 광화문서부터 이곳까지 걸어온 날을 떠올렸다. 정처가 없이 걷다가 을지로에 들어서면서 절로 이곳으로 발길이 향해졌던 날이었다. 지금도 그날처럼 마치 친구 집을 찾아가는 듯한 편안함과 정겨움, 가벼움을 느낀다. 유안진의 시 〈지란지교〉에 묘사되는 "아무렇지 않게 편안한 차림으로 아무 때나 만날 수 있는 친구"를 이름이다. 을지로는 그런 친구와 시간을 보내고 싶을 만큼 오래되고 친숙하며 낡고 정겹다. 무엇보다 그 공간에서 흘려보낸 시간의 파편들을 회상하기에 좋다. 막걸리로 목을 축이고 굴전으로 배를 채운 구보 씨는 음식점을 나와 추억의 을지로 공간들을 훑어보기 시작했다.

구보 씨에게 을지로 입구 명동 초입에 있던 '훈목' 다방과 뒤쪽 골목길에 있던 애플와인 집 '태양의 길목' 그리고 맥줏집 '카이저 호프' 등은 20대의 추억이, 을지로 3가에서 4가 사이의 노포 식당들은 30대 이후의 시간이 스며있는 곳이다. 그 당시도 그랬지만 지금도 을지로 거리는 여전히 후미지고 거칠고 소란한 미로의 모습이다. 그 미로들 곳곳에 노포들이 숨어 있다. 전집, 칼국수집, 순댓국집, 냉면집, 삼겹살구이집, 노가리집, 골뱅이집, 스지탕집 등이다.

  이 거리 인쇄소의 일꾼들이 저녁 무렵 하루의 피곤을 한 잔 술로 달래던 곳들이다. 하나같이 맛과 멋이 어우러지는 집들이다. 집집이 대를 이은 장인들이 펼치는 맛의 진수들이 향기처럼 배어나는 곳들이다. 겉모습은 허름해도 내놓는 음식은 오랜 내공에서 우러나는 깊은 맛을 내면서, 서울 어디서도 만나기 힘든 합리적인 가격대의 식당들이다. 외양에 구속당하지 않고 찾는 고객들은 아무래도 나이 지긋한 장년층들이다. 가난을 알고 어려움을 체험한 사람들은 이곳의 풍경에 향수와 정을 느끼게 된다. 곳곳에서 묻어나는 왕년의 추억과 함께 제대로 된 음식 맛을 아는 입맛의 기억도 작용할 터이다.

중국집 '안동장', 수육집 '문화옥', 불고기집 '우래옥', 그리고 갈빗집 '조선옥' 등은 을지로를 대표하는 노포들이다. 특히 조선옥 갈비는 그 냄새가 돈 없는 서민에게는 고문에 가까워서 멀리 돌아가는 사람들도 있었다고 전해질 정도로 유혹적인 맛을 자랑했다. 을지로3가 골목 안 허름한 곳에서 저녁이 되어야 문을 여는 '통일집' 역시 50년 역사의 한우 암소 등심 전문식당의 전통을 저버리지 않고 있다. 음식 맛도 가격도 여전히 과거에 머물러 있어 편안함을 준다. 을지로4가역 부근 골목 안에 자리한 포차 수준의 '나드리식품점'도 새로운 명물이다. 구보 씨는 피조개나 석화, 청어 초절임과 청어알 등을 즐겨 안주로 택하지만, 이 집에서 가장 인기가 높은 메뉴는 2만 원짜리 스지탕이다. 소의 힘줄과 근육막 부위인 스지는 어렵던 시절 가난한 사람들의 '고기'였다. 이 집은 지금은 젊은이들이 더 많이 찾는다. 한두 달 전에 예약해야만 입장할 수 있을 정도로 유명세를 치르고 있다. 젊은이들이 '가맥(가게 맥주)집'이라 부르는 이런 구멍가게가 음식점으로 탈바꿈한 데는 주인의 상상력과 창의력 그리고 고객들의 호응이 있었다. 공급이 수요를 창출한 케이스이다. 젊은 애주가들의 취향을 저격한 기발한 마케팅이다.

오장동은 냉면으로 특화된 거리이다. 이곳 냉면은 함흥식이다. 감자 전분을 사용해 면발이 질긴 게 함흥냉면의 특징이다. 이에 비해 평양냉면은 오묘한 육수 맛이 특징이 된다. 한국전쟁 이후 1960년대에 경제가 좀 나아지기 시작하자 함경도 실향민들이 냉면을 선뵈면서 함흥냉면은 쫄깃하면서 달고 매운맛을 선호하는 남한 사람들의 입맛에도 잘 맞아 빠른 속도로 대중성을 획득하는 데 성공했다. 그때 형성된 함흥냉면 밀집 지역이 이곳이다. 구보 씨는 80년대 어느 여름 이곳에서 냉면을 삼키다 일행 가운데 하나가 허무를 소재로 한 개그를 펼치는 바람에 웃느라 질식할 뻔했던 순간을 떠올리며 빙그레 웃었다. "부모의 복수를 위해 산으로 들어간 소년이 도사에게 피나는 무술 훈련을 받아 20년 만에 하산했는데, 동네 조

무래기들이 초라한 행색을 놀리며 던지는 돌멩이를 맞고 그만 죽어버렸다."라는 개그는 마지막 비틀기가 참을 수 없도록 웃겼던 기억이다. 당시에 유행했던 '허무 개그' 시리즈 가운데 하나였다. 그 후 구보 씨는 냉면을 먹을 때 늘 우스개를 경계하는 습관이 생겼다.

  을지로의 대명사 가운데 하나가 골뱅이무침일 것이다. 지하철 2호선 을지로3가역 11번 출구와 중부경찰서 네거리 사이의 수표로 양쪽에 형성되었던 골뱅이 거리는 재개발에 조금 밀리긴 했어도 여전히 예닐곱 집이 남아 명맥을 잇고 있다. 1960년대 말 구멍가게에서 통조림 골뱅이에 양념을 해서 팔던 것이 그 시작이었다. 골뱅이 통조림 하나를 따 통째로 담고 파채와 마늘, 고춧가루를 버무린 골뱅이무침을 낸다. 맵싸하면서 푸짐한 파채가 특색이지만, 골뱅이 요리의 진수는 말랑말랑한 대구포에 있다. 객이 주인의 자리를 꿰찬 경우이지만, 파채의 매운맛을 중화시켜주면서 고소함을 느끼게 한다. 이 대구포를 얼마나 많이 넣어주느냐가 단골인지 아닌지를 가름한다. 구보 씨는 뜨거운 한낮 골뱅이 안주에 시원한 맥주를 곁들이는 게 서울의 여름을 나는 통과의례라고 여겨왔다. 입맛이 당겼지만, 일행 없이 먹기에는 양도 많고 풍경도 좋아 보이지 않아 구보 씨는 후일을 기약하며 걸음을 옮긴다.

  '노가리 골목'도 을지로를 대표한다. 을지로 3가 뒷골목, 사철 불야성을 이루는 서울 도심의 대표적인 호프집 거리다. 저녁 무렵, 주변의 공구상 등이 문을 닫기 시작할 때면, 즐비한 호프집과 비닐포장집들에 불이 켜지고 골목에는 탁자와 의자들이 깔린다. 그 모습은 낮과 판연히 달라질 밤의 풍경을 예비하는 것이어서 마음을 설레게 한다.

  이 거리의 오랜 가게 중에는 양·대창 전문식당으로 김대중 대통령이 즐겨 찾았던 유명한 '양미옥'도 있다. 초벌과 재벌을 거치는 구이 방식과 양념이 녹녹한 맛을 이룬다. 구보 씨의 처남 동서들도 자주 모이는 곳이다. 세운·청계상가 건너편 산림동 골목에 있는 '전통아바이순대' 집과 매일

엄선한 재료로 만들어 내놓는 '꾸왁칼국수' 집도 변함없이 인기다. '꾸왁'이라는 상호는 사장의 성 '곽郭'을 코믹하게 변형한 것이다. 구보 씨는 여름이면 곁절이에 콩국수를 먹으러 '꾸왁'을 찾곤 한다.

인쇄소 골목에 하나씩 둘씩 젊은 층이 선호하는 분위기의 식음 가게들이 들어서고 있다. 그 가게들이 을지로의 풍경을 변모시키는 중이다. 이 거리를 언제부턴가 '힙지로'로 부른다. 젊은이들이 많이 찾는 핫 플레이스로 '힙(hip, 유행에 민감한)한 을지로'라고 해서 '힙지로'이다. 을지로 3가가 그 중심에 있다.

이곳 주변은 가히 '맛의 천국'으로 부를 만하다. 노포와 신포가 나란히 공존한다. 간판도 없는 낡은 홍어찜 식당이 세련된 펍Pub이나 카페, 레스토랑, 노바다야키 등과 이웃해 있다. 미나리전을 안주로 와인이나 사케를 마시는 퓨전 펍도 있다. 출입하는 사람들의 연령층은 확연히 대비된다. 재미있는 풍경이다. 세운상가 옆 골목 안 오래된 건물 4층에 간판도 없이 들어선 커피숍은 낮 시간인데도 젊은이들로 만원이다. 나이 든 사람이 끼기는 눈치가 보이던 참이라 구보 씨는 얼른 빠져나왔다.

세운상가는 1968년 남북으로 길게 세워진, 국내 최초의 주상 복합단지 건물이다. 건축가 김수근이 설계했다. 퇴계로·을지로·청계로·종로 등 4개 대로에 걸쳐 건설됐다. 2016년에 시작한 '다시—세운 프로젝트'로 리모델링 된 이곳 역시 젊은이들에게 '핫플(핫 플레이스Hot Place)'이 되고 있다. 특히 옥상은 도심을 조망할 수 있는 명소로 입소문을 탄 지 오래다. 도심 빌딩이 남산이나 낙산, 북악산 같은 전망대 구실을 하는 것이다. 이곳에서 관조하는 일몰이나 야경, 여름철 장맛비, 겨울철 함박눈 그리고 늦가을 종묘의 단풍은 시적이다. 시민들의 감성을 촉촉하게 만드는 순기능을 한다.

구보 씨는 그 건물 위층의 아파트에 들어가 보고선 맨해튼의 분위기를 느낀 바 있다. 서울에서 가장 중심부에 사는 사람들답게 내부를 초록색, 주황색 톤으로 예사롭지 않게 꾸며놓고 있어 환상적인 인상을 주었다. 와인을 마시며 구보 씨는 별천지에 와 있는 듯한 착각을 음미했다.

　루프톱roof top 식당들도 여럿 생겨났다. 도넛, 팥빵, 핫도그, 햄버거 등과 음료수들을 취급한다. 을지로 3가 골목 4층 건물의 꼭대기에 들어선 '청시행'은 수제 햄버거로 유명하다. 구보 씨도 7,500원짜리 '을지로버거'와 생맥주 한 잔을 시켰다. 도심을 내려다보며 삼겹살을 구워 먹는 곳도 있다. 풍경이 입맛을 돋운다는 데 착안한 아이디어의 산물들이다. 루프톱에는 해가 지면 젊은이들로 붐빈다. 시각을 달리하면 새로운 풍경이 눈에 들어온다는 사실을 체험하려는 것이다.

　사람은 어떡하든 재미나게 살아야 한다. 그래야만 자기 삶에 내용을 더하고 외연을 확장할 수 있다. 그러기 위해서는 자기 삶을 창의적으로 연출하려는 의지를 수반해야 한다.

　세운상가 옆 골목 시장통에 구보 씨의 '숨카논(숨겨놓은)' 맛집이 하나 있다. '수정식당'이다. 주로 생태탕을 찾지만, 술을 한잔할 때는 족발과 낙지볶음도 시킨다. 젊은이들에게 '높이'와 '세련미'가 매력이라면, 구보 씨에게는 '은밀함'과 '오래됨'이 마음을 끈다. 이곳 역시 미로를 헤매듯 찾기가 어려운 까닭에 더욱 애정이 가는 곳이다.

　서울시의 '세운재정비촉진지구 정비사업'으로 갈빗집 '조선옥'이 헐릴 위기에 처했다. 을지로 3가의 평양냉면집 '을지면옥'과 육개장집 '안성집'은 이미 철거가 확정됐다. 종로 피맛골의 많은 노포들이 개발에 밀려 사라져 올드팬들에게 큰 아쉬움을 주었던 기억이 새롭다. 이 거리의 철공소들도 사라지게 되었다. 가난한 대학생들이나 영세한 가내 공업자들에게 없어서는 안 될 작업 동반자들이다. 옛것을 잃으면 마음이 가난해진다. 효율을 좇다 보면 정신을 놓치는 법이다. 구보 씨는 그런 생각을 하며 을지로를 뒤로한 채 청계천 방향으로 발길을 틀었다.

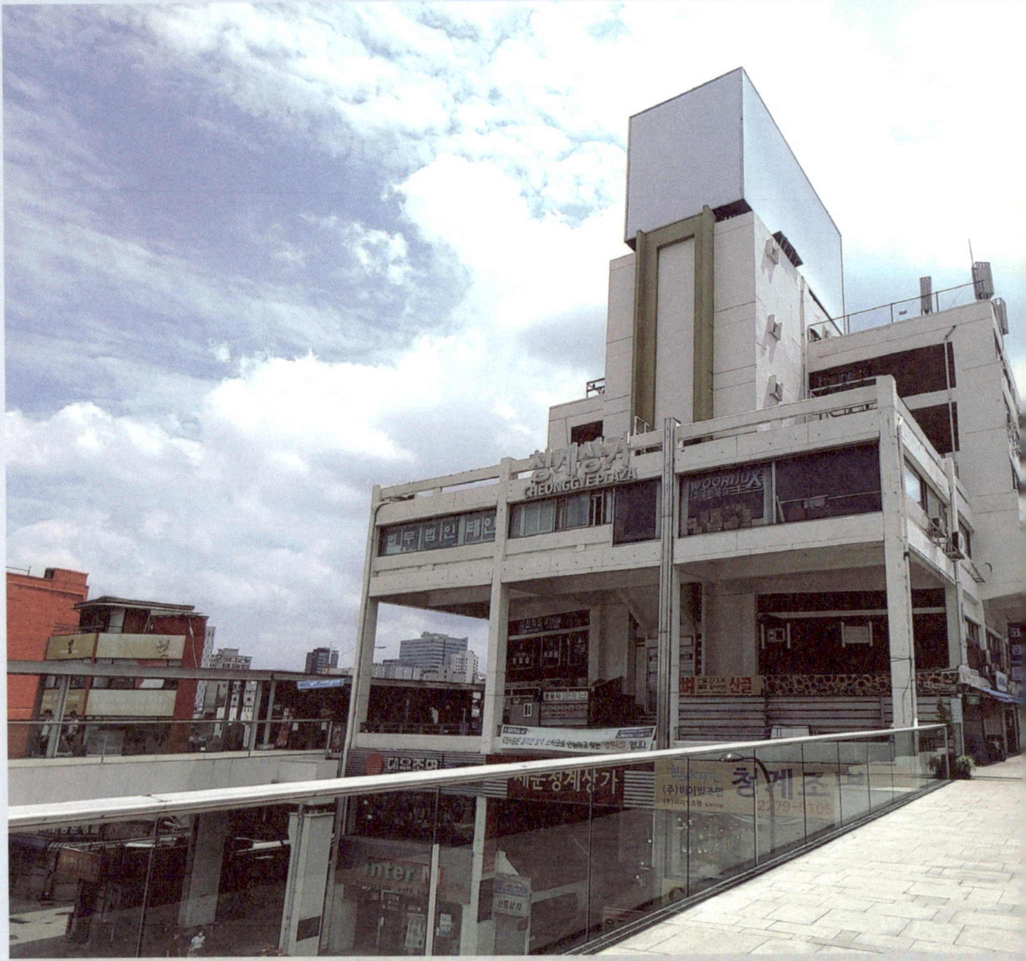
청계상가
CHEONGGYE PLAZA
세운청계상가

세운상가
Makercity Sewoon
SEWOON MAP
map.sewoon.org

GATE-3

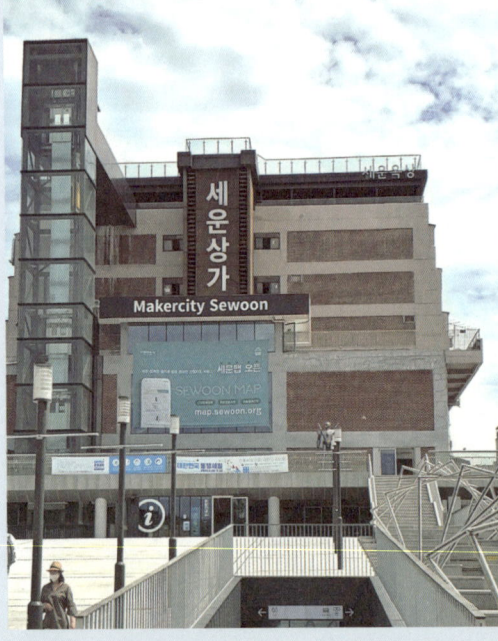

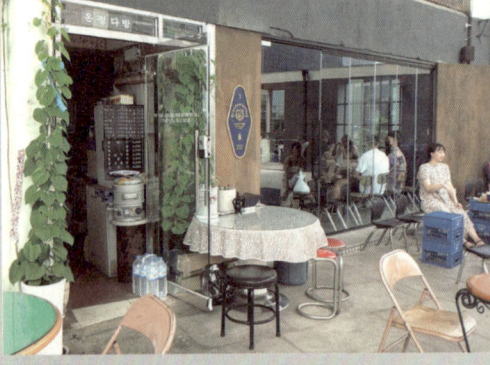

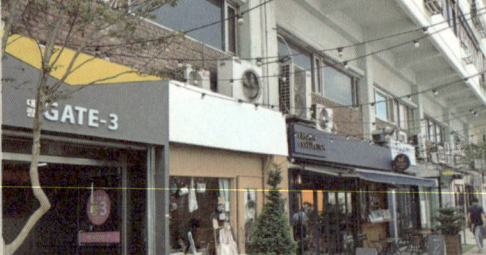

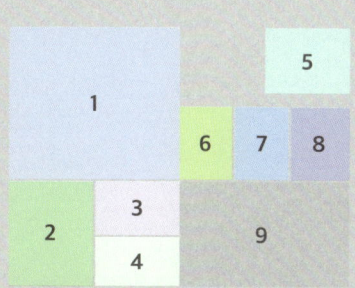

1. 세운청계상가 2. 세운상가 종로 입구 3-4. 세운상가 3층 루프톱 5. 루프톱에서 본 종묘 6. 루프톱에서 본 을지로3가 7. 루프톱에서 본 을지로 골목길 8. 루프톱에서 본 청계천 9. 세운상가 주변 을지로 풍경

무리를 따르지 마라
개체의 자존自尊이 흔들린다

수표교는 1441년 조선 세종 때 청계천에 건설된 다리다. 을지로와 퇴계로가 없던 시절 남산골에서 진고개를 거쳐 지금의 종로인 운종가雲從街로 들어오던 가교였다. 처음엔 나무로 만들었으나 1760년 영조 때 보수하면서 돌로 대체했다. 화강암을 깎아 만들어 단단하다. 안내표를 보니 길이 27.5m, 폭 7.5m, 높이 4m이다. 지금은 남산 자락 장충단 공원 입구에 수표교가 놓여 있다. 원래 청계천 2가에 있던 것을 1959년 청계천 복개 공사 때 옮겼다. 2005년 10월 총길이 10.84km의 청계천이 옛 모습을 되찾았으나 수표교는 제자리로 오지 못했다.

남산골 담헌 홍대용(湛軒 洪大容, 1731~83)의 거소 유춘오(留春塢, 봄이 머무는 언덕)에서 악기를 연주하며 놀던 김억, 이덕무, 홍대용, 홍경성, 이한진, 박지원, 보안 등이 먼저 떠난 70 어른 효효재 김용겸(嘐嘐齋 金用謙, 1702~1789)을 뒤쫓아 가다 수표교에서 만나자 다리 위에서 술판을 벌였다는 일화를 안고 있는 낭만적 다리이다. 담헌과 교유했던 연암 박지원(燕巖 朴趾源, 1737~1805)의 아들 박종채朴宗采가 아버지의 생애를 기술한 《과정록過庭錄》에 눈물겹도록 아름다웠던 이 날의 일화를 전한다.

"달빛을 타고 가야금과 생황이 울려 퍼지자 효효재가 구리 쟁반을 두드리며 《시경詩經》의 '벌목伐木' 장을 읊조렸다. 한참 시간이 흐른 후에 보니 효효재가 보이지 않아 모두가 그를 찾아 달려 나갔다. 아! 선생은 수표교 위에 계셨다. 효효재가 금琴을 무릎에 비껴 얹고, 두건을 벗은 채 다리 난간에 기대 달을 바라보고 있는 광경을 발견하자, 일행은 서둘러 술상과 악기를 옮겨와 다시 놀이를 즐겼다."

구보 씨는 이 다리를 지날 때마다 야심한 시각에 이곳에서 곡을 연주하며 술판을 벌인 일군의 멋쟁이들을 미소 속에 떠올리곤 한다. 반상과 적서의 신분제 그리고 장유유서의 유교적 질서가 엄격하던 시절, 그런 제도나 조건을 따지지 않고 예술을 우위에 두며 함께 어울렸던, 시대를 초월한, 자유인들의 면모였다.

수표교

장충단공원에 위치한 수표교

수표교水標橋는 청계천의 유량 가감을 재기 위해 석주에 척尺과 촌寸의 표시를 했다 해서 그렇게 이름 지어졌다. 수표석은 홍릉 세종대왕 기념관에 따로 보존하고 있다. 난간석은 모양을 만들어 다리의 미감을 살렸다. 지주석은 2단으로 쌓았다. 통석으로 할 때 발생할 수 있는 파손에 따른 붕괴를 예방하기 위함이었을 것이다.

지주석의 윗부분은 마름모꼴로 만들어 물의 저항을 피했다. 다리의 바닥은 천판석으로 깔았다. 수표교는 원래 자리인 청계천3가가 아닌 청계천2가에 놓여 있다.

수표교 넘어 북촌에 세워졌던 원각사 10층 석탑. 사람들은 흰색의 탑이라 '백탑'이라 불렀다. 지금의 탑골공원이다. 이곳에 박지원, 이덕무, 유득공 등 북학파들이 살았다. '백탑파白塔派'라고도 불렀다. 남산골에 살던 홍대용, 박제가, 백동수 등도 백탑파에 포함됐다. 남산골과 백탑이 수표교로 연결됐던 시절의 풍경을 꿈꾸듯 그려본다.

구보 씨는 잠깐 탁오 이지(卓吾 李贄, 1527~1602)를 떠올리지 않을 수 없었다. 명대明代의 진보적 사상가였다. 유성儒聖 공자孔子를 처음 부정한 인물이다. 전통적 가치인 무위無爲와 무사無私를 반대하고, 전통적 가치관과 성리학적 규범을 거부했다. 시대를 앞서 태어난 자유인이었다. 그의 저서 《분서焚書》는 당시로서는 상상하기 어려운 문장들로 가득하다.

> 나는 어릴 때부터 성인의 가르침이 담긴 책을 읽었지만 성인의 가르침이 무엇인지 몰랐고, 공자를 존중했지만 공자에게 무슨 존경할 만한 것이 있는지 몰랐다. 속담에 이른바 '난쟁이가 키 큰 사람들 틈에 끼어 굿거리를 구경하는' 것과 같아, 남들이 좋다고 소리치면 그저 따라서 좋다고 소리치는 격이었다. 나이 오십 전까지는 나는 정말 한 마리 개와 같았다. 앞의 개가 그림자를 보고 짖어대면 나도 따라 짖어댄 것일 뿐, 왜 그렇게 짖어댔는지 그 까닭을 물으면, 그저 벙어리처럼 아무 말 없이 웃을 뿐이었다.

─《분서》, 이지, 김혜경 옮김, 한길사, 2007

탁오는 '알고 믿는 것'이 아니고 '믿어서 안다'라는 것은 결국 아무것도 모르는 것이라고 여겼다.[15] 그는 사회질서를 강조하며 개인의 희생을 강요하는 기존 성리학적 질서에 온몸으로 맞서다 수구 세력들의 핍박을 받아 투옥당하자 스스로 목숨을 끊는다. 국가나 사회보다 개체의 권리와 자유, 개체의 행복을 우선시했던 그의 사상은 당시로서는 대역무도에 다름 아니었다. 자기 삶을 자기 주도하에 살고 싶어 했던 것이다. 자결은 자기 목숨마저도 남의 손에 맡기지 않겠다는 결연한 의지의 표현이었다. 삶과 죽음 모두가 오롯이 그 자신의 것이었다. 세상이 쳐놓은 울타리는 과감하게 걷어차 버렸다.

이타적 처신은 할 만큼 했으니 적어도 남은 생애는 나를 위해 살자.", "최상의 법도는 인위가 없고, 최상의 통치는 소리가 없으며, 최상의 교육은 말이 없다.", "영명한 군주에게는 유능한 신하가 많고, 용렬한 군주에게는 강한 신하가 많은 법이다. 강한 신하들이 많다는 것은 군주가 용렬하다는 뜻이다.
─《분서》, 이지, 김혜경 옮김, 한길사, 2007

파격적인 그의 사상은 청말淸末의 지식인들과 조선말朝鮮末의 선비들에게 큰 영향을 끼쳤다. 연암 박지원(燕巖 朴趾源, 1737~1805)에서부터 추사 김정희(秋史 金正喜, 1786~1856) 그리고 연암의 손자 박규수(朴珪壽, 1807~1877)에 이르기까지 조선말 실용학파와 개화파의 우상이었다. 낡은 껍질을 벗고 새 시대를 열어보려 한 선각자들의 몸부림이 조선에도 있었음을 수표교는 기억한다. 구보 씨는 도덕과 정의가 필요에 따라 파렴치하게 변질하는 지금

---

15 《이탁오평전》, 옌리에산, 주지엔궈, 홍승직 역, 돌베개, 2005

에도 탁오 같은 이가 나타나 세상의 위선을 깨부수어주기를 바라는 마음이 되었다.

2020년 8월 스스로 '진인塵人'이라 칭하는 조은산 씨가 청와대에 시무 7조를 주청하는 상소문을 올렸다. '먼지같이 하찮은 존재'임을 자처하는 이 39세의 젊은이는 평범한 직장인이었다. 그는 "피를 토하고 뇌수를 뿌리는 심정으로 올리니 부디 굽어살펴 달라"라고 호소했다. 시무책으로는, 세금 감면을 비롯, 감성보다 이성을 중히 여기는 정책, 실리 외교, 인간의 욕구 인정, 인사 개선, 헌법 가치 준수, 정부 면모 일신一新 등을 제언했다. 청와대 게시판에 오른 이 글은 순식간에 세간의 이목을 끌며 폭발적인 공감을 얻었다. 상소문이란 게 신하가 왕에게 올리는 제언이고 보면, 이런 형식을 빌려 읍소해야 할 정도로 정부가 실정實情에 어두운 채 군림하려 든다는 국민 인식이 표출된 것으로 판단돼 구보 씨는 비감해졌다.

청계천 변에는 한담을 나누는 커플, 책을 읽는 젊은 여성, 발을 담그고 있는 중년, 농담을 주고받는 노년 등 휴식을 취하는 사람들이 보인다. 구보 씨는 풍경의 평화로움에 마음이 편안해져 옴을 느낀다. 장통교 다리 아래에서 잉어들이 유유자적 노니는 걸 지켜보다 구보 씨는 입가에 빙그레 미소를 짓는다. 그럴 만한 사연이 있었다.

2006년 9월 5일 토요일 구보 씨는 구기동 북한산 계곡 초입에서 6마리의 잉어와 붕어 열댓 마리를 보았다. 사람들이 모두 탄성을 질렀다.

"아니 북한산에 웬 잉어야?"

유추해보니 지난번 큰비 쏟아져 하천이 물에 잠기던 날, 잉어와 붕어들은 성산대교 옆 한강에서 증산천을 따라 증산로와 응암동, 세검정, 평창동을 거쳐 북한산으로 연결되는 수로를 타고 산으로 올라왔다가 못 돌아간 깃으로 추측되었다. 4년 전 태풍 '매미'가 불던 날 청계산 중턱에서 '빠가사리(동자개)'를 본 적이 있어 어렵지 않게 상황을 유추할 수 있었다. 그런데 잉어들은 왜 산으로 올라왔을까? 단순히 실수였을까? 모험심 때문이었을까? 지도자를 잘못 만난 탓이었을까? 물길을 따라 거슬러 올라오면서 놈들은 신났을 것이다. 더러는 해방감을 맛보았을 수도 있다. 처음 보는 세상, "이렇게 멋진 세상이 있었구나!"라며 감탄하고 또 감탄했을 것이다. 그들이 강을 거슬러 올라가는 모습을 수중 카메라로 촬영할 수 있었다면, 시청자들은 전율을 느꼈을 것 같다. 끝없이 생태계가 살아 움직이고 있음을 확인했을 것이기 때문이다. 호기심에 살짝 산 구경만 하고 돌아가려고 왔다가 계곡에 반해 노느라 그만 기회를 놓쳐버린 것일까? 하늘나라로 돌아가지 못한 선녀처럼. 선녀는 나무꾼과 결혼이라도 했지. 물론 마음은 늘 하늘나라에 가 있었긴 하지만. 잉어들은 그 큰 덩치를 담그기에는 너무나 협소한 계곡 물속에 갇혀 옴짝달싹 못 하는 신세로 전락해버렸다.

 내려올 때 보니 붕어 한 마리는 이미 숨을 거둔 채였다. 불어난 물이 원인 제공자였긴 하지만, 잉어들은 모험의 대가로, 혹은 지도자를 잘못 둔 탓으로 절체절명의 위기를 맞고 있었다. 그대로 두면 오래지 않아 모두 죽거나, 낚시꾼에게 잡혀 매운탕 신세가 될 게 뻔했다. 친구들을 불러 팀을 짜서 구조를 해볼까 생각도 했지만, 너무 거창하게 구는 것 같아 포기했는데 돌아오는 길이 편치 않았다.

 모든 열정에는 반드시 대가가 따르는 법인가 보다. 앞뒤 재지 않은 한순간의 무모한 열정이, 혹은 선택이 자신의 생을 송두리째 바꿔버리기도 한다. 돌다리도 두드려 보고서 건너는 심정으로 세상을 살아가야 한다. 그렇지 않아도 곳곳이 지뢰밭인 세상이 아닌가? 성인오락실에서 나온 두 20대가 차에 살짝 받힌 것을 참지 못하고 시비를 벌이다 역시 20대인 운전사를 칼로 찌르고 벽돌로 내리쳐 숨지게 하는 사건을 보며, 그 세 젊은이가 꼭 북한산 잉어 신세 같다고 느낀다. 도박이 인성을 해친다는 사실은 '바다 이야기' 등 사행성 게임들에서 확인된 바 있다. 오락실에서 배우는 깃이 건강한 것일 리 만무하다. 한탕주의와 찰나의 승부에 대한 집착만을 배울 뿐이다. 인생을 긴 호흡으로 깊게 들여다볼 기회를 얻지 못한다. 모

청계천 모전교

름지기 소리小利에 집착하지 말고 대의를 위해 참고, 참고 또 참아야 한다. 그 순간을 넘기면 삶은 또다시 진행되지만, 그렇지 못하면 삶은 바로 정지되어 버린다. 돌아갈 수도, 돌이킬 수도 없게 된다. 마음의 평정, 그것은 잃어본 사람만이 그 소중함을 안다. 저질러진 다음에는 벽에 머리를 박으며 후회해도 때는 이미 늦어버리는 것이다. 순간을 조심하며 자중자애할 일이다.

이런 상념을 하며 집으로 돌아온 구보 씨는 이틀 뒤 출근하자 잉어들이 궁금해 참을 수 없어 점심시간을 이용해 다시 현장을 찾아갔다. 이미 열댓 마리의 붕어들은 전멸했고, 잉어 6마리만 살아 있었다. 생각 끝에 구보 씨는 119에 신고하기로 결심했다. 119 봉사대는 바로 출동해 이들을 체포(?)한 후 동대문 경찰서에 이관했고, 경찰은 이들을 훈계(?)한 후 동대문 5가의 청계천에다 방면했다. 구급대는 진행 상황을 일일이 구보 씨에게 알려주는 친절을 보였다. 이로써 잉어들은 생명을 구한 채 청계천 풍경의 일원으로 역할을 하게 되었다.

세월이 14년이 흐른 지금, 청계천에 서식 중인 잉어들을 바라보다 구보 씨는 잉어의 수명이 알고 싶어졌다. 혹시 그때 그놈들이 살아있을까, 궁금해진 것이다. 인터넷을 검색하던 구보 씨는 아연실색했다. 잉어의 평균 수명은 20년이 보통이고 70~80년 되는 것도 있으며 더러는 150년~200년을 살기도 한다는 것이다. 그렇다면 그때 구보 씨의 도움으로 지금까지 살고 있는 잉어가 있을 터였기 때문이다. 구보 씨는 갑자기 청계천 잉어들에게서 친근감을 느꼈다. 왠지 잉어들도 아는 척하는 듯도 보였다. 그렇게 구보 씨는 청계천에 주저앉아 잉어들과 한참을 교감했다.

19 익선동

무수한 걸음들이 오늘의 길을 만들었다
또 다른 길들도 새롭게 만들어질 것이다

    종로 2가 낙원상가와 종로 3가 사이에 익선동益善洞이 위치한다. 이곳은 자그마한 한옥들이 밀집해 있는 곳이다. 서울지명사전을 보면, 1914년 일제시대 때 동명을 정하면서 익동益洞과 정선방貞善坊의 이름을 합성하면서 익선동이 되었다.

    이 유서 깊은 공간은 조선 최초의 뉴타운이었다. 1920년대에 부동산 개발업자였던 정세권(鄭世權, 1888~1945)의 건양사建陽社가 기획했다. 모두가 10평 남짓한 작은 평수의 조선집이었다. '한옥'은 1990년대부터 쓴 표현이고 이전엔 '기와집', 그리고 그 전엔 '조선집'이라 불렀다. 경남 함양 출신의 정세권은 경성 땅을 일본인에게 내주지 않기 위해 경성으로 올라와 이런 주택사업을 시작했다. 이 익선동은 당시 가성비가 좋아 조선인들의 환영을 받았다고 전해진다.

    정세권은 익선동의 성공을 발판으로 삼아 당시 친일파들이 소유하고 있던 가회동 일대 땅을 사들여 필지를 쪼갠 다음 작은 조선집들을 다량 지었다. 1930년대에 형성된 이 뉴타운이 오늘날 '북촌北村'이라 부르는 서울

의 북쪽 마을이다. 정세권의 노력으로 청계천 이북 서울은 조선인의 집단 거주지로 자리 잡았다. 정세권은 잘 알려지지 못했지만, 자기 방식으로 애국 활동을 펼쳤던 민족의 영웅이었다.

익선동은 그런 정세권의 애국 역사가 서린 곳이다. 2014년 이전엔 가정집이 밀집해 있던 곳이었다. 이곳이 상전벽해 되고 있다. 밀려드는 관광객들을 수용하기 위한 게스트하우스들과 호텔, 카페, 레스토랑, 갤러리, 향수 가게, 수제 가방점, 액세서리점, 비디오방 등이 하루가 다르게 들어서고 있다. 한옥의 변모는 외국인들에게 깊은 인상을 주기에 충분해 보인다.

서울시의 관광 정책이 활성화되고 있다는 느낌이다. 젊은이들에게 또 하나의 명소가 생겨나고 있다. 저녁 무렵이면 이 골목은 음식과 술을 즐기는 밝은 표정들로 그득하다. 서울이 자랑스러워진다.

서민들이 입주해 살던 이 지역이 상업지역으로 바뀌면서 집주인들이 월세를 서너 배씩 대폭 올리는 바람에 원주민인 세입자들은 모두 정든 둥지를 떠나야 하는 비애도 숨어 있다. 자본의 비정한 논리를 비켜 가는 공생의 방안은 없는 것일까?

'젠트리피케이션gentrification'이 가로수길, 경리단길, 삼청동 길 등에서도 이미 보인 바 있지만, 우리 모두는 여전히 무력하다. 집주인들의 월세 인상 조정 배려와 행정의 적극적 대안 찾기가 병행될 때 서울의 명소가 누군가의 희생과 눈물 위에 세워지는 비극의 연속이 멈춰질 수 있을 것이다. 2015년 서촌의 건물주들이 월세 인상을 동결하는 조치를 함으로써 임대인과의 공생 공존을 도모하는 배려를 선보인 바 있어 노력 여하에 따라 임차인의 눈물은 어느 정도 닦아줄 수 있을 것으로 보인다.

종로 4가 종묘의 남쪽을 에워싸고 있는 돌담 옆길에서부터 종로 2가 탑골공원까지 이어지는 길은 오랜 역사를 안고 있다. 조선 시대 이 길은 왕궁 부근이라 밤에 순라꾼이 순라를 돈다 해서 '순라길'이라 불렀다. 지금도 이 지명은 그대로 남아 있다. 이 길은 종로 2가에 닿으면 양반네 행차를 피해 다니던 종로통의 뒷길 '피맛골'로 이어진다.

조선말 한양에는 서서 먹는 '선술집'과 나무판자를 깔고 앉아 먹는 '목로주점'이 곳곳에 있었다. 모두가 서민들의 허기진 배를 채워주는 기능을 맡아 했다. 지금은 그 풍경들이 모두 사라지고 이곳 순라길 언저리에서만 그때의 분위기를 느낄 수 있을 정도지만, 더 이상 그때의 풍경은 아니다. 소설가 박태원은 《소설가 구보 씨의 일일小說家仇甫氏一日》에서 이 순라길을 묘사하고 있다. 그는 이곳에 멈추어 서서 선술집이라는 뜻의 '다찌노미'집에서 선 채로 술을 마셨다.

지금도 이곳에는 막걸리와 소주 한 잔을 1천 원에 파는 선술집들이 있다. 가벼운 안주는 공짜로 제공된다. 고객은 예전 이 길을 기억하는 노년층들이다. 이 길가 작은 공원에서는 바둑과 장기를 두는 노인들이 여럿 보인다. 황혼길의 노인들이 삼삼오오 모여 앉아 왕년을 이야기하며 한잔 술로 목을 축이는 광경도 곳곳에서 목격된다. 서울에서 가장 쓸쓸한 풍경일 것이다. 이 유적의 거리에는 왕년에 '박카스 아줌마'라 불리던 늙은 유녀遊

女들도 여전히 눈에 띈다. 노인들과 시선을 마주치려 애쓰는 그녀들이 안쓰럽게 느껴진다.

가까운 종3 전철역 골목에는 '닭집'이라 불렀던 과거 집창촌 시절의 쪽방들이 현존한다. 그 공간에서 젊음을 흘려보내고 황혼기에 접어든 나이에도 이 거리를 벗어나지 못하는 '박카스 아줌마'들의 인생 유적에 구보 씨는 짙은 비애를 느끼지 않을 수 없었다.

종묘 돌담길

20 낙원동 — 종묘

장강의 뒷물이 앞 물을 치듯,
구시대는 가고 새 시대가 온다
대립이 아닌 화합의 이름으로

이 길목은 서울에서 물가가 가장 싼 곳이다. 구두 닦는 데 1천 원, 막걸리 2천 원, 이발비 4천 원 등이다. 밥값도 놀랄 만큼 싸다. 해장국과 국수가 2~3천 원, 동태찌개는 3천 5백 원이다. 새끼 조기구이가 나오는 백반집은 4천 원을 받는다. 경제력이 없는 가난한 노인들의 주머니를 생각해서이다. 원로 코미디언 송해 씨가 즐겨 시래깃국을 먹고 간다고 하여 서울시는 2016년 탑골 뒷길을 '송해길'로 이름 붙였다. 아흔을 넘은 송해 씨는 여전히 친숙한 모습으로 자주 찾는 부산일식집 앞에서 사진 포즈를 취해주곤 한다.

파고다 공원과 낙원동 주변은 노인들의 공간이다. 대부분 이발을 하거나 식사와 술을 한다. 좀 여유가 있는 노인들은 노인들의 클럽에서 맥주를 마시며 무대에 올라 반주에 맞춰 노래도 즐긴다. 양주를 마시는 부유한 노인 곁에는 예쁘장한 할머니들이 두셋씩 있게 마련이다. 나이만 제외하면 젊은이들의 클럽 문화와 다를 게 없어 보인다. 가진 게 없는 노인들은 파고다공원이나 종묘 앞에 모인다. 이곳에서 장기나 바둑을 두며 시간을 보낸다. 부근에는 막걸리나 소주를 잔으로 파는 구멍가게들이 즐비하다. 이런 풍경들로 해서 노인들의 시간은 더욱 처절하게 흘러간다.

낙원상가 국숫집

구보 씨는 이곳을 지날 때마다 생각한다. 이곳의 노인들에게 문화 향수享受의 기회를 제공할 수는 없을까? 어쩌다 무슨 기념일이면 잔치가 벌어지기는 한다. 그런 일회성이 아닌 정기적 이벤트가 있으면 좋겠다 싶다. 일주일에 두어 차례 노래와 춤, 만담을 곁들인 버라이어티 쇼나 서커스를 제공하면 노인들의 시간이 조금은 덜 느리고 조금은 덜 서글프게 지나가지 않을까?

60년대 소위 약장수들이 펼치던 판에 앉아 웃음 띤 얼굴로 시간을 보내시던 할아버지 생각이 난다. 가난한 시절이었던 탓에 약장수 공연이 그야말로 '만병통치약'을 팔기 위한 유혹의 수단에 불과했는데도 당시 노인들에게는 그만한 여흥이 없었다. 지금은 사정이 많이 나아졌지 않은가? 언제까지 노인들을 공원에서 참담하게 시간을 보내게 방관만 할 것인가? 구보 씨는 이런 관심 사각지대에도 정부 혼자만의 행정을 기대하기보다는 민관이 협업 행정을 펴는 것이 효율적이라 생각한다. 현장 아티스트들이 앞장서고 기업이 약간의 후원을 맡고 지자체가 편의를 제공한다면 좋은 거버넌스Governance 사례가 될 수 있을 것이라 여긴다.

낙원상가 옆을 지나면서 습관처럼 벽에 붙은 영화 안내 포스트들을 보게 된다. 이 빌딩 꼭대기 층에는 실버 영화관이 있어 60세 이상의 장년층들에게 무료 영화 관람을 제공한다. 1957년 영화 《벤허》의 포스트가 눈에 들어온다. 포스트 앞에서 대학생들로 보이는 커플이 포옹을 한 채 애정행각을 벌이고 있다. 주변 시선은 아랑곳하지 않는다. 길거리나 버스 정류장, 전철 등에서 심심찮게 마주하는 광경이다. 구보 씨는 몇 년 전만 해도 그런 모습을 보면 민망해했지만, 지금은 예사로 여긴다. '밀레니얼 세대 millennial generation'가 사는 방식인 것이다. 1991년 닐 하우와 윌리엄 슈트라우스가 《세대들, 미국 미래의 역사》라는 저서에서 처음 사용한 '밀레니얼 세대'는 1980년 이후의 출생자들을 가리키는 용어이다. '인터넷과 모바일 그리고 SNS'로 특징되는 세대를 일컫는다. 이들 세대는 작지만 확실한 행복을 의미하는 '소확행'이나 '일과 삶의 균형'을 뜻하는 '워라밸(Work & Life Balance)'을 소중히 여긴다. 여행을 선호하고 회식을 싫어하며 취미생활을 즐긴다. '욜로(YOLO: You Live Only Once)'를 신봉하며 '한 번뿐인 인생 즐기며 살자'라는 인생관을 좇는다. "일할 생각보다 놀 궁리만 한다."라며 생산성을 우려하는 시각들이 있지만, 구보 씨는 긍정적인 측면도 있다고 여긴다. 미진함이 드러나 효력을 다한 구세대들의 가치관과 관습을 벗어던지는 과감함이 특히 그렇게 느껴졌다. 구보 씨는 이런 생각을 2016년 작 영화 《벤허》를 보며 확인한 바 있었다.

구보 씨가 2016년 티무르 베크맘베토브(Timur Nurbakhitovich Bekmambetov, 1961~) 감독의 《벤허》를 접하고 받은 느낌은 격세지감이었다. 격세지감隔世之感은 시간의 차이를 느낀다는 뜻이다. 1959년에 나온 윌리엄 와일러(William Wyler, 1902~1981) 감독의 《벤허》를 아직도 또렷이 기억하는 까닭이었다. 그동안 공중파 TV의 '주말의 명화'나 요즘의 케이블 영화 채널을 통해 여러 번 반복해서 보이온 데 따른 느낌이나. 신삭 《벤허》는 터치가 경쾌하다. 주인공 벤허(잭 휴스턴 분) 역시 오렌지족 같은 가벼운 느낌을 준다. 찰

톤 헤스턴이 주인공으로 분한 전작의 벤허는 진지하고 카리스마가 넘쳤다. 전작의 기억이 더러 신작에 대한 몰입을 방해하기도 한다. 전작에서는 무엇보다 마차 경주 장면의 미장센이 뇌리에 강하게 남아 있다. 촬영 도중 사망사고가 발생했을 정도로 숨을 멈추게 하고 손에 땀을 쥐게 하는 빠르고 격렬한 장면이었다. 신작에도 마차 경주 장면이 등장하지만, 전작의 긴박감과 달리 볼거리에 치중하는 할리우드 액션 영화의 분위기를 풍긴다. 그저 재미나게만 보게 된다.

1959년 작에서는 벤허가 영화 말미에 나병(한센병) 환자가 돼 동굴에 격리 수용돼 있는 어머니와 여동생을 찾아가 만나는 장면과 모녀가 골고다 언덕에서 십자가를 진 채 끌려가는 예수를 만나 이적을 체험하는 장면도 오래도록 기억 공간에 자리 잡았다. 어머니와의 상봉 장면에 깔리던 미클로스 로사의 〈사랑의 테마〉도 사뮤엘 바버Samuel Barber의 〈현을 위한 아다지오〉를 연상시키는 성스럽고 온화한 분위기로 마음을 파고들었다.

고전을 리메이크한 작품은 전작과는 다른 특별한 관점이 있느냐 여부가 생명인데, 이런 관점이 없으면 리메이크 작품은 관심을 얻지 못하게 마련이다. 2016년 《벤허》는 카자흐스탄 출신 40대 감독의 독특한 관점이 있어 전작과 차별성을 갖는다. 2016년의 《벤허》의 기저에는 밀레니얼 세대의 가치관이 자리 잡고 있는 것으로 보인다. 이 점이 전작과 큰 차이를 이룬다.

전작과 신작 두 작품 모두 군인이자 뉴멕시코 주지사였던 루 월레스Lew Wallace의 1880년 소설 《벤허, 예수의 이야기(Ben—Hur: A Tale of the Christ)》를 각색했다. 소설의 주를 이루는 모티브는 어릴 적부터의 친구 벤허와 메살라의 애증과 갈등이다. 그런데도 50년의 시간을 격하면서 두 작품은 각각 다른 이데올로기를 이야기한다. 윌리엄 와일러의 《벤허》는 유대인 벤허와 로마 정치인 메살라 두 사람의 대립하는 세계관에 바탕을 둔다. 신을 따르는 벤허는 선이고 신에 반하는 메살라, 넓게 보면 로마는 악이다. 영화는 마침내 선이 악을 이기고 신의 뜻을 이 땅 위에 구현하는 걸로 끝난다. 티무르 베크맘베토브의 《벤허》는 선과 악의 이분법을 따르지 않는다. 메살라는 마차 경주에서 벤허에게 패한 후 사고로 중상을 입고 저주를 퍼부으며 죽는 악인의 모습 대신, 용서를 구하며 옛 친구와 뜨겁게 포옹한다. 어릴 적 추억을 되살리며 화해를 청하는 벤허의 겸허함 앞에 메살라도 마침내 분노와 증오의 감정을 거둔 것이다. 자신을 나락으로 내몬 원수를 용서하는 벤허의 모습은 1959년의 《벤허》를 기억하는 사람들에게 적잖은 충격을 안길 것이다. 둘째, 전작에서 철저하게 가려진 채 얼굴을 보이지 않았던 예수가 이번에는 얼굴을 내비친다. 표정만 보이는 게 아니라 말하고 움직인다. 전작에선 뒷모습이나 실루엣 또는 맞은편 상대의 얼굴에 피어나는 환희와 경이의 표정 등으로 예수를 표현했을 뿐이었다. 셋째, 전작에서는 신념을 버리지 않은 죄로 메살라에 의해 전함의 노를 젓는 노예로 전락한 벤허가 전함의 사령관인 로마 귀족 퀸투스 아리우스를 구조하면서 그의 양아들로 입적돼 영화 후반부에 전개되는 복수극을 펼치는 기회를 잡는 데 반해, 후작에서는 아예 아리우스의 존재를 없애고 벤허 스스로가 해전 끝에 살아남아 흑인 흥행사 일데르임(모건 프리먼 분)의 도움으로 재기에 성공하는 것으로 그려진다.

이런 몇 가지 변화들로 볼 때 2016년 《벤허》는 다분히 밀레니얼 세대의 의식과 가치관을 작품에 투영한 것으로 해석된다. 현재 20~30대를 살고 있는 '밀레니얼 세대'는 유대인=선, 로마=악이라는 이분법적 가치관을 거부한다. 악이 반드시 패해서 죽어야 하는 것은 아니라고 여긴다. 악이 끝까지 악의 모습으로 남을 것이라고도 여기지 않는다. 선이 악에 관용을 베풀면 악도 선의 편에 설 수 있다고 보는 것이다. 예수도 이들에게는 더 이상 절대적이고 신성하기만 한 존재가 아니라 벤허의 옆집에 살며 목수 일을 하는 이웃 사람으로 등장한다. 예수는 벤허에게 용서의 가르침을 준다. 신작의 예수는 현 교황 프란치스코의 자비롭고 온화한 이미지를 연상시킨다. 실제 예수 역을 맡은 로드리고 산토로는 촬영에 앞서 프란치스코 교황의 축복을 받았다고 전해진다.

밀레니얼 세대는 독립심이 강해서 더는 누군가의 도움을 받아 성공하는 '신데렐라 스토리'를 원하지 않는다. '로마 귀족 양아버지의 도움'이라는 설정을 빼버린 이유일 것이다.

백인이 흑인의 도움을 받아 재기에 성공한다는 설정도 이채롭다. 옛 고전극에서 흑인은 노예나 검투사 같은 역할에 국한되었다. 밀레니얼 세대는 피부색에 대한 편견을 없애고 싶어 한다. 이러한 경향성은 구로자와 아키라(黑澤明, 1910~1998) 감독의 《7인의 사무라이》의 2016년 리메이크 버전인 《매그니피선트 세븐Magnificent Seven》에 댄젤 워싱턴(Dangel Washington, 1954~)과 이병헌이 참여하는 데서도 확인된다. 그 전 버전인 《황야의 7인》은 모두 백인들로 팀을 짰었다. 이런 밀레니얼 세대의 특성들이 2016년 《벤허》의 이야기 구조를 이룬다.

밀레니얼 세대에 맞춰 윌리엄 와일러의 《벤허》를 윤색한 티무르 베크맘베토브의 《벤허》가 어떤 반응을 얻을지 궁금하다. 미국에서는 2016년 8월 19일에 개봉돼 시원찮은 반응을 얻었다. 동서양을 불문하고 기독교적 세계관을 갖고 있는 사람들에게는 악을 응징하지 않고 '하느님의 아들' 예수의 인간적 측면을 부각한 내용들을 불만스럽게 여길 수 있다. 기독교도가 아니더라도 1959년의 《벤허》를 기억하는 세대들에게 이번 《벤허》는 우스꽝스러울 수 있을 것이다. 반면 전작을 본 적이 없고, 기독교의 세계관 하나에만 함몰되기를 거부하는 젊은 세대는 이번 작품을 자연스럽게 받아들였다.

벤허와 메살라가 미래를 향해 나란히 말을 달리는 엔딩 신에서 보듯이 티무르 베크맘베토브의 《벤허》가 추구하는 내용이 미래지향적이다. 역사와 기성세대들이 그동안 보여준 모습들은 청년 세대들에게 실망스러웠을 것으로 사료된다. 신의 의지를 빙자해 이슬람을 핍박했던 중세의 십자군 전쟁을 비롯해 수단 하르툼Khartum 침공 등 기독교를 앞세워 식민지 약탈을 일삼던 제국주의 열강들의 만행, 그 이후 계속되어온 기독교와 이슬

람교 간 종교전쟁, 민족주의에 기초한 양차 세계대전, 동서 이념 냉전, 종파 간 종족 간 내전, 개발도상국의 독재정치, 피부색 차별, 성차별, 허위로 밝혀진 '화학무기 구비'를 명분으로 삼은 부시의 아프가니스탄 침공, 9.11 등 이슬람 집단의 끊이지 않는 복수 테러, 갈수록 심화하는 '부익부 빈익빈'의 경제력과 '강익강 약익약強益强 弱益弱'의 국력, 민주주의의 쇠퇴, 좌우 이념 갈등과 대립, 지도층의 도덕성 실추 등 모순과 오류투성이의 세상을 바라보는 젊은 세대들의 눈에 기성세대들의 구태의연한 세계관은 설득력을 잃고 있다. 그러한 오류들이 개선될 조짐보다는 영국의 EU 탈퇴Brexit와 미국의 도널드 트럼프가 기치를 든 고립주의 선동에서 보듯이 변법과 편법이 오히려 기승을 부릴 기미를 보인다. "남들은 모르겠다. 우리만 잘 살면 된다."라는 고립적 이기주의가 득세한다면 세상은 더욱 암울해질 게 뻔하다. 세상은 어느 한쪽을 선택하라고 강요하지만, 정正이나 반反의 대립하는 두 명제는 합슴을 이루지 않는 한, 영원히 부분적 진실일 수밖에 없다. 단지 시류를 타서 일시적으로 진리인 것처럼 비칠 뿐이다. 세계관이 달랐던 유대인 벤허와 로마인 메살라가 싸우고 난 후 어깨를 나란히 하고 걷는 장면이 합슴을 추구하는 이 영화의 메시지를 압축해 보여준다. 극과 극은 화합할 수 없다는 게 기성의 시각이었지만, 밀레니얼 세대는 그런 기성의 가치관을 허무는 데서 새로운 희망의 싹을 틔우고 싶어 한다.

구보 씨는 2016년 작《벤허》가 던지고 싶은 화두는 기독교 대 반기독교, 보수 대 진보, 백인과 유색인 같은 요란한 진영논리에 구속당하지 않고 자유인의 자세로 합슴의 세상을 구현하고 싶은 밀레니얼 세대의 가치관을 반영하고 있다고 느낀다. 구보 씨의 관찰로는 젊은 세대들의 이러한 신사고는 2000년 이후 점차로 이루어져 왔다. 그 효시는 건강한 개인주의의 발현이었다.

2015년 3월 15일 일요일 일본 도쿄의 도쿄돔은 한국 아이돌 그룹 '샤이니SHINee'의 공연을 보기 위해 운집한 10만 관중들의 함성으로 뒤덮였다. 이 뉴스는 아베 정부의 역사 인식 왜곡이 야기한 한일 간의 갈등이 고조되던 상황에 발생한 것이어서 이채로웠다. 한국 언론은 일본의 '혐한嫌韓' 분위기를 한류가 잠재웠다고 해석했다. 구보 씨는 고개를 저었다. 한류도 작용했겠지만, 그보다는 일본 시민이 다양성을 존중하는 모습을 보여준 것이라는 해석이 더 타당할 듯싶었다. 일본 내에 '혐한'을 부르짖는 세력이 분명히 존재하고 그 목소리가 작지 않은 것은 사실이지만, 또한 한국을 좋아하고 한류를 즐기는 시민 역시 존재하며 그 수가 적지 않은 까닭에 이런 해프닝이 가능한 것이다. 일본인들에게는 마치 '공기'처럼 어떤 분위기가 에워싸고 있어 모두가 그것을 부지불식간에 따르는 오랜 습관이 있지만, '혐한'은 그 정도로 '공기'화 되도록 일본인이 허용하지 않았다는 점을 보여준 것이다. 너는 '혐한'해라 나는 '애한愛韓'할 테니, 이런 사고를 양보하지 않는 소치이다. 비단 샤이니 경우뿐만 아니라 다른 한류 스타들의 공연이나 드라마 방송에서도 보인 바 있다. 2013년 8월 일본의 대표적 우익 방송인 TBS가 놀랍게도 SBS에서 방송했던 조인성과 송혜교 주연의 드라마 《그 겨울 바람이 분다》를 방송했던 것도 좋은 사례이다.

국가주의가 강요하는 간섭이나 개입을 거부하고 개인의 자유의지를 존중하는 풍토를 일본인은 갖고 있다. 일본 시민의 이런 자유의지는 자율과 자치, 상호 신뢰를 키우며 일본의 성장동력으로 작용해왔다. 요즘 세대들은 더더욱 그런 성향을 보인다.

과거 권위주의 시대와 달리 지금은 국가보다 개인을 앞세우는 시대이다. 지금의 세대들은 모두가 힘을 합쳐 '애국'과 '애족'이라는 한 방향으로 나아가자는 캐치프레이즈를 거부한다. 그보다는 다양한 개성과 취향을 가진 개인들이 나름대로 기쁨과 즐거움을 추구하되, 타인도 존중하는 그러한 몸짓을 선호한다. 그런 개인들이 작지만 강한 네트워크를 만들고 그것이 우리 사회를 건강하게 만든다고 생각한다. 건강한 개인주의에 의지하지 않고서는 비관적인 현실을 감내하기 어려운 까닭도 있다. 불만스럽고 비관적인 현실을 외면하지 않지만, 그 속에서 최대한의 의미와 즐거움을 찾으려는 몸부림의 반영이다. 젊은 세대는 권위주의 시대의 가치나 이념 편향적인 '쏠림'에 구애받지 않는다, '쿨cool'하다. 보편적 시민 탄생을 예고하는 듯 보여서 흐뭇함을 느낀다.

구보 씨의 기억으로는 젊은 세대의 이런 분위기가 일찍이 2010년부터 감지되었다. 2010 밴쿠버 동계올림픽을 계기로 '쾌속 세대'라는 신조어가 등장했는데 스피드 종목과 쇼트트랙 종목에서 기대 이상으로 선전한 20대 초반들에 기성세대가 바치는 헌사였다. '쾌속 세대'의 특징은 기성세대를 구속했던 전체의 개념에 지배당하지 않고 오히려 자기 자신을 앞세우는 당당함에 있었다. 그들은 조국과 민족을 위해 뛰었다기보다는 자기 자신을 위해 뛰었다. 아니 자기가 좋아서 뛰다 보니 좋은 결과가 따라왔다는 게 더 정확한 표현일 것이다. 이 점에서 '쾌속 세대'는 기성세대와 큰 차이를 보인다. 과거 세대가 꿈을 좇아서 뛰었다면, '쾌속 세대'는 뛰다 보니 꿈을 이룬 셈이다. 그들은 거창한 화두를 피한다. 그냥 게임을 하고 채팅을 하듯 가볍게 저 좋아하는 스타일대로 산다. 그러다 그런 몸짓이 전체에도 도움이 된다면 더욱 좋다고 여긴다. 이 거리낌 없음, 그 당당함이 '쾌속 세대'의 인자이다.

이 흐름은 이어져 2016 리우 올림픽에서 체조 요정 손연재가 4위의 성적을 낸 후 "기쁘고 행복하다."라고 소감을 피력했는데 메달을 따지 못한 데 대한 주눅 같은 건 아예 보이지 않았다. 그 정도 성적을 낸 데 만족한다는 의미였다. 4년 전 올림픽 때 성적은 5위였다. 손연재에게 중요한 것은 국가가 아니라 자신이다. 자기가 노력한 만큼 성적을 내는 것이 당연한 것이다. 메달을 따지 못했다고 해서 국가에 미안해할 필요를 느끼지 않는다. '건강한 개인주의'의 발로로 여겨졌다. TV 독서프로그램에 출연한 20대의 젊은 여성은 이문열의 '불멸'에 관한 토론 중 '안중근과 같은 길을 선택할 수 있었겠는지'를 묻는 사회자의 말에 "뭐 그랬을 수도 있었을 것 같다. 술과 밥만 자주 사준다면"이라고 답변한다. 이 가벼운 터치의 발언은 너무나 밝고 경쾌해서 웃음을 자아내게 한다. 이데올로기에 구속받지 않는 당당함이 그 속에 있다.

이들 세대에게 희망을 거는 이유는 외부로부터의 이념이나 가치관에 휘둘리지 않고 스스로 판단할 수 있는 사고력을 갖고 있다는 데서 찾아진다. 개체는 생각할 수 있는 힘이 있을 때 스스로 지킬 수 있는 법이다. 노자가 강조하는 '무위無爲'를 '남이 만든 이념이나 기준에 휘둘리지 않고 세상의 변화에 자발적으로 유연하게 다가가는 자세'로 본다면, 이들 쾌속 세대들은 기성세대들보다 나은 시민의 자질을 갖추고 있다고 보인다. 자기주장을 강하게 내세우지 않고 남의 주장에도 쉽게 영향받지 않는 그런 자세에서 비롯되는 능력, 즉 사람들과 갈등 없는 관계를 형성할 줄 아는 힘을 갖추었다는 점에서 그렇다.

'쾌속 세대'의 부상은 지금까지 우리 사회를 견인해 온 게 전체였다면, 이제는 그 원동력을 개인에게서 찾아야 한다는 단서를 우리에게 던져주었다. 전체가 단결된 응집력을 표출한다면, 개인은 미약하나 자유로운 창의력을 구사한다. 이 개인의 자유의지가 전체에 던지는 메시지는 자못 크다.

2015년 7월 23일 법조계에서도 개인의 반란이 있었다. 일대 사건이었다. 그동안 관행처럼 이루어져 왔던 오랜 부조리 가운데 으뜸으로 꼽혀도 손색이 없던 '전관예우'를 헌정사상 최초로 한 대법관이 깨버렸다. 권순일 대법관이다. 변호사와 사건 의뢰인이 성공보수를 놓고 "내놔라.", "못 준다." 소송을 벌인 사건이어서 그동안의 판례로 보아 기각될 것으로 다들 전망했지만, 권 대법관은 예상을 깨고 13명 대법관 전원의 만장일치로 형사사건 성공보수 약정 금지 판례를 남겼다. 이 판결의 의미는 '전관예우'의 소멸과 직결된다는 점에 있다. 그동안 성공보수로 인해서 '전관예우'라는 관행이 있어 왔고, 이 잘못된 관행으로 말미암아 '유전무죄 무전유죄'

라는 원망이 컸다.[16]

가장 진화가 더딘 정치판에도 이른바 개인의 '소신정치'가 발아하고 있다. 2015년 가을 유승민 여당 원내총무가 여야 공조 정책과 탈(脫) 청와대 정치를 시도했다. 유승민이 청와대의 눈 밖에 나 원내총무직에서 내려오자 대구·경북지역 친(親) 유승민계 여당 의원들이 청와대에 기대지 않고 총선에 나서려는 움직임을 보였다. 같은 시기에 야당의 안철수 의원은 당내 주류인 '친노' 진영의 과도한 이념 성향에 이은 배타성을 '낡은 진보'라 규정하며 단기필마로 당 지도부에 반기를 들었다. 2019년 말 국회 본회의에서 민주당의 금태섭 의원이 당론에 따를 것을 거부하고 고위공직자범죄수사처(공수처) 법안에 기권표를 던졌다. 금 의원은 이 정치 행위로 "강제적 당론을 위반"한 데 따른 당의 징계를 받았지만, "시민의 대표로서 논란이 되는 이슈에 대해 의견을 개진하고 토론을 끌어내야 한다."라는 소신을 SNS에 밝히며 뜻을 굽히지 않았다. 헌법 제46조 2항도 "국회의원은 국가 이익을 우선하여 양심에 따라 직무를 행한다."라고 명시하고 있다. 금 의원의 반란은 비록 파벌에 속한 죄로 꼭두각시 짓을 해왔지만, 개인에게도 자유의지가 있다는 뒤늦은 각성이 작용하고 있는 것으로 보였다. 단기필마로 파벌의 결정에 반기를 든 것이다. '용감하다'라기보다는 '신선하다'라는 표현이 더 적합해 보였다. 과거 정치판에서는 생각도 못 했던 일이라는 점에서 보면 '용감하다', '용기 있다'라는 표현이 맞겠지만, 동지였다 하더라도 돌아서면 그 즉시 조직의 힘을 동원해 짓밟으려 드는 살얼음판에서 '골리앗을 향해 돌을 던지는 다윗'의 고군분투처럼 비치는 양상도 있어 이런 풍경에 익숙하지 않은 우리에게는 가위 '신선'했다. 개개가 헌법기관인 국회의원이 독자적 판단과 결정을 하는 것은 국민을 위한 책임정치를 하겠다는 의지의 표현이어서 당연하지만, 현실정치는 그렇지 못해

---

16 《조선일보》, 허욱 기자, 2015.8.16

온 게 사실이었다. 그래서 금 의원의 반란은 신선했고 희망적으로 비쳤다. 이 반란이 정책형성 과정뿐만 아니라 딴짓하다 마감 시간 다 돼서 날치기로 통과시키는 국회의 법안과 예산안 심의 그리고 피감기관장과 증인들에 대한 갑질, 헛발질, 삿대질, 고함질을 일삼는 국회의 국정감사 등에도 미칠 수 있기를 기대하게 해 주었다.

우리 사회를 짓누르는 작금의 갈등과 대립들을 보라. 예나 지금이나 모두가 그럴듯한 명분을 내세우지만, 속을 들여다보면, 사리사욕의 발로에 다름 아니다. 그들이 신념으로 포장해 부르짖는 명분들은 기만적이며 위선적이다. 그들은 걸핏하면 '시대적 소명'을 들먹거리지만, 그 소명의 근거는 제대로 제시하지 못한다. 그저 자기 파벌의 사익을 위해 나팔수를 자처하고 부나방처럼 불을 향해 뛰어들 뿐이다. 조직은 아무리 좋은 취지로 시작하더라도 시간이 흐르면서 점차 교조화되기 쉽다. '브레이크 없는 차'처럼 달리려는 경직된 조직의 독선을 조직 스스로가 멈추기란 쉽지 않은 일이다. 시간이 좀 걸릴지라도 조직원 개개인의 각성과 용기만이 브레이크가 될 수 있다. 위계질서, 상명하복, 만장일치 같은 집단성을 줄이고 개인의 창조성을 확대하는 것이 정치를 선진화시키는 유일한 방법인 까닭이다. 더불어민주당의 박용진 의원도 2020년 7월 14일 고 박원순 시장의 성추행 의혹과 관련해 "민주당 차원의 진상 파악과 대책 마련이 있어야 한다."라고 당론을 거스르는 발언을 내놓았다. 박 의원은, 박 시장을 두둔하며 '상징조작에 의한 미투Me Too 오해 가능성'을 제기하는 당내의 박 시장 두둔 기류에 대해 "피해자 중심주의에 서야 한다.", "개인적인 느낌이나 예단에 기대 문제에 접근해서는 안 된다."라고 제동을 걸었다.

만약 향후 어느 시점에서 우리 사회가 진보했다고 평가받는 날이 온다면, 그 배경으로 반드시 몇몇 개인들의 아름다운 반란이 언급될 것이다. 전체주의의 독신에 휩쓸리지 않고, 건강한 개체이고자 했던 존재들의 위대한 저항이었다고. 기존의 회화 방식에 구속당하지 않고 자기 눈에 보이

순라길 　　　　　　　　　　　피맛골

는 대로 사물을 그리려 애썼던 19세기 '바르비종Barbizon파'들의 반란처럼.

여기까지 상념을 이어가던 구보 씨는 갈증을 느끼며 목을 축일 만한 아이디어를 찾아 주변을 두리번거리다 눈에 들어오는 편의점으로 들어가 1천 2백 원을 주고 내린 커피를 한 잔 사서는 바깥 파라솔 의자에 앉아 홀짝홀짝 넘긴다. 커피가 적절한 타이밍에 적절한 선택이었다며 구보 씨는 만족해한다. 사무실에 커피 머신을 비치해 놓고 오후 네 시면 어김없이 원두커피를 내려 마시는 한 친구의 호사가 문득 생각나며 그가 의식처럼 치르는 매일의 일과가 조금 이해되었다.

충전을 한 구보 씨는 다시 길을 나서 순라길로 들어선다. 명칭상의 '순라길'은 조선조 좌순청이 있던 단성사에서 끝나지만, 길은 이곳에서 피맛골과 익선동 길로 연결돼 순라길의 정취를 이어간다. 종로3가역 낙원동 초입 골목은 곱창 골목으로 알려져 있다. 실비에 곱창과 소주를 즐길 수 있어 저녁이 되면 손님들로 붐빈다. 서울을 찾는 외국 배낭 여행객들에게도 잘 알려져 있다. 곱창 외에도 갈매기살, 주꾸미, 삼겹살집들이 밀집해 있다.

　이 집은 지은 지 백 년쯤 되어 보인다. 1970년대까지만 해도 서울 시내에서 볼 수 있었던 고옥들이다. 문화재 건물을 제외하곤 현재 서울이 간직한 유일한 옛집일 것이다.

　'다찌노미'에서 선 채로 잔술을 마시던 1930년대의 한성 주당들이 오늘의 익선동 곱창 골목을 보면 매우 부러워할까? 술상이 좀 가난하긴 했겠지만, 그 당시에도 분위기는 지금 못지않았을까? 이 길을 걷노라면 서울 야화들이 주마등처럼 떠오른다.

　석양 무렵 낙원동서 종묘에 이르는 이 서울의 옛길을 걷다 보면, 이 길 위에서 열심히 살았던 선조들의 자취가 느껴진다. 또한 현재 열심히 삶을 즐기는 동시대인들의 모습도 보게 된다. 입가에는 미소가 절로 퍼지고 발걸음은 더욱 느릿해진다. 어디엔가 앉아서 구보 씨도 한잔하고 싶어졌다. 생각이 여기에 미치자 구보 씨의 머릿속에 맞춤한 집 하나가 떠올랐다. 낙원상가 지하 국수 가게였다. 시장통에 있는 이 집은 구보 씨가 격의 없는 친구들과 함께 어울리는 방앗간이었다. 막걸리가 2천 원, 국수가 2천 5백 원, 머리 고기가 5천 원, 가오리찜이 1만 원인 서민의 노포이다. 여주인 선희 씨가 눈인사를 건네며 "오랜만에 오셨네요."라고 반겨준다. 국수를 시켜놓고 주변을 둘러본다. 여러 사람이 저마다의 사연들을 안고서 고개를 숙인 채 후루룩 면을 넘기고 있다. 매번 느끼는 바지만, 국수가 있는 풍경 속에 자리하면 절로 겸허해진다. 기교라고는 모르는 맑은 영혼들이 내뿜는 선한 기운을 받으면 세상은 또다시 따뜻하고 평화롭게 다가온다. 치유 능력을 가진 국수의 힘이다.

　　사는 일은 밥처럼 물리지 않는 것이라지만
　　때로는 허름한 식당에서
　　어머니 같은 여자가 끓여주는 국수가 먹고 싶다.

낙원상가 골목 맛집들

삶의 모서리에 마음을 다치고
길거리에 나서면
고향 장거리로 소 팔고 돌아오듯
뒷모습이 허전한 사람들과 국수가 먹고 싶다.

세상은 잔칫집 같아도
어느 곳에선가 늘 울고 싶은 사람들이 있어
마을의 문들은 닫히고 어둠이 허기 같은 저녁

눈물 자국 때문에
속이 훤히 들여다보이는 사람들과
따뜻한 국수가 먹고 싶다.

―〈국수가 먹고 싶다〉, 이상국

이상국 시인의 〈국수가 먹고 싶다〉는 '뒷모습이 허전한 사람들', '눈물 자국 때문에 속이 훤히 들여다보이는 사람들', 그런 슬픔과 외로움을 안고 있는 사람들에게 시선을 주며 그들과 말없이 교감하고픈 시인의 마음이 느껴져서 좋다. 바쁘고 무심하게 흐르는 시간과 모두가 홀로인 공간 속에서 외로움은 다른 외로움을, 슬픔은 다른 슬픔을 알아보고 조용히 손을 내밀어 서로를 쓰다듬고 토닥거린다. 세상살이는 이럴 때 비로소 정겹고 사람은 이럴 때 비로소 아름답다. 더듬이를 감추고 살던 사람들이 가만히 더듬이를 뻗어 다른 이와 마음을 나누는 시간과 공간 속에 있을 때 더러는 세상의 변방에서 상처받은 채 삶을 견디는, 그 힘듦을 위로받는다.

자이언티가 〈양화대교〉를 부르면 팬들은 가사 단락의 끝마디를 함께 따라 부른다. "행복하자." "아프지 말고." 택시 기사를 하며 가정을 꾸렸던 아버지를 그리며 아픈 어머니에게 당부하고 스스로 다짐하는 내용이다. 노래의 진솔함은 청중에게 고스란히 전해진다. 무대 위 가수의 슬픔은 무대 아래 청중의 슬픔과 만나 서로를 알아보고 말없이 껴안는다. 이 노래는 2015년 9월 《복면가왕》이라는 프로그램에서 매력적인 보컬리스트 거미가 불러 역시 객석을 울렸다. 거미도 청중도 모두 이 노래가 갖는 슬픔에 침잠했다. 슬픔을 겪고 눈물을 흘려본 사람은 슬픔의 기억으로 자신을 진정시키고, 슬픔의 힘으로 고난을 견디어 낼 줄 안다. 결코 사람들과 세상일에 대해 함부로 말하고 처신하지 않는다. 그런 사람들의 눈길은 깊고 그윽하다. 달의 이지러진 부분까지도 시선을 주며 달을 제대로 그려낼 줄 안다. 그런 사람은 푸성귀 몇 단 팔려고 장터나 도로 한편에 쪼그리고 앉은 할머니의 물건값을 절대로 깎지 않는다. 그 할머니 뒤로 할머니의 어찌할 수 없음을 보기 때문이다. 그런 사람의 삶은 결코 허투루 하지 않다. 자이언티와 거미가 국수를 좋아하는지는 알려진 바가 없지만, 국수를 좋아하는 사람들을 이렇게 설정하고 싶은 까닭은 국수를 매개로 하는 풍경 속에는 어쩐지 물기와 온기가 있다고 느끼는 까닭이다.

피로를 완전히 회복한 구보 씨는 다시 길을 걷는다. 종로 4가의 종묘를 향해서였다. 1392년 조선이 개국하고 1394년 수도를 한양으로 정하자 개국의 총설계사 삼봉 정도전(三峰 鄭道傳, 1342-98)은 북악산 아래에 경복궁을 짓고, 동쪽과 서쪽에 각각 종묘宗廟와 사직단社稷壇을 두었다.

종묘에는 왕의 위패를 모시고 사직단에는 토지와 곡식의 신을 모셔 국가와 왕실의 번영을 기원하기 위함이었다. 이후 '종묘사직宗廟社稷'은 곧 국가를 의미하게 되었다.

조선조 역대 왕과 왕비 그리고 추존왕들의 신주를 봉안한 사당이다. 모두 19실에 19위의 왕과 30위의 왕비들이 모셔져 있다. 재위 기간이 극히 짧았던 정종 단종 문종, 폐위된 연산군 광해군의 신주는 보이지 않는다. 무조 익조 도조 환조 등 태조의 4대조들과 정종 단종 문종 현덕왕후 단경왕후 등은 정전 아래 위치한 영녕전永寧殿에 부묘되었다. 태조를 모신 곳이라 하여 태묘太廟라고도 한다. 1394년 12월 태조가 한양으로 천도한 직후 지었으나 임진왜란 때 소실되었다가 광해군 때인 1608년 재건했다.

월대와 그 위의 기단은 정전을 입체적으로 보이도록 하는 효과를 발한다. 정전은 조선의 건축물 중 바닥 면적이 가장 넓다. 구겐하임Gugenheim 미술관 설계로 유명한 건축가 프랭크 게리(Frank Gehry, 1929~)가 감탄했던 건축물이다. 게리는 건축가답게 월대 위와 아래에서 눈높이를 달리하며 정전을 음미했다. 구보 씨는 1967년 서울 방문길에 찾았던 이곳에서 처음으로 정전 건물을 마주하고선 단층인데도 그 건물의 사이즈와 디자인에 매료당했던 첫인상을 간직해왔던 터라 게리의 평가에 자신도 덩달아 고무되었던 기억이 새로웠다.

향대청 제관들이 대기하던 곳이 정전의 동서 양쪽에 자리 잡고 있다. 비를 피하던 회랑도 보인다. 장조莊祖로 추존된 사도세자와 마지막 임금 순종의 아들 영친왕의 위패는 오른쪽 끝방들에 모셔졌다. 영녕전 앞 〈배향공신 신주봉안도〉를 보니 1번 태조서부터 30번 순종까지 시계 방향으로 배치되어 있다. 종묘 제례는 1년에 춘분, 하지, 추분, 동지 그리고 납일(臘日. 동지로부터 세 번째 미일未日) 등에 다섯 차례를 지냈다. 종묘제례는 2001년 유네스코 세계 무형문화유산으로 지정됐다. 중국은 1966년부터 10년간 계속한 문화대혁명 기간에 공자孔子를 부정하며 전통문화를 철저히 파괴해버린 탓에 유교 발상지의 자존심을 굽히며 한국의 종묘제례를 배워갔다.

종묘와 창경궁을 잇는 육교 공사가 마무리 단계에 접어들고 있다. 그 옛날처럼 두 공간이 연결되면 구보 씨는 꼭 다시 와서 걸어보기로 마음먹는다.

종묘 입구

종묘 정전

종묘 안 호수와 전각들

21 인사동

배치와 조합을 달리하면
사물은 새로운 의미로 재탄생할 수 있다

인사동 쌈지마당

다시 종로 3가 쪽으로 방향을 틀어 예전 '떡집 골목'으로 부르던 낙원상가 옆 골목을 따라 인사동으로 들어선다. 인사동은 1896년 대한제국의 황제 광무제(光武帝, 고종)가 한성漢城의 중심지임을 알리는 표지석을 세웠던 곳이다. 이 표지석이 전국 지번의 기준이 되었다. '관훈동 194번지'였다. 순화궁順和宮 터이던 이곳이 강남이 편입되기 전 서울의 정중앙이었다. 조선 제11대 임금 중종(中宗, 1488~1544)이 딸 순화공주를 위해 지은 궁자리이다. 원래는 제4대 세종(世宗, 1397~1450)의 손녀 길안현주 이억천(吉安縣主 李億千)과 남편 구수영(具壽永, 1456~1523)의 저택이었다. 능성구씨綾城具氏 후손들이 대를 이어 살면서 제16대 인조(仁祖, 1595~1649)의 생모 인헌왕후(仁獻王后, 1578~1626) 구 씨도 이곳에서 태어났다. 제23대 순조(純祖, 1790~1834) 때는 안동 김씨로 좌의정을 지낸 김홍근(金弘根, 1788~1842)이 소유했다. 제24대 헌종(憲宗, 1827~1849) 사후 후궁 경빈 김씨(慶嬪 金氏, 1832~1907)가 이곳으로 나와 살면서 순화궁이 되었다. 구한말에는 이완용(李完用, 1858~1926)의 집이었다가 1918년에 궁내부宮內府 주임관奏任官 출신인 세종로 명월관 사장 안순환

조선극장   우미관

이 매입해 궁중음식점 태화관으로 변신시켰다. 안순환은 명월관이 그해 5월에 불타버리자 장춘관 주인 이종구에게 간판을 내주어 종로 3가 지금의 피카디리 극장 자리에 명월관 본점을 내도록 하고 자신은 태화관을 새로 연 것이었다. 이 태화관에서 1919년 3월 1일 한용운, 최린 등 민족 대표 33인이 모여 독립선언식을 거행했다. 현재는 하나로 빌딩이 들어서 있다《태화관》, 이상협, 1991).

 경성의 중심부답게 인사동 한복판에는 1922년 11월 6일에 조선극장이 세워졌다. 조선극장은 3층 건물이었지만, 엘리베이터가 있을 만큼 현대식이었다고 전한다. 당시 매일신보는 "개관식에 7백여 명의 하객이 왔고, 권번(券番, 기생 조합) 기생의 가무와 명창 이동백(李東伯, 1867~1950)의 독창, 만파회의 신극 그리고 활동사진 영사가 있었다."라고 보도했다. 종로2가 쪽 인사동 입구에 있었던 이 극장은 1936년 6월에 화재로 소실되고 지금은 대나무 숲이 되었다. 탑골 건너편에는 1920년 우리나라 최초의 상설영화관인 우미관이 들어서 1910년대부터 종로3가에 있던 단성사와 더불어 인사

단성사의 어제와 오늘

동 전성시대를 구가했다. 단성사는 1924년 극영화 《장화홍련전》에 이어 1926년에는 나운규의 《아리랑》을 상영했다. 우미관에는 매일 2천 명의 관람객들이 몰려 성황을 이루었다.

종로 쪽 인사동 입구의 탑골공원은 조선 제6대 세조가 고려 흥복사興福寺 옛터를 넓혀 원각사圓覺寺로 지은 절집이었다가 연산군과 정종에 이르러 억불정책이 강화되면서 헐려버린 절터이다. 1897년 영국인 맥리비 브라운(J. McLeavy Brown, 柏卓安, 1835~1926)의 건의로 서구식 공원이 세워졌다. 원각사 십층석탑이 남아 있어 '탑골(파고다Pagoda)공원'이라 이름 지었다. 브라운은 1896년부터 1905년까지 대한제국의 탁지부(度支部, 재무부) 고문으로 근무하며 한성 판윤(判尹, 시장) 이채연(李采淵, 1861~1900)과 함께 한성의 도시계획을 주도했다. 그의 영향으로 덕수궁 석조전이 지어졌고 종로와 남대문로의 폭이 넓어졌다. 브라운은 프러시아 왕립 악단 단장을 역임한 프란츠 에케르트를 초청해 대한제국의 군악대를 편성했다. 에케르트는 목요일마다 탑골공원에서 서양 음악 연주회를 열었다.

탑골공원 주변

왼쪽 골목에 자리 잡은 승동교회勝洞教會는 1893년 6월 미국인 선교사 사무엘 무어(Samuel Farman Moore, 한국명 모삼열, 1860~1906)가 가장 낮은 신분을 위해 세운 교회이다. "신분과 성별을 떠나 모두가 하나님의 자녀"임을 강조한 데 감화받은 백정 출신 박성춘이 곤당골(고운 담 고을)교회라는 이름으로 지금의 롯데호텔 근처에 건립한 것을 1905년 8월에 이곳으로 이전했다. 탑골공원과 승동교회 모두 1919년 3·1운동의 발상지였다(《근대를 산책하다》, 김종록, 다산초당, 2012).

구보 씨는 장구한 문화적 배경을 안고 있는 인사동 한복판으로 들어서며 이곳의 정체성이 무얼까 잠깐 생각하게 된다. 흔히들 '문화의 거리'라 일컫지만, 어쩐지 '먹자 거리'의 느낌이 더 강할 정도로 인사동은 무늬만 문화이고 속은 음식인 듯 여겨진다. 이 거리에 문화 향수享受를 목적으로 나오는 사람은 아트센터 등 몇몇 미술관 관람이 고작일 것이다. 그 미술관들이 '문화의 거리' 명성을 이루는 유일한 존재가 된다. 중국의 옛 거리 '꾸지예古街' 같으면 문구점, 고서점, 공예점 외에도 전통 약방들과 차를 마시며 중국 오페라인 '경극京劇'을 즐길 수 있는 차관茶館들이 포진하고 있을 터였다. 중국의 꾸지예에서는 음식점도 중국의 문화를 이루고 있지만, 인사동은 그냥 식당가를 방불케 한다. 이방인들은 꾸지예에서 '중국'을 느낀다. 그들이 인사동에서는 '한국'을 느끼기 어려운 듯 보여 구보 씨는 이 거리에 설 때마다 아쉬움을 느낀다.

구보 씨는 조선 시대에 이곳을 특징지었다는 회화나무들을 떠올린다. 느티나무와 닮았지만, 훨씬 기품이 느껴지는 나무이다. 그런 연유로 사대부들이 '양반의 나무'라 여긴 회화나무가 이곳에 밀집한 것은 고관대작들의 사저들이 많았던 까닭이었을 것이다. 공부하는 선비가 좋아했다고 하여 '학자수學者樹'라는 별칭도 갖는다. SK건설 사옥 옆에 아름드리가 굵고 키가 큰 회화나무 한 그루가 서 있다. '포스force'가 느껴지면서도 정감이 가는 나무이다. 구보 씨는 이런 회화나무들이 인사동 거리 양쪽으로 도열

인사동 회화나무

해 있고, 골목 곳곳에서도 보인다면, 이 공간이 훨씬 운치 있을 것이라 상상해본다.

명성황후(明成皇后, 1851~1895) 민비의 조카로서 조선조 말 정치에 몸담았던 민영익(閔泳翊, 1860~1914)의 집은 지금은 와인을 파는 양식당으로 바뀌어 있고, 부마(夫馬, 임금의 사위) 박영효(朴泳孝, 1861~1939)의 집은 찻집으로 개조돼 있다. 인사동의 유서 깊은 집들이 거의 예외 없이 음식점으로 변모했을 뿐 문화공간으로 활용되지는 못했다. 창덕궁 맞은편에 그런 공간이 하나 있긴 하지만, 외국인들에게 잘 알려진 이곳에도 한국음악이 매일 공연되는 공간이 마련되면 좋겠다고 생각해 본다. 풍류가 훈풍처럼, 시냇물 소리처럼, 대나무밭 바람 소리처럼 혹은 싸락눈처럼 다가오고 내려앉는 그런 공간들이 인사동의 매력이 될 터이다. 언젠가 북촌 어느 집 마당에서 접한 정가正歌의 우아한 기품과 해금의 애잔한 선율을 기억하는 까닭이다. 80년대에 인사동 길 건너 공간사랑空間舍廊에서 건축가 고 김수근(金壽根, 1931~1986)이 시도했던 퍼포먼스도 구보 씨에게는 깊은 인상으로 남아 있다. 김소희, 황병기의 소리와 가야금 연주가 있었고, 김덕수의 사물놀이에 강태환의 색소폰 그리고 공옥진, 이예주의 춤이 있었다. 실험 음악들도 선보였다.

구보 씨는 그러한 콘텐츠가 시민의 문화 수준을 함양하고 외국인들에게도 깊은 인상을 심어줄 것이라 믿는다. 북악산 자락 삼청각에 스위스 사업가를 초빙해 봄비 내리는 날 운무가 짙게 깔린 산을 배경으로 가야금을 연주함으로써 첫 조선 수주受注를 따냈던 현대 그룹 정주영 회장의 일화도 있다. 긍정적 의미의 '오리엔탈리즘Orientalism' 활용 사례일 터이다.

구보 씨는 자원이 약한 한국은 한정된 콘텐츠들이나마 재배치와 재조합을 통해 외국인을 유인할 수 있는 매력적인 관광 자원을 계속 개발해나가야 한다는 신념을 갖고 있다. 성교한 기획이 뒷받침된다면 판소리나 강강술래도 K—pop 못지않게 세계인의 마음을 얻을 수 있을 것으로 생각한다. 구보 씨의 이러한 생각은 진도 여행에서 구체화 된 바 있다.

2006년 전남 진도에서 구보 씨가 처음 접했던 강강술래는 대단히 인상적이었다. 4명이 서서 선창하고 30여 명이 원을 그리며 춤을 추다 후렴을 하는 형식인데, 느린 진양조로 시작하다가 빠른 자진모리, 휘모리로 넘어가면서 가락은 절로 신명을 띤다. 강강술래는 우수영으로 쳐들어오는 왜군에게 우리 쪽 군사가 많아 보이도록 위장하기 위해 이순신 장군이 부녀자들을 동원해 원을 그리며 돌게 한 데서 비롯되었다고 한다.

진도에서는 7월 백중, 8월 한가위에 부녀자들이 강강술래를 추며 시름을 달랬다. 이 지방 나이 든 아주머니들은 못 부르는 사람이 없다. 내용은 시집살이의 설움이나 친정어머니에 대한 그리움을 담고 있다. 이곳 말로 '짠한' 것들이 많다. 아낙들은 이 강강술래를 한바탕 뛰며 부르고 나면 "맺힌 응어리들이 눈 녹듯 씻겨 내려간다."라고 말한다. 노래를 통해 아낙들은 힘든 일상을 잠시 잊고 내일을 향한 힘을 찾곤 했던 것이다.

꿰자 꿰자 바늘귀 꿰자
바늘 가는 데 실이 가고
실 가는 데 바늘 간다.

고사리 꺾자 고사리 꺾어
지리산 고사리 꺾어다가
우리 오매 밥상에 드리자.

웬수 놈의 시집살이
원통해서 못 살겠네
놀자 놀자 덥썩 놀자.

새들소리 한 바람에
울고 가는 저 기러가
오동추야 달은 밝고
님의 생각 절로 난다.

가지 많고 키 큰 나무
바람 잘 새 없다더니
우리 부모 무슨 죄로
딸자식을 많이 낳았나
……

(강강술래 강강술래)

    강강술래 공연을 지켜보며 구보 씨도 신명을 참지 못해 박수하며 호응했다. 진도 노인들은 덩실덩실 춤을 추며 어쩔 줄 몰라 했다. 그야말로 '개구리 폴짝거리듯' 엉덩이가 들썩여졌다. 구보 씨는 이 공연이 전국적으로 보급되면 좋겠다고 생각했다. 마을마다 그룹마다 자기 사연을 담은 노랫말을 만들어 함께 부르고 춤추며 한바탕 노는 것이다. 지자체별로 경연대회를 개최해도 좋지 않나 싶다. 남녀 간, 노소 간, 지역 간 친목과 결속을 도모하는 훌륭한 소통 수단이 될 수 있을 터이다. 다문화 갈등까지도 해소할 수 있는 장이 될 수 있을 것이다. 국민적 붐 형성을 기반으로 정동극장 같은 상설공연장을 인사동에 두어 공연을 하면 그 율동과 리듬이 전 세계인의 마음을 휘감을 수 있는 인기 프로그램이 될 수 있으리라고 구보 씨는 판단한다.
    구보 씨는 종로경찰서 뒤장 옆 골목길에 있는 빵앗간 '노마드Nomad'가 문을 열었는지 들러보기로 한다. 오후 세 시면 손님 맞을 준비를 하는데 오늘은 좀 늦는 모양이다. 한가한 시간에 찾으면 또래의 늙은 주인이 틀어주는 김추자(1950~)의 〈님은 먼 곳에〉를 듣는 재미가 있다. 구보 씨는, 제대로 좋아한다는 말도 못 한 채 멀어져 간 사람을 그리는 그 노래가 이 집의 제목, '유목민'을 닮았다고 느끼곤 한다. 정처 없는 유목민들에게 사랑이란 내일을 기약하는 것만큼이나 쉽지 않을 터이다. 양 떼를 모는 목동들이 초원에서 조우해 필요한 정보를 주고받으며 짧은 만남의 시간을 가지고 나면 서로가 바람처럼 자기 길을 가는 일만이 남는다. 구보 씨는 이곳에서 사진작가, 화가, 시인, 뮤지션, 교수, 언론인 등과 조우했던 기억을 소중하게 간직하고 있다. 개성 있는 사람들이 우연히 만나 이야기를 주고받다 흩어지는 것이 이 집의 매력이다. SNS상에서 형성되는 얕은 관계보다는 깊이가 더해지지만, 그렇다고 발목을 붙잡을 정도는 아니어서 늘 편안하고 자유롭다. 어쩌다 들렀을 때 마주치면 반갑게 인사하며 다시 어울리는 그 정도의 관계성에서 적당한 기쁨을 만끽하곤 한다. 오랜 친구들에게서 받는 실망감을 맛보지 않아도 되는, 가벼운 터치의 만남이 제공하는 장점이다.

낙원상가에서 종로 3가로 이어지는 길가에 밤 장사를 하려는 포장마차들이 수레를 끌고 와 영업 준비를 서두르고 있다. 구보 씨는 포장마차 야시장도 서울의 꾸밈없는 관광 자원이 될 수 있다고 생각하면서 경복궁 왼편의 서촌西村으로 길을 향했다. 인왕산 자락길과 자하문 지나 백사실 계곡과 세검정, 홍지문, 무계원을 거쳐 청와대를 관통해 삼청동, 북촌으로 이어지는 코스를 택할 생각이다. 문화와 역사를 품고 있는 서울의 인문지로人文之路라 구보 씨는 조금 흥분되었다.

22 서촌 — 인왕산 자락길 — 자하문 — 세검정 — 삼청동

관조하자
자연과 하나 되는 경험을 할 수 있으리니

서촌西村은 경복궁의 서쪽 인왕산 아래의 마을을 지칭한다. 청운동, 신교동, 궁정동, 누상동, 누하동, 옥인동, 통의동, 통인동, 체부동, 필운동, 적선동, 창성동, 효자동, 정동 등을 아우른다. 조선 초에는 이 일대를 준수방俊秀坊이라 불렀다. 세종이 이곳의 잠저潛邸에서 태어났다. 이곳을 '세종마을'로 부르는 연유이다. 뒤를 이어 송강 정철(松江 鄭澈, 1536~93), 백사 이항복(白沙 李恒福, 1556~1618), 겸재 정선(謙齋 鄭敾, 1676~1759), 추사 김정희(秋史 金正喜, 1786~1856) 등이 살았고, 근현대에 들어서는 춘원 이광수(春園 李光洙, 1892~1950), 횡보 염상섭(橫步 廉想涉, 1897~1963), 청전 이상범(靑田 李象範, 1897~1972), 현진건(玄鎭健, 1900~43), 이상(李箱, 1910~37), 노천명(盧天命, 1911~57), 이중섭(李仲燮, 1916~56), 윤동주(尹東柱, 1917~45), 천경자(千鏡子, 1924~2015), 박노수(朴魯壽, 1933~72), 김광규(金光圭, 1941~) 등이 기거했다(《daum백과》). 모두가 글과 글씨, 그림이 빼어났던 예술가의 면면이고 보면, 이곳은 예촌藝村으로 불러도 무방할 듯싶다. 서촌은 경복궁이 가까워 왕족들이 많이 살았지만, 조선조 후기에 들어서는 서리와 아전 등 중급 이하의 관리들이 모여 살면서 통

244

속 문학을 뜻하는 '위항委巷 문학'을 태동시킨 역사를 안고 있다. 장혼, 차좌일, 조수삼, 김낙서, 이경연, 왕태 등 중인이나 서얼 출신 문사들이 그 중심에서 활동했다. 정조 10년인 1786년 옥류동에 살던 천수경千壽慶이 자신의 집 송석원(松石園. 후일 윤덕영의 별장 벽수산장)을 주 무대로 시 모임을 열고 오늘의 백일장 격인 '백전白戰'을 치르며 문장을 뽐내면서 '송석원 시사詩社'의 전설이 시작됐다. 이 시사의 회원인 왕태는 술집 머슴의 신분으로 시재詩才를 발휘했고, 조수삼(趙秀三, 1762~1849)은 백전에서 기량을 연마해 83세의 나이에 과거에 합격하는 기염을 토했다. 추사 김정희가 현액을 써주었을 만큼 이 시사의 명성이 자자했다《Daum 백과》. 예촌의 지문이 드리운 곳이 아닐 수 없다. 20세기 들어서도 수많은 문인과 화가들이 이곳으로 몰려든 데는 이런 땅의 배경이 작용했을 것이다.

구보 씨는 문득 서촌을 배경으로 한국판 《Midnight In Paris》를 만들 수도 있지 않을까 생각해 본다. 우디 앨런(Woody Allen, 1935~)의 2011년 작인 이 공상 영화에는 한 미국 여행객이 타임머신을 탄 채 어니스트 헤밍

웨이와 파블로 피카소, 살바도르 달리, 앙리 마티스, 스콧 피츠제럴드, T.S 엘리엇, 조세핀 베이커, 거투르트 스타인 등이 교유하던 20세기 초 파리의 밤 풍경속으로 들어가 그들과 어울리는 이야기를 그리고 있다. 독보적 무용가 최승희와 프랑스 유학파 화가 나혜석, 권번 소리꾼 선우일선을 끼우면 파리에 못지않는 20세기 초 서촌 밤풍경을 연출할 수 있을 것이라 여겨진다.

방화를 좋아하는 구보 씨가 EBS의 〈주말의 명화〉에서 시청했던 1956년 이용민 감독 작품《서울의 휴일》의 배경지도 바로 이곳이었다. 구보 씨의 기억으로는 영화에 비친 당시 이 동네의 풍경은 왜식 집 일색이었다. 지금은 대부분 헐리고 없어졌다. 곳곳에 아담한 카페와 레스토랑들이 숨어 있다. 젊은 커플들이 좋아할 만한 집들이다.

서촌은 북촌에 비해 한미한 곳이었는데 북촌의 조선집 잉여 수요를 채우면서 면모를 일신하고 있다. 곳곳에 신축한 조선집들이 눈에 띈다. 통인시장에서 간장 떡볶이를 간식으로 먹은 후 19세기 말의 조선집을 재현한 문화공간 상촌재上村齋와 유서 깊은 보안여관, 오래된 책방 대오서점, 이상이 살았던 기와집, 박노수 화백의 양옥, 윤동주의 하숙집터 등을 기웃거리다 구보 씨는 옥류동으로 올라간다.

인왕산 자락 수성동水聲洞 계곡은 구보 씨가 서울 풍경 가운데서 이쁘다고 여기는 곳 중 하나이다. "물소리가 들리는 동네"라는 이름에 걸맞게 옥류천이 시원하게 흘러내린다. 서울시를 동서로 관통하는 청계천의 발원지이다. 가족과 떨어져 누상동에 혼자 살던 이중섭이 잠시나마 외로움을 잊고 물놀이를 했던 곳이기도 하다.

구보 씨는 이곳이 조선 시대 선남선녀들의 데이트 장소가 되고도 남았을 것으로 짐작한다. 도심에서 가깝고 봄이면 매화, 산수유, 작약, 민들레, 도라지꽃 등이 만발하고 물소리와 새소리가 청량감을 더해주었을 그때 그 시절 이곳은 청춘들의 사랑을 받았을 개연성이 커 보이는 까닭이다. 세종의 아들이자 세조의 동생인 안평대군(安平大君, 1418~53)은 인문학적 소양이 뛰어났던 인물답게 이곳을 좋아해 비해당匪懈堂을 짓고 살았고, 이웃한 부암동에는 무계정사라는 별장도 두었다. 그는 이 일대에서 서회書會와 등산, 활쏘기 등 풍류를 만끽했다. 안평은 잠 속에서도 이 일대의 선경을 꿈꾸었을 정도로 이곳에 탐닉했으나 정난靖難에 휘말려 35살 젊은 나이에 형에게 죽임을 당한다. 아버지 세종은 형제간의 반목을 우려했던 모양이다. 생전에 안평을 불러 형인 "문종(文宗, 1414~52)을 잘 보필하라며 '숙야비해 이사일인夙夜匪解 以事一人'을 일렀다."라고 조선왕조실록은 적고 있다. 《시경》의 〈증민蒸民〉편에 나오는 구절로서 '밤낮없이 임금을 섬기라'는 당부였다. 이 글귀에서 그의 당호 '비해당匪懈堂'이 탄생했다. 안평은 큰형 문종이 일찍 세상을 떠나고 조카 단종(端宗, 1441~57)이 12세의 나이로 왕위에 오른 1453년에 둘째 형 수양대군(首陽大君, 1417~68)이 일으킨 쿠데타 계유정난癸酉靖難을 당한다.

단종을 내쫓고 왕위에 오른 수양은 "김종서, 황보인 등과 함께 반역을 도모했다." 하여 안평을 강화도로 유배 보낸 후 사약을 내린다. 안평대군이 유배지에서 사사될 때까지 이곳 수성동을 사무치게 그리워했을 것임은 짐작하기 어렵지 않다.

겸재 정선(謙齋 鄭敾, 1676~1759)은 〈장동팔경첩壯洞八景帖〉 화폭에 이 계곡을 담았다. 평생을 금강산 그리기에만 몰두했던 화가가 이곳 풍경에도 마음을 주었던 것이다. 구보 씨는 겸재의 그림 동판이 비치된 지점에서 겸재의 시선으로 이 계곡을 바라본다. 자그마한 돌다리 기린교는 그림 속 그 자리를 제대로 찾아 앉은 느낌이 든다. 경제 논리를 좇아 이 절경을 허물고 아파트를 지었던 오류를 늦게나마 수정한 서울시의 수성동 복원 작업은 칭찬받아 마땅한 국토회복운동이라고 구보 씨는 다시 한번 높이 평가한다. 그러한 노력이 있어 구보 씨를 포함한 국민은 자기가 속한 국토의 품격이 높아졌다는 뿌듯한 자긍심을 갖게 된다.

수성동 계곡

겸재 정선의 인왕재색도와 실경

창의문

참새 한 마리가 비명을 지르며 황급히 숲속으로 달아난다. 사냥감을 놓친 참매가 다시 하늘로 솟아오르고 있다. 자운영이 바람에 흔들린다. 수성동 계곡에서 자하문에 닿는 인왕산 자락길은 도심 속 깊은 산길의 정취를 풍긴다. 이 길은 멈춰 선 시간 속을 걷는 느낌을 준다. 구보 씨가 일군의 친구들과 즐겨 걷는 코스인데 그때마다 마치 설악산을 서울에 옮겨다 놓은 듯한 인상을 받곤 한다. 가을이면 더욱 그러하다.

청운동의 자하문紫霞門은 창의문彰義門이 원래 이름이다. 조선 시대 한양의 4소문四小門 가운데 한 곳이었다. 북쪽으로 가려면 반드시 이 문을 통과해야 했다. 1623년 광해군 15년에 일어난 반정 때 능양군(綾陽君 倧, 인조)을 비롯한 반군들이 "정의 구현!"을 표방하며 이 문을 도끼로 부수고 경복궁으로 향했다. 인조는 광해군의 명청明淸 등거리 실용 외교 노선을 '배신'으로 규정하며 만주의 신흥세력 청을 무시하고 기울어가던 명에 의리를 지키려다 1636년 12월 병자호란을 당한다. 인조는 버티던 남한산성에서 나와 항복하며 청 태종에게 세 번 절하고 머리를 땅에 9번 찍는 '삼전도(三田島, 송파)의 치욕'을 겪는다. 조선은 신하의 예, 명 연호 폐지, 왕과 귀족의 자녀 인질 등 청의 요구를 감수해야 했다. 청은 부녀자 20만 명을 포함해 조선인 50만 명을 끌고 갔다(최명길崔鳴吉,《지천집遲川集》). 이때 끌려갔다가 능욕을 당하고 살아 돌아온 부녀자들을 '환향녀還鄕女'라고 부르며 멸시했다. 가문의 치욕이라며 자진할 것을 종용한 가문도 많았다. 오늘날 '색을 밝히는 여성'을 뜻하는 '화냥년'의 어원이다. 무력한 여인들을 그 지경으로 몰고 간 책임이 그들 사대부의 무능 탓이라는 생각은 하지 않았다. 광해군의 명청 등거리 외교 정책은 그의 폭정과 분리해서 평가해야 마땅했지만, 명에 대한 사대가 판단을 흐리게 했다. 정치는 한 면만 보고 평가할 일이 아님을 확인한다. 전 정권의 정책을 전면 부정하려는 한국 정치의 경향성은 예나 지금에나 여일하다. 실리에 기조해 판난하기보다 명분이나 이념을 우선시하는 민족의 오래된 습성 탓이다. 기실 그 명분이나 이념이 도움은커녕 피해를 안기기만 해도 사고의 틀을 바꾸려 들지 않는다. 1567년 조선 제14대 선조(宣祖, 1552~1606)가 즉위하자마자 김효원과 심의겸이 이조 전랑吏曹銓郎이라는 벼슬을 놓고 서로 인맥을 동원해 다투면서 시작된 편 가르기 싸움, 당쟁은 이후 18세기 들어 외척·세도정치에 자리를 넘겨줄 때까지 조선의 정치를 좌우했다. 인조반정 역시 서인이 집권파인 대북파(大北派, 북인 계열)를 몰아내고 권력을 차지한 정변이었을 뿐이다. 구보 씨는 한국의 현재 역시 동인과 서인에서 출발해 남인, 북인과 노론, 소론 등 사색당파들이 권력을 잡기 위해 당쟁을 벌였던 조선 중기의 연장선상에 머물러 있을 뿐이라고 생각한다. 이 당쟁은 조선 민초의 삶을 피폐하게 만들었다. 그 가운데서도 호남이 가장 큰 피해를 당했다. 기축사화己丑士禍로 부르는 정여립 모반 사건 탓이다. 1589년 10월 황해감사 한준이 "정여립(鄭汝立, 1546~89)이 주도하는 세력이 전라도와 황해도를 중심으로 반역을 꾀하고 있다."라는 장계를 올렸다. 동인들의 집권 시기였고, 정여립은 예조 좌랑과 수찬을 지낸 후 벼슬에서 물러나 고향 전주에 칩거하고 있었지만, 동인에 속했다. 진보적 성향이었던 정여립은 평소 직언을 서슴지 않아 선조와 서인의 실력자 율곡 이이(栗谷 李珥, 1536~84)의 눈 밖에 나면서 화를 자초했다. 정여립은 '한 임금에게만 충성한다'라는 불사이군不事二君을 부정하며 체제에 불만을 가지고 있긴 했지만, 이 사건에는 송강 정철(松江 鄭澈, 1536~93) 등 서인들의 음모가 개입했다고 전해진다. 선조가 정여립을 미워하고 동인들을 못마땅하게 여기자 서인들의 조직적인 조작이 가세했다는 것이다. 서인의 강경파 조헌(趙憲, 1544~92)이 길주로 유배당하고, 영수 격이던 영의정 출신 박순(朴淳, 1523~89)이 별세하면서 서인이 총체적 위기에 처했던 상황이었다(《daum 백과》). 《선조실록》 19권은 이경진 등 서인들이 경연에서 정여립을 비판하고 상소하는 내용으로 가득하다.

옥사가 발생하자 낙향해 있던 정철이 우의정을 제수받고 이 사건의 총책임을 맡아 엄혹하게 진상 조사와 처리에 나선다. 정여립과 관련이 있는 인사들이 모두 숙청당하는데, 그 대부분이 호남 출신들이었다. 사실 확인 작업도 제대로 거치지 않은 채 이루어진 이 옥사로 호남 인사들이 대거 제거당하고, 전라도가 '반역의 땅'으로 몰리면서 '호남 차별'이 시작되었다. 3년 후 임진왜란이 발발하는 풍전등화의 위기 상황이었음에도 사대부들은 권력 쟁탈에 여념이 없었다.

예나 지금이나 한국 정치는 갈등 주체들이 타협점을 설정하지 않고 자기주장을 밀어붙이기만 하는 경향을 보인다. 어느 정도 선에서 만족을 얻으면 상대에게도 결실을 나눠주는 윈윈win-win의 정치를 하지 않는다. 불타협을 지향하는 정치의 결말은 정해져 있다. 일방적 해결책을 찾기가 난망일뿐더러 상대에 대한 원망만 더하게 된다. 패자는 승자를 인정하지 않고, 승자는 패자를 배려하지 않는 증오의 정치만이 계속된다. 끈을 묶을 때는 풀 때를 생각해 용이한 매듭법을 써야 한다. 당장만 생각해 꽉 묶어 버리면 풀 때 애를 먹는 법이다. 대립 구도를 설정해 권력 쟁탈전에 이용하려는 속셈이 아니라면, 정치도 매듭과 같아서 쉽게 풀 수 있도록 양보와 절충의 지혜를 동원해야 비로소 국민의 삶이 편안해진다.

구보 씨는 다시 걸음을 옮긴다. 창의문에서 성벽을 따라 계단 길을 올라가면 숙정문肅靖門에 닿는다. 이 북대문은 북악의 음기가 도성으로 유입되지 않게 막아야 한다는 풍수지리설을 좇아 특수한 경우를 제외하고는 늘 닫아 놓았다. 음기에 노출되면 한양 남녀들의 성 풍속이 문란해진다는 것이었다. 2020년 7월 9일 박원순(1956-2020) 서울 시장이 이 문 근처에서 생을 마감하는 사건이 발생해 세인들을 놀라게 했다. 전 여비서가 "자신을 지속적으로 성추행했다."라며 경찰에 고소한 이튿날이었다. 그는 왜 이곳을 최후의 장소로 택했을까? 음기가 센 땅이 작용한 탓이었을까? 구보 씨는 그의 갑작스러운 죽음을 놓고 우리 사회가 이분되어 갑론을박하는 현상을 지켜보았다. 비난 대 옹호의 구도였다. "죽었더라도 가해자의 잘못은 밝혀야 한다.", "서울시 장葬은 가당치 않다."라는 시각과 "성추행은 없었다.", "공로가 많았으니 시민장의 자격이 된다."라는 입장이 맞선다. 가해자로 지목당한 당사자가 피해 여성의 '미투' 고소가 있었음을 알자마자 스스로 목숨을 끊었음에도 지지자들은 "잘못이 없다."라고 강변한다. 이 와중에 "그저 인간답게 살 수 있는 세상을 꿈꾼다."는 피해 여성은 옹호론자들에게 '신상털이' 등 2차 피해를 입는다. 피해자의 자기 방어권 발동을 살인으로 내몰고 있다. 옹호론자들은 "너는 깨끗하냐?"라고 반문하며 비판론자들을 율법만 따지는 '바리새인'으로 치부한다. 비판을 상대 진영의 공격으로 치부하는 것이다. 범죄를 그저 "흠"이라고 여기고, 사적인 고통을 공적 영역에 호소한 피해자의 처신을 "한때 모시던 분에게 그럴 수가 있느냐?"라고 비난하는 부류의 대응은 그들도 잠재적 범죄자임을 고백하는 것으로 비친다. 구보 씨의 뇌리에 접시 위에 올려진 요한의 머리가 스친다. 이탈리아의 카라바조(Caravaggio, 1571~1610)가 그린 〈세례 요한의 머리를 받는 살로메〉라는 유명한 그림이다. 유대의 왕 헤롯(Herod, BC73~BC4)이 이복동생의 아내이자 또 다른 이복동생의 딸이기도 한 헤로디아를 취하는 패륜을 저지르자 왕을 비판한 요한은 목이 잘린다. 19세기 영국의 극작가 오스카 와일드(Oscar Wilde, 1854~1900)가 헤로디아의 딸 살로메가 '요한에게 실연당하자 저지른 복수'로 각색한 바 있지만, 요한은 옳고 그름을 적시하다 죽임을 당한 것이다. 요한을 달갑게 여기지 않는 시각이 들끓는 사회가 지향하는 곳은 어디인가. 구보 씨는 며칠 전 계속 드러나는 정치인들의 가벼운 처신을 개탄하자 "나는 흠이 없는가 돌아보게 된다."라고 겸손을 보이는 친구의 언급에 고개를 갸우뚱했던 기억을 되짚는다. 잘못을 통렬하게 인정하는 자세가 '정의 구현'의 역사였음을 서로가 익히 아는 까닭에 그의 반응이 과공비례過恭非禮로 비쳤던 것이다. 피해자가 겪었을 고통은 외면한 채 세상의 비판을 "피해자 중심주의"의 발로나 "미투의 교조화"라고 불만스러워하는 견해에 구보 씨는 반감을 느낀다. 기본적인 인권마저 진영논리로 재단하려는 탓이다. 중심에 서야 마땅한 '사람'은 빠진 채 진영만이 남은 형국이다. 공부를 많이 하고 사회적으로 성취를 이루어 그럴듯해 보이는 엘리트들이 겉모습과 다르게 허약한 내면을 드러내는 일련의 사태들을 지켜보며 구보 씨는 모래성을 생각한다. 인간에 대한 배려와 존중을 결한 채 쌓아 올린 지식이나 업적이 스스로 인격체로 다듬기에는 얼마나 부족한지를 새삼 확인하는 것이다.

구보 씨는 며칠 전 감동으로 지켜보았던 TV 프로그램의 한 장면을 떠올렸다. 무명의 시절을 보내다 오디션을 거쳐 성공 가도에 들어선 장민호, 영탁, 임영웅 세 젊은이가 서로 격려하고 배려하며 우정을 이어나가는 모습이었다. 어렵던 시절 조금 형편이 나았던 장민호가 두 동생에게 남몰래 용돈을 주었고, 성공한 동생들이 형의 곡을 부르며 감사의 정을 표한다. 경연 과정에서도 경쟁에 따른 시기나 질투를 보인 적이 없다. 손뼉 치고 포옹하며 축하해주고 "괜찮다."라고 격려해주는 모습뿐이었다. 오늘날 이 땅의 정치 한다는 사람들의 인성이 저들의 발꿈치에라도 닿을까, 생각하다 구보 씨는 고개를 가로젓는다. 기본적 가치마저 유불리에 따라 선택적으로 가려 시비를 판단하는 진영의 인지부조화가 사라지지 않으면 한국의 민주주의가 도로 후퇴할 것이라는 비관적 전망에 씁쓸해졌다.

백사 이항복(白沙 李恒福, 1556~1618)이 지냈다는 백사실 별서는 지금도 숲속에 숨은 듯 자리 잡고 있는데 조선조에는 첩첩산중이었을 것으로 짐작된다. 주변은 숲과 계곡에 둘러싸여 있고 집터 앞에는 연못을 파놓았다. 전형적인 조선 정원의 형태이다.

여론보다는 대의를 좇았던 백사의 인간 됨이 엿보이는 별장이다. 도승지, 병조판서, 이조판서, 홍문관, 대제학, 우의정을 거쳐 좌의정에까지 올랐으나 인목대비를 폐하려는 광해군을 비판하며 맞섰다가 함경북도 북청 유배에 처해 그곳에서 생을 마감했다. 그의 죽마고우인 한음 이덕형(李德馨, 1561~1613) 역시 영의정에서 쫓겨난 후 먼저 세상을 하직했다. 두 사람은 '오성과 한음'으로 불리며 '조선의 관중과 포숙'으로 존경받았다. 춘추

시대 제齊나라의 관중과 포숙이 나눈 우정은 '관포지교管鮑之交'로 널리 알려져 있다. 오성과 한음은 각각 송유진宋儒眞 내란을 진압하고 임진왜란 과정에서 왜군과 교섭을 펼치는 등 국난을 극복하는 데 큰 역할을 했다. 광해군은 어린 이복동생 영창대군(永昌大君, 1606~14)과 그 모친 인목대비 제거에 집착하는 편협함을 떨치지 못하고 두 충신을 배척했다. 광해군은 이런 유능한 신하를 거느릴 만한 그릇이 아니었다. 이곳은 누군가가 바위 위에 '백석동천白石洞天'이라고 새겨놓았을 만큼 선경을 자랑한다. 도롱뇽이 서식하는 청정 자연이다. 산 아래서 만난 마을 노인들의 증언에 따르면, 이 일대는 일제 강점기에 '한성라사'라는 유명 양복점의 소유였다가 해방 후 LG 그룹이 인수하면서 분할매각됐다. 1960년대 후반에 노후 건물이 무게를 이기지 못하고 주저앉으면서 지금은 주춧돌만 남았다. 구보 씨는 별서터 뒤쪽 약수터에서 땀을 씻고 약수를 들이켜 갈증을 삭인 후 다시 산길을 걸어 내려갔다.

곧이어 세찬 물줄기가 흘러내리는 바위 위에 삼각산 현통사 풍광이 나타난다. 구보 씨는 이곳에 설 때마다 이토록 수려한 풍경이 서울 속에 존재한다는 사실에 뿌듯함을 느낀다.

하산해서 개천을 따라 내려가면 세검정이 등장한다. 세검정洗劍亭은 조선 제21대 영조(英祖, 1694~1776)가 '한양의 인후(咽喉: 목구멍)'로 여겨 1747년 이 일대에 오늘날 수방사 격인 총융청摠戎廳을 설치하면서 군사들의 쉼터로 지은 정자다《궁궐지(宮闕志)》. 정조는 총융청에서 별시사別試射를 행한 후 세검정에 들러 현판으로 걸린 영조의 어제시御製詩를 감상하고 그 시에서 운을 따 수행한 신하들에게 칠언절구를 짓도록 명하곤 했다《정조실록》 31권.

이곳은 삼각산과 북악산, 인왕산 등 세 산에서 물이 흘러내려 큰비가 올 때면 우레같은 물소리와 함께 장관을 이루었다. 지금의 차도가 없던 시절 풍경이다. 정조 때 다산 정약용(茶山 丁若鏞, 1762~1836)이 그 광경을 남겼다. 다산은 1791년 여름 명동서 놀고 있다가 큰비가 내릴 조짐을 보이자 친구

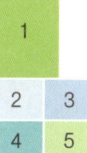

1. 백사실 계곡
2. 계곡 이정표
3. 백석동천
4. 백사실 터
5. 백사실 연못

세검정

들을 선동해 서둘러 세검정으로 말을 달렸다.

신해년 어느 여름날 나와 한혜보 등 여러 사람이 명례방에서 자그마한 술자리를 가졌다. 술잔이 돌고 있는데, 갑자기 하늘이 먹구름으로 까맣게 변하더니 천둥과 번개가 우르르 울리기 시작했다. 내가 술병을 차고 벌떡 일어나 "폭우가 쏟아질 징조일세. 자네들 세검정에 가보지 않겠나? 거기에 가지 않는 사람은 내가 벌주로 술 열 병을 주지."라고 했다. 그러자 모두 좋아하였다. (중략)
창의문을 나서자 빗방울이 서너 개 떨어졌는데 크기가 주먹만큼 하였다. 말을 달려 정자 밑에 이르자 수문 좌우의 산골짜기에서는 이미 물줄기가 암수의 고래가 물을 뿜어내는 듯하였고, 옷소매도 또한 빗방울에 얼룩졌다.
정지에 올라 자리를 펴고 난간 앞에 앉아있으려니, 수목은 이미 미친 듯이 흔들렸고 한기가 뼈에 스며들었다. 이때 비바람이 크게 일어나더니 산골 물이 갑자기 흘러내려 눈 깜짝할 사이에 계곡은 메워지고 물 부딪치는 소리가 아주 요란하였다. 흘러내리는 모래와 구르는 돌이 내리치는 물속에 마구 쏟아져 내리면서, 물은 정자의 초석을 할퀴고 지나갔다. 그 형세는 웅장하고 소리는 맹렬하여 서까래와 난간이 진동하니 오들오들 떨려 편안치가 못하였다.
내가 "어떻소?" 물으니, 모두 "이루 말할 수 없이 좋다."고 말했다. 술과 안주를 가져오게 하고 익살스러운 농담을 하며 즐겼다. (중략) 서로를 베고 누워서 시를 읊조렸다. (후략)

―유세검정기遊洗劍亭記, 다산 정약용

같은 대상의 다른 이미지를 보는 것은 큰 즐거움이다. 맑은 날의 세검정과 비 내리는 날의 세섬성이 천앙시차를 보일 깃임은 상상하기 어렵지 않다. 다산의 이날 행차에 지각해 장관을 놓친 심화오처럼 대부분은 시도하지 않는 데에 일반과 다산의 차이가 있다. 관조를 아는 사람과 그렇지 못한 사람의 차이이다. 이 차이는 한 인간의 기호에서 그치는 게 아니라 그 개인의 인생관 나아가 그가 속한 사회의 가치관에까지 영향을 미친다. 발견이 인식의 외연을 넓혀주는 까닭이다. 구보 씨는 2003년 9월 6일 태풍 '매미'가 불던 날 청계산에 올라 장엄한 자연의 속살 같은 이미지를 훔쳐본 적이 있어 다산의 시도를 이해하는 기분이 되었다. 구보 씨는 세검정 정자에서 다산의 기분이 되어 계곡을 바라보며 휴식을 취했다. 잠시 눈을 붙이면 꿈속에서라도 다산을 만날 수 있지 않을까, 하는 마음이 되었다.

1883년 조선 보병사 미국 사무관이던 퍼시빌 로웰(Percival Lawrence Lowell, 조선명 魯越, 사업가·수학자·천문학자, 1855~1916)도 여행기에서 세검정에 관한 글을 남겼다. 로웰은 명성을 좇아 찾아간 세검정에서 역시 풍경 구경을 나온 규수를 목격하고선 넋이 나갔던 모양이었다(《daum 백과》). 그럴 정도로 이곳은 독특한 아름다움을 뽐냈던 모양이다. 쉼터에서 조우한 80대 후반의 마을 노인들 얘기로는 상명대학교와 주택들이 들어서 있는 평창동에서 자하문이 있는 청운동까지는 온통 과수원이었다. 살구를 비롯해 능금, 자두, 앵두, 복숭아가 지천이었다. 십리 길을 걸어 청운국민학교로 등하교할 때마다 달콤한 과일 향에 젖었다고 추억한다. 공간 전체가 침샘을 자극하던 곳이었으나 지금은 그 많던 과일나무들을 한 그루도 찾아보기 어려워졌다.

상명대 삼거리 왼쪽 바위 언덕을 대원군은 '석파石坡'라 부르며 자신의 당호로 삼고 별장 석파정石坡亭을 마련했다. 1950년대에 서예가 소전 손재형(素田 孫在馨, 1903~1981)이 석파정 아래에 조선집을 지으면서 석파정 건물 가운데 청나라풍 사랑채 한 동을 옮겨 놓았는데, 그 건물이 지금은 '석파랑石坡廊'이라는 한정식집으로 바뀌었다. 이 청나라풍의 건물은 김정희의 〈세한도歲寒圖〉에 묘사된 모옥을 연상시킨다.

홍제원 쪽으로 걸어가면 홍지문弘智門과 탕춘대蕩春臺가 나타난다. 홍지문은 탕춘대성의 성문으로서 1715년 숙종이 한양도성과 북한산성을 보호

석파정

하기 위해 세웠다. 한북문漢北門으로도 부르며 폐쇄된 숙정문 대신 실질적인 북대문北大門 역할을 했다《궁궐지(宮闕志)》. 세검정보다 이곳의 풍광이 더 스케일이 있어 보인다. 폭군 연산군(燕山君, 1476~1506)이 이곳 경치에 반해 수각水閣을 짓고 미희들과 풍류를 즐겼다는 기록이 1506년 1월 27일《연산군일기》에 전한다. 다산茶山도 이곳의 웅장한 경관을 좋아했다. 정조 때 영의정을 지낸 채제공(蔡濟恭, 1720~99)의 아들 채홍원과 탕춘대 폭포수를 구경하던 추억을《다산시문집》에 남겼다. 조금 더 아래에는 옥천암玉泉岩이 있다. 우리나라 하천에서는 유일하게 용처럼 기다란 바위가 2백여 미터 길이로 뻗어 있다. 마을 노인들은 이 바위에서 부인네들이 빨래하고 아이들은 물놀이하며 여름을 보냈다고 회고한다. 옥천암 옆에는 절집 옥천암玉泉庵이 들어서 있다. 19세기 말에 명성왕후가 세운 암자이다. 기도빨이 세다고 알려진 곳이다. 흥선대원군의 부인도 아들 고종을 위해 이곳 '부침바위'에서 치성을 드렸다고 전해진다.

 세종 29년이던 1447년 4월 스물아홉의 왕자 안평대군(安平大君, 1418~53)은 꿈을 꾼다. 붕우인 박팽년(朴彭年, 1417~56)과 더불어 복숭아꽃이 만발한 마을을 산책하는 꿈이었다. 안평은 꿈에서 본 장소로 자신의 별서別墅 무이정사(武夷精舍, 혹은 무계정사) 주변을 지목하고 당대의 화가 안견安堅에게 그림으로 그리도록 했다. 현 부암동 주민센터 뒤쪽인 이 인왕산 자락에는 왕자가 활을 쏘고 시화를 즐기고 책을 읽던 풍류가 있었던 곳이다. 안견은 3일 만에 저 유명한 〈몽유도원도夢遊桃源圖〉를 탄생시킨다. '꿈에 복숭아 화원을 거닐었다'라는 40cm*105cm 크기의 이 그림에 안평은 글을 남기며 "천년을 갈 그림"으로 자부했다. 지금은 이 땅이 아닌 일본 덴리대天理大에 보관돼 있다《안견과 몽유도원도》, 안휘준·이병한, 예경, 1991). 안타까운 일이다.

부암동 일대는 풍광이 빼어나 세종 때 안평대군의 무이정사를 비롯해 연산군 때 탕춘대蕩春臺, 영조 때 세검정洗劍亭, 정조 때 이항복의 백사실白沙室 별서 그리고 고종 때 흥선대원군의 별장이던 석파정石坡亭과 윤치호(尹致昊, 1865~1945)의 부친 반계 윤웅렬(磻溪 尹雄烈, 1840~1911)의 별장 등이 차례로 자리 잡았다. 안평의 무계정사가 있던 자리에는 종로구 익선동에 있던 오진암梧珍庵 건물을 이전해 2014년 3월 무계원武溪園으로 명명함으로써 안평의 고거故居를 대신하게끔 꾸며놓았다. 오진암은 1910년대에 지어진 서울시 등록음식점 1호로서 한때 유명 요정이었다. 이웃한 곳에 〈빈처〉, 〈운수 좋은 날〉의 작가 현진건(玄鎭健, 1900~43)의 고거와 소나무가 비스듬히 기울어져 있어 '소나무집'으로 부르는 멋진 가옥도 보인다. 이곳의 몽환적 풍경이 사람들을 끌어당긴 까닭일 것이다. 무계원 뒤쪽의 언덕배기를 내려오며 맞은편 백사실 계곡 쪽을 조망하던 구보 씨는 까닭 모를 희열이 온몸을 감싸는 것을 느끼며 잠시 멈추어 섰다. 길 위에 선 사람만이 맛보는 미장센의 선물일 터였다. 안평대군도 능히 이런 감정을 가졌을 것이라 상상해본다.

구보 씨는 부암동의 봄 풍경을 곱게 장식했다는 살구꽃을 그리며, 그 살구나무들이 여전히 이 공간을 덮고 있다면 숨이 막힐 듯 고혹적이었을 것이라고 아쉬워한다.

구보 씨는 일군의 비구니 스님들이 승복과 밀짚모자 차림으로 살구꽃 흐드러진 풍경 속을 걸어가던 1980년대 경상북도 청도의 미장센을 떠올리며 살구 꽃잎이 바람에 나부끼는 부암동 거리를 꿈속에서나마 만나고 싶다는 열망에 사로잡혔다. 부암동은 살구나무가 사라지면서 생명력을 잃은 것이나 진배없다는 느낌이 강하게 일었다.

홍지문

안견의 몽유도원도

몽유도원도 실경

1. 무계원
2. 윤웅렬 별장
3. 부암동에서 바라본 북한산
4. 부암동 한양도성
5. 소나무집

부암동에서 다시 천천히 길을 따라 내려간다. '윤동주 언덕'이 오른쪽에 나타난다. 윤동주가 연희전문을 다니며 누상동에서 하숙을 했으니 마을 뒷산에 올라와 서촌 일대를 조망하지 않았겠느냐는 추측이 만든 공간이다. 윤동주는 누상동 9번지에서 다섯 달 남짓 살면서 열 편의 시를 썼을 정도로 이 지역은 그의 창작 산실이 되었다. 물탱크 건물을 윤동주 기념관으로 변모시킨 종로 구청의 아이디어는 적중해서 젊은 커플들과 중년 여인네들이 이곳을 많이 찾고 있다. 구보 씨는 홍콩 특파원 시절이던 1991년 가을 북간도 용정龍井에 있는 윤동주의 생가와 묘소를 찾아 헌화했던 기억을 회상했다. 그의 시들은 온 한국인의 사랑을 받는다. 구보 씨는 오랜만에 속으로 〈서시序詩〉를 읊어본다.

죽는 날까지 하늘을 우러러
한 점 부끄럼이 없기를,
잎새에 이는 바람에도
나는 괴로워했다.
(하략)

윤동주는 부끄럽지 않은 순수한 삶을 살겠다는 소망과 의지를 밝히고 있다. "잎새에 이는 바람에도 괴로워했다."라는 시구는 잎새를 흔드는 바람을 위해적이고 부정적인 대상으로 여기고 있다. 구보 씨는 문득 오늘을 사는 우리 국민 가운데 과연 어느 정도가 이 시구에서 자유로울 수 있을지가 궁금해졌다.

구보 씨는 자하로 길을 따라 계속 내려와 청와대 앞에서 잠시 멈춰 섰다. 입구에 의연하게 서 있는 오래된 회화나무 사진을 찍기 위해서였다. 수령이 5백 년이니 이 지역이 경복궁에 속했던 시절부터 그 자리를 지켜온 노거수였다. 그 나무가 지켜본 광경은 어떤 것이었을까, 생각하며 구보

윤동주공원. 아래는 윤동주기념관

청와대 회화나무

삼청동 김조순 집터

씨는 청와대를 관통해 삼청동 쪽으로 빠지는 코스를 택했다. 대통령 관저 앞은 중국 관광객들로 늘 붐비던 곳이었으나 코로나로 인해 한산해졌다. 언젠가 이곳에서 만난 중년의 중국인 남성에게 "한국에서 가장 인상 깊었던 곳이 어디냐?" 물었더니 "없다."라고 잘라 말하고선 "그나마 청와대가 볼만하다."라고 말했다. 권력 지향적인 중국인다운 소감이었다. 그들은 왕궁인 경복궁을 보고 심드렁해한다. 자세히 살펴보면 자금성보다 훨씬 아기자기하고 미감이 있는 건축물 공간임을 발견할 수 있겠지만, 그들은 그저 자금성의 축소판 정도로 여길 뿐이다. 수와 크기의 시각이 먼저 작용하는 탓이다. 수와 크기는 고래로 중국인들의 사고를 결정지어온 절대적인 인자이다. 넓은 땅과 많은 인구라는 요소로 인해 중국인은 인내심과 무관심 등으로 대표되는 특성을 DNA 속에 형성해왔다.

중국인들은 한국에 오면 "곳곳에 산이 가로막고 있어 갑갑하다."라고 말한다. 시야가 확보되지 않는 까닭이다. 지평선을 바라보며 살아온 사람들의 눈에는 그렇게 느껴질 만하다 싶다. 그들은 한국 대통령이 거주하는 청와대 역시 중국 최고 권력자의 사무실이 있는 댜오위타이(조어대釣魚臺)보다 규모가 작다고 비교하겠지만, 개방하지 않는 댜오위타이와 달리 청와대는 일반에 공개하므로 중국인들의 발길을 끄는 것이다.

　삼청동의 '두 번째로 맛있는 단팥죽집'에서 잠시 다리를 쉬면서 구보 씨는 이곳에 있던 전설적인 집 한 채를 떠올린다. 조선조 말 순조(純祖, 1790~1834) 때의 세도가 김조순(金祖淳, 1765~1832)의 집이다. 안동 김씨 60년 세도정치의 막을 연 장본인이다. 정조正祖의 신임을 얻어 순조의 장인이 되었던 사람이다. 국구國舅이자 '장동 김문壯洞 金門'의 수장답게 그의 집은 으리으리했다고 전해진다. 1천 6백 평 터에 뒷뜰 언덕에는 옥호정玉壺亭이라는 별서를 두었으며 통판 소나무로 만든 솟을대문으로 들어서서 중문과 일각문을 지나 안채로 들어서는 구조였다. 집은 모두 한 군데 굽은 곳 없는 춘양목春陽木 기둥으로 지어져 그 위세에 "보는 이들이 겁을 집어먹었을 정도였다." 한다. 김조순 이후에는 구한말 금융재벌 장길상(張吉相, 1874~1936)이 소유했다. 장길상이 교유했던 흥선대원군 이하응(李昰應, 1820~98)이 옥호정에 기거하면서 난을 치기도 했다. 이 집은 1975년에 매각되면서 대성문화재단 건물이 들어섰다.[17]

　구보 씨는 비록 안동 김씨들이 척족 정치로 우리 역사에 부정적인 역할을 했지만, 그와 무관하게 그 집은 문화재로 보존했어야 하지 않을까, 생각해 본다. 폼나는 한옥 한 채가 동네 풍경을 바꾸는 법이다. 그런 귀족의 집은 충분히 볼거리가 된다. 구보 씨는 비단 김조순의 집뿐만 아니라 현재 가회동 감사원 부근에 있었던 민영익(閔泳翊, 1860~1914)의 별장 취운정翠雲亭 등 다른 고관대작의 거소들도 모두 남아 있다면 삼청동과 북촌의 풍경이 사뭇 달라졌을 것이며 옛 문화에 대한 시민의 자긍심도 더욱 커졌을 것으로 믿는 마음이 되었다. 비단 고택뿐이겠는가. 전 문화재청장 유홍준의 조사로는 서울 도처에서 사라진 문화유산이 수백 군데나 된다. 말할 것도 없이 경제 논리가 문화 논리를 앞서는 탓이다. 취운정 별장 안에는 약수와

---

17 《서울 북촌에서》, 김유경, 민음인, 2009

활터가 있었을 정도로 규모가 컸다고 전해져 원래 모습에 대한 궁금증을 자아낸다. 디지털 시대니만큼 VR(Virtual Reality, 가상현실)을 동원해 옛 모습을 복원할 수 있지 않을까, 하는 미련도 생긴다. 사이즈가 큰 사이버 공간에서 북촌의 옛 공간을 따라 걸으며 당시의 집들과 생활상을 훔쳐보고 생활의 소리들도 듣는다면 타임머신을 탄 듯하지 않을까, 여기는 것이다. 실재하지는 않더라도 그 시절 위풍당당했던 규모의 집들을 가상현실에서나마 조망할 수 있다면, 흥미와 자부심을 모두 취할 수 있을 것으로 생각됐다.

다시 삼청동길을 따라 내려간다. 경복궁 동측에 높이 솟은 언덕에 한옥들이 늘어서 있다. '맹현孟峴'이다. 세종 때 명재상으로 추앙받은 맹사성(孟思誠, 1360~1438)이 외출 때면 소를 타고 넘어가곤 했다는 고갯마루이다. 당시에는 소나무와 바위가 늘어선 경승이었다고 전해진다. 구보 씨는 멈춰 서서 잠시 그 옛날의 이 길 모습을 상상했다. 겸손하고 청렴했던 고위 공무원이 말 대신 소를 타고 피리를 불며 언덕을 넘는 소탈한 모습을 그려본다. 그의 시대에는 황희(黃喜, 1363~1452)와 윤회(尹淮, 1380~1436) 등이 그와 함께 3걸을 이루고 있어서 왕은 그들에게 각각 교육, 국방, 외교를 맡겼다. 나라 안팎으로 국운이 상승하던 시기였다. 구보 씨는 타임머신을 타고 그 시절로 돌아가 지도자들의 높은 공익성이 나라다운 나라를 만들던 시절의 정치를 맛보고 싶은 생각이 간절해짐을 느낀다. 우리 역사에 드문 사례인 까닭이다.

이 지역은 위치가 특별한 곳이다. 왕궁을 측면에서 부감으로 내려다볼 수 있기 때문이다. 경복궁을 매일 이 각도에서 바라보며 사는 사람들이 부러워진다. 사물은 보는 시각을 다양하게 가질 수 있으면 다른 면모를 발견할 수 있어 애정이 더욱 깊어지는 것임을 구보 씨는 안다. 발길을 자유롭게 시선을 부드럽게 가질 때 얻을 수 있는 발견이다.

조선 시대 왕궁의 식수 공급처였던 복정福井 우물을 거쳐 옛 경기고 담장 길을 걸어 북촌으로 들어선다.

맹현. 세종 때 명재상 맹사성이 외출 때면 소를 타고 넘어가곤 했다는 고갯마루

23 가회동 — 재동

개혁은 왕왕 허사가 된다
미완의 꿈, 미완의 나라

구보 씨의 걸음은 풍문여고 골목을 향한다. 이 골목은 구보 씨가 '애정하는' 길 가운데 하나이다. 구보 씨는 특히 골목 중간에 드문드문 놓인 돌의자를 좋아한다. 괜히 앉아보기도 한다. 이 돌의자가 이 길을 특징짓는다. 외국 관광객들과 젊은이들이 돌의자를 배경으로 사진을 찍느라 열심이다. 돌의자 곁에 아기자기한 공예품들을 진열해 놓고 파는 행상들도 보인다. 누구의 아이디어인지는 모르지만, 돌의자는 소기의 목적을 충분히 달성한 셈이다. 골목에는 호떡과 만두 그리고 아이스크림 집들이 손님을 끈다. 이 세 곳은 '핫 플Hot Place'들이다. 인사동서부터 여기까지 걸어왔다면 돌의자에 앉아 배를 채우고 싶을 듯도 하다.

구보 씨는 다시 발길을 돌려 정독도서관으로 향한다. 옛 경기고등학교 자리였고, 그 전엔 김옥균의 집이었던 곳이다. 김옥균 집터를 알리는 표지석 앞에서 구보 씨는 그를 위해 묵념의 시간을 가졌다. 김옥균은 비극적인 삶을 살다 간 선각자였다. 1873년 과거에 장원급제해 벼슬길에 오른 순간부터 개화의 필요성을 절감했다. 김옥균은 안동 김씨 가문이긴 하나 몰락

김옥균 집터

한 양반 출신이었다. 7살 때 천안에 사는 당숙에게 입양돼 성장했다. 벼슬길에 오른 1873년 그해 12월 흥선대원군이 하야하면서 고종의 친정이 시작됐다. 20대 초반이었던 고종과 김옥균은 같은 시기에 개화의 필요성을 함께 품기 시작한다.

김옥균은 민 씨들의 '세도정치 척결'과 '청으로부터의 자주'를 주 개혁 대상으로 삼아 정변을 일으키지만, 개혁 동력이 부족했던 까닭에 여론의 지지를 얻지 못해 실패한다. 결정적 패인은 고종과 민비가 청에 구원을 요청한 탓이었다. 이후 조선은 나락으로 떨어진다. 고종의 무능함 탓에 조선은 내부 안정의 기회를 얻지 못함으로써 군인, 농민, 엘리트 등이 일으킨 개혁운동이 모두 외세 진입의 빌미가 되었다.

재동 헌법재판소 자리는 김옥균과 운명을 같이한 홍영식 집이 있던 자리였다. 홍영식이 1884년 갑신정변 실패로 대역죄인이 됨으로써 그의 자취는 흔적도 없이 사라지고, 1885년 그 자리에는 최초의 근대식 병원인 광혜원이 들어섰다.

275

← 박규수 집터
↓ 헌재 백송

김옥균과 홍영식 등 젊은 개화파들은 이웃한 박규수의 집에 모여 책을 읽고 토론하며 기우는 나라의 앞날을 걱정했다. 그 자리에는 백송 두 그루가 서 있다. 19세기 말 개화파들의 전말을 지켜본 목격자들인 셈이다. 구보 씨는 백송 앞에서 다시 한번 묵념의 시간을 가졌다. 좋은 취지의 개혁은 왕왕 허사가 되고, 갈등과 대립을 일삼는 부정적인 기질은 답습되는 현실에 구보 씨는 새삼 무력감을 느낀다.

북촌은 조선 초부터 권력 간의 다툼이 잦았던 곳이다. 왕궁과 가까워서 힘 있는 사대부들이 거처했던 까닭이다. 조선의 초기 실세들인 삼봉 정도전과(三峰 鄭道傳, 1342~1398) 대호 김종서(大虎 金宗瑞, 1390~1453) 등이 대표적이다. 삼봉은 태조의 계비 신덕왕후 강씨(神德王后 康氏, 1356~1397)의 소생인 방석(芳碩, 1382~1398)을 후계자로 밀다가 태조의 적자인 방원(芳遠, 1367~1422)에게 죽임을 당했다. 방원은 태종이 된 후 삼봉의 집을 마구간으로 사용했다. 조카 단종을 폐위하고 세조에 오른 수양대군은 대호 부자를 척살했다. '정치 1번지'의 비극적인 숙명이었다. 태조는 1398년 1차 왕자의 난이 일어나 세자로 책봉했던 방석이 방원에게 죽임을 당하자 방원의 요청대로 왕위를 적장자嫡長子인 방과(芳果, 정종, 1357~1419)에게 물려주고 함흥으로 들어가 은거했다. 1400년 2차 왕자의 난으로 방원이 다섯 형제를 죽이고 태종에 오른다. 방원은 왕위에 오른 후 태조를 모셔오려고 사자使者들을 보냈으나 태상왕太上王의 분노 탓에 모두 살아 돌아오지 못해 저 유명한 '함흥차사咸興差使'라는 말이 생겨났다. '심부름 간 사람이 돌아오지도 않고, 소식도 없는 경우'를 일컫는 비유이다.

헌법재판소를 나와 가회동 쪽을 바라보다 구보 씨는 거리 양옆으로 도열한 소나무들에 눈길이 갔다. 20년 동안 많이 자라 제법 모양이 난다. 은행이나 플라타너스와는 색다른 느낌이다. 적송赤松들은 마치 강원도 어디쯤 와있는 듯한 풍경을 연출한다. 구보 씨는 한옥 밀집 지역에 걸맞게 소나무를 가로수로 비치한 종로구청의 안목에 고개를 끄덕인다. 귀한 것이 가까이에 있다는 사실에 고마움도 갖게 된다.

사실 소나무는 한국인에게 가장 친숙한 나무일 것이다. 예로부터 우리 조상들은 아이가 태어나면 금줄을 달고 솔가지나 솔방울을 달았으며 소나무로 집을 짓고 가구나 도구를 만들었다. 죽어서도 소나무로 만든 칠성판에 누워 땅에 묻혔고 산소 주위에도 소나무를 심었다. 화가들의 그림에도 단골 메뉴로 등장했다. 애국가에도 '남산 위에 저 소나무'라는 가사가 들어있다. 예나 지금이나 조경 대부분은 소나무가 장식한다. 구보 씨는 우리에게 특별한 그 소나무가 역사와 문화를 두루 갖춘 가회동에 자리 잡으며 서울의 인상을 한층 깊고 그윽하게 만들고 있다는 생각에 절로 흐뭇해짐을 느낀다.

북촌 거리의 소나무 가로수

북촌의 고옥들

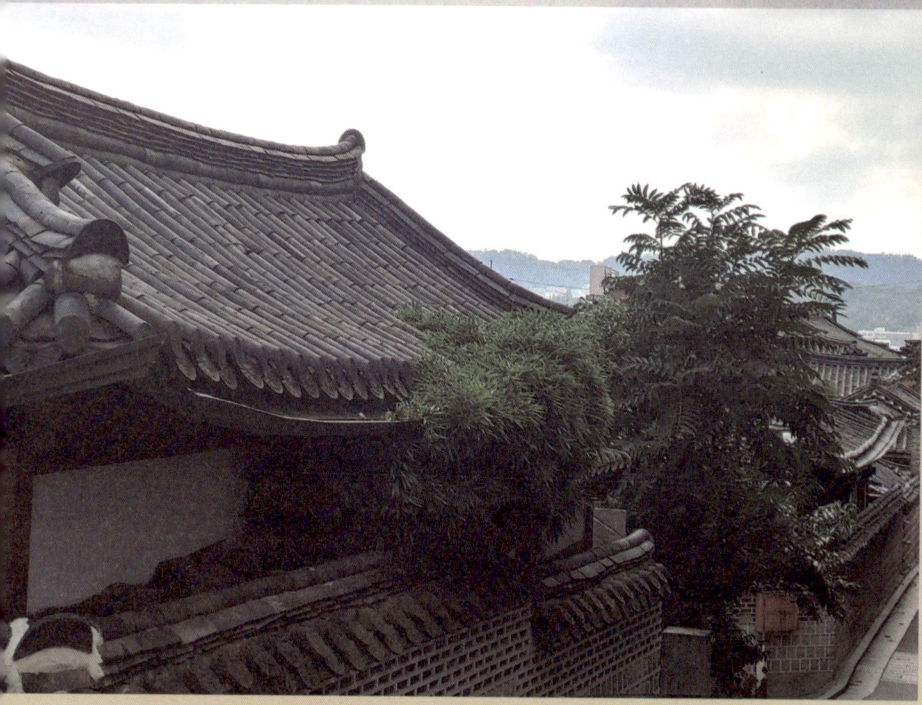

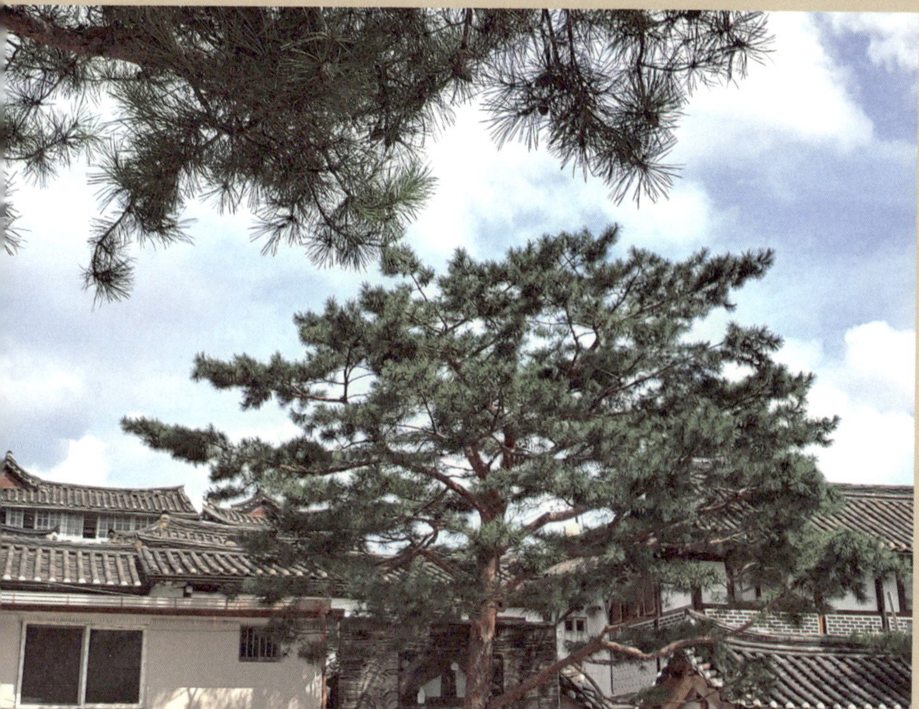

열정을 자제하지 못하면 진실을 놓친다

안국동 일본문화원(사진 오른쪽 건물)

안국동에 들어서자 '브람스'라는 오래된 카페가 눈에 들어온다. 구보 씨는 반가움을 느낀다. 가끔 커피도 마시고 맥주도 마셨던 집이다. 예전에는 주택가인 이 거리에서 희소가치를 누리던 업소였다. 이 동네 조선집들이 음식점이나 카페로 바뀐 지금은 전통과 역사로 버틴다. 청국장을 잘하는 '별궁식당'도 골목 안에 제 자리를 지키고 있다. 청국장에 오이무침과 꽁치조림 등을 곁들이면 백반 맛이 더해지는 집이었다. 옛 가게들은 존재해 주는 것만으로도 고맙게 느껴진다.

안국동 사거리에 이르자 일본문화원이 눈에 들어온다. 이 동네가 20세기 초부터 일본인의 집들이 밀집해 있던 곳이었음을 떠올린다. 일본문화원은 한일 양국의 연결고리를 찾으려 애쓰는 모습을 줄곧 견지해오고 있다. 한국 문화에 관해서도 관심을 보여왔다. 구보 씨는 창덕궁 방향으로 걸음을 계속하며 잠시 한국인과 일본인의 기질에 대해 생각한다. 체조 경기를 볼 때마다 일본인을 떠올리곤 했던 기억을 이어 본다. 체조 선수들은 다른 체육 선수들에 비교해 표정이 고요하다. 어려운 철봉과 안마 동작을 하며 두 팔만으로 몸의 평형을 유지해야 할 때도 얼굴은 무표정에 가깝다. 올림픽이나 국제대회에서 좋은 점수를 받더라도 요란한 제스처를 취하지 않는다. 곧잘 감정에 휘둘려 분노하고 격하게 승리 세리머니를 일삼는 구기 종목이나 격투기 종목 그리고 육상 등 다른 스포츠 종목 선수들과 차이를 보인다. 스포츠를 하나의 이벤트나 또 다른 엔터테인먼트 쇼로 본다면, 승리에 집착하고 관중을 자기 편으로 끌어들이려는 의식적인 몸짓들이 필요할 것이겠지만, 스포츠를 자아실현을 위한 과정이나 극기 수단, 또는 하나의 도道로 여긴다면, 승패를 초월하는 선수들의 덤덤한 표정이 절제를 아는 것 같아 신뢰감을 받게 된다. 스포츠에 대한 인식과 취향의 차이일 것이다.

구보 씨가 한국인과 일본인에게서 대체로 받는 인상은 상기한 두 부류 스포츠 선수들의 모습이다. 일본인이 대체로 조용한 데 비해 우리는 대체로 요란하다. 일본인의 감정 표현은 드문 데 비해 우리의 감정 표현은 왕성한 편이다. 일본인의 시선이 차분한 데 비해 우리는 뜨겁다.

리우 올림픽에서 한국 축구가 온두라스와의 8강전에서 졌다. 여러 번 득점 기회가 있었지만 살리지 못해 아쉬움이 컸다. 패색이 짙어지자 TV 중계진은 온두라스의 시간 끌기 행태를 마구 비난해댔다. 드러누워 시간을 끈다고 '침대 축구'라고 비아냥거리다 억울함을 참지 못한 나머지 울먹이고 오열했다. 여자 배구가 8강전에서 아르헨티나에 지자 즉각 배구협회의 무성의한 선수 지원이 도마 위에 올랐다. 시합의 결과에 승복하고 받아들이는 자세가 아니었다. 축구는 우리 선수가 상대방 골문 앞에서 슈팅 타이밍을 놓치며 볼 처리를 제대로 못하는 바람에 공을 빼앗기면서 상대에게 역습의 기회를 줘 실점했다. 여자 배구도 상대의 장신 벽을 뚫지 못해 패했다. 우리에게 패착과 한계가 있었던 것이다. 자책을 먼저 해야 했지만 모두 타책만 하고 있었다.

2018년 모스크바 월드컵 폴란드 전에서 일본은 16강에 오르기 위해 후반 10여 분을 공 돌리기로 시간을 끌어 목표를 달성했다. 이해 당사국인 같은 조의 세네갈이 FIFA에 항의하고 축구 팬들이 "스포츠맨십이 아니다."라며 비판했다. 한국 축구 팬들도 비난 대열에 가세했다. 일본은 대체로 조용했다. "전략이었다."라는 니시노 감독의 말에 수긍을 보인 것이다. 일본은 8강전에서 벨기에를 만나 2대 0으로 앞서다가 내리 3골을 내주고 3대 2로 역전패했다. 다시 시간 끌기를 했으면 대어를 낚을 수 있었던 게임이었다. 이번에도 일본 국민은 별말이 없었다. 아까운 승부였지만 '그 정도로 됐다'는 생각에서였을 것이다. 일본 대표팀이 당초 목표로 삼았던 16강 진출을 이미 달성한 까닭이었다. 자기 분수를 아는 것이다. 자기 수준을 초과하는 과도한 기대는 하지 않는다. 자기 몫이 아니라고 여기는 까닭이다. 한국 대표팀은 마지막 독일 전에서 한풀이하긴 했지만, 대체로 답답한 경기력을 보였다. "온 국민이 축구 감독"인 한국민은 대표팀 비판에 열을 올렸다. 기본기가 제대로 갖추어지지 않은 실력인데도 기대치는 컸다. 자기 분수를 정확히 알지 못한 채 눈만 높은 까닭이었다. 상기 사례들은 한일 두 나라 국민의 기질을 극명하게 보여준다.

   비단 스포츠 분야에만 국한되는 게 아니다. 양 국민의 기질 차이는 전반적으로 발견된다. 일본인은 직접적인 표현을 피하지만, 우리는 직설적으로 이야기한다. 우리가 남 얘기를 쉽게 하는 편인데 일본인은 뒷담화를 하지 않는다. 시사 문제에 대해서도 우리가 다들 한마디씩 하는 데 반해 일본인은 호오를 잘 드러내지 않는다. 일본은 국가가 원칙을 정하면 따르고 존중하지만, 우리는 그러지 않고 예사로 뒤집으려 든다. 우리의 민족성은 강한 주관에 크게 작용을 받는다. 이 주관은 사회의 법도와 질서도 편의적으로 해석하고 세상을 나 위주로 바라보게 만든다. 남이 무어라건 내 생각이 더 중요하다고 여기고 남에게 내가 어떻게 대접받는지에 민감한 경향을 보인다. 그래서 자기를 몰라주면 언짢아하며 항상 자기를 내세우려 든다. 돈이건 권력이건 힘을 좀 갖추었을수록 이런 경향성이 더 강해진다. 안하무인과 적반하장은 그런 경향성이 빚어낸다.

   분노와 증오는 그런 경향성의 반대편에서 생성된다. 흔히들 우리 사회에서 빚어지는 갈등의 원인을 이념 대립에서 찾지만, 구보 씨는 존중과 배려의 결핍이 야기한 결과라고 본다. 진영은 그 결과를 자기 입맛대로 소비한다. 정권이 바뀌어도 '웃픈' 블랙 코미디가 넘쳐나는 배경이다. 이에 비해 일본은 객관이 '공기'처럼 사회를 지배한다. 누구도 그 '공기'를 호흡하지 않으면 살 수 없으므로 편의적으로 판단하지 않는다. 주관을 유보하는 탓에 유동성이 부족하고 피동적이라는 느낌을 주지만 사회는 큰 갈등 없이 규범에 따라 흐르고 움직인다. "매뉴얼만 따르면 손해 보지 않는다."라는 믿음이 굳건하다. 한마디로 신뢰 지수가 높은 사회인 것이다. 우리는 상대적으로도 절대적으로도 신뢰 지수가 낮은 사회이다. 교통사고 발생 등 사회 안전 지수가 선진 34개국 가운데 27위인 것이 움직일 수 없는 사례이다.

역사에 대한 자세도 대비된다. 일본이 역사에서 교훈을 찾고 털고 일어서는 데 비해 우리는 역사에 집착해 거기에 매몰된다. 일본이 이순신 장군의 해전을 분석해 해군의 전술 전략으로 도입하고 죄인의 심정으로 두 왜란의 상황을 정리한 서애 류성룡(西厓 柳成龍, 1542~1607)의 《징비록懲毖錄》을 면밀히 분석해 자국 정치에 접목하며 훗날 조선 침략에 응용한 반면, 우리는 선조와 인조 때 난을 당해 산하가 깨지고 백성이 피를 흘리고 1910년에는 급기야 나라를 빼앗기는 치욕을 당했지만, 그 원인을 분석해 훗날의 교훈으로 삼기보다는 '네 탓'만 하며 한풀이에 집착해 온 것이 그 예이다. '징비懲毖'는 '스스로를 미리 징계해서 후환을 경계한다'는 시경詩經의 '여기징이비후환予其懲而毖後患'에서 따왔다. 그러나 이 취지는 류성룡 시대를 넘기지도 못한 채 잊혔다. 간행 수가 적었고 독자도 한정적이었으며 무엇보다 적폐 청산의 진영윤리와 코드 윤리가 19세기까지 지배한 탓이 컸다. 방책 강구보다는 책임 추궁에 더 열중한 것이다. 이 책은 써진 지 92년째인 1695년 교토에서 출간됨으로써 일본에서 먼저 대중화됐다.[18] 한쪽은 맞았으면서도 잊

---

18 《서애 류성룡의 리더십》, 송복 서재진, 법문사, 2019

었고, 다른 쪽은 때렸으면서 더욱 기억하려 했다.

서애에 앞서 율곡 이이도 '10만양병설' 같은 군사 대비책을 내놓은 바 있었지만, 정책에 반영하지 못해 임진년과 정유년에 걸쳐 왜구에게 마구 유린당했고, 왜란에서 적극적으로 교훈을 얻지 않았던 탓에 병자년 호란 때도 마찬가지로 무력한 모습을 재연했다. 국방과 안보에 소홀했으면서 백성들의 피폐한 삶을 걱정해 화친을 주장한 주화파들은 오랫동안 불충의 반열에 이름을 올리는 모순을 보였다. 국제정세에 어두웠던 탓에 나라가 부서지도록 방치한 정부의 실정과 무능은 제대로 짚지 않았다.

한쪽은 배우고 강해지기 위해 역사를 활용하고, 다른 쪽은 그저 분노하고 비난하기 위해 역사를 들먹인다. 이런 성향의 차이로 한쪽은 플러스의 역사를 이어가고 다른 쪽은 마이너스의 역사를 되풀이한다. 한쪽은 단합을 이루고 다른 쪽은 분열을 보인다. 명에 대한 사대와 일본에 대한 하대下待를 고집했던 선조들의 인식이 남아 있어서일까? 이념에 바탕을 둔 진영 논리에 매몰된 결과일까? 선조 때 율곡 이이와 정조 때 다산 정약용을 제외하고는 조선 사대부들 가운데도 일본의 힘을 제대로 파악했던 인물이 없었다. 그저 '왜국(倭國, 소인국)'이라며 일본을 얕보기만 했다.

왜란 후에 통렬한 자기반성을 한 서애조차도 율곡의 '10만 양병설'에 반대하는 우를 범했을 정도였다. 모두가 근거 없이 일본을 얕잡아 보았던 것이다. 일본도 정권의 우경화 경향과 국민의 활기 부족 탓에 갈수록 정체 현상을 보이고 있지만, 우리가 간과하지 말아야 할 사실은 일본이 얕잡아 볼 나라가 아니라는 점이다. 일본은 갈등을 해소하며 협력해나가야 할 이웃이지, 계산 없이 배척해야만 할 적이 아니라는 사실을 한국인 모두가 유념하면 좋겠다고 구보 씨는 생각한다.

한국인이 인내와 평정심 그리고 절제의 미덕을 갖출 수 있다면 더할 나위가 없을 것이라는 생각도 함께한다. 구보 씨가 며칠 전 전철에서 목격했던 일화도 우리의 국민성을 되돌아보게 하는 사례가 될 터이다. 70대 노인이 통화를 하려는지 마스크를 턱에 걸친 채 전화번호를 찾고 있자 맞은 편의 50대가 버럭 고함을 질렀다. "아저씨! 마스크 좀 써요!" 노인은 계면 쩍은 표정으로 마스크를 끌어 올렸다. 구보 씨는 50대가 부드러운 목소리로 "아저씨, 마스크 좀 써주시겠어요?"라고 말했으면 풍경이 아름다웠을 텐데, 라는 아쉬움을 가졌다. 20대 청년이 전철 안에서 기침하는 옆자리 60대 여성에게 욕을 퍼붓고 몸을 밀치다 폭행죄로 구속됐다는 뉴스도 들린다. 옷으로 입을 가리고 기침을 했으면 좋았겠지만, 코로나에 예민한 사람들은 여유를 잃는다. 많은 한국인이 명분이 있으면 상대에게 함부로 해도 된다고 여기는 경향을 보인다. 온화한 목소리에 실린 예의 있는 말이 더 호소력이 있음을 알지 못한다.

좁은 골목길에서 뒤따라오는 차가 경적을 울리지 않은 채 앞서가는 행인이 기척을 느끼고 비켜줄 때까지 가만히 다가오고 있었음을 알게 될 때 그 운전자의 배려심에 마음이 따뜻해지곤 한다. 습관처럼 울려대는 경적에 화들짝 놀라 불쾌해지던 기억들이 여전히 더 많은 게 사실인 까닭이다.

구보 씨는 《장자莊子》의 〈달생達生〉 편에 소개되는 '싸움닭鬪鷄'을 떠올린다. 투계 조련 전문가 기성자紀渻子가 투계 광인 왕의 채근에도 아랑곳하지 않고 때를 기다려 투계를 완성해내는 스토리다. 기성자는 "공연히 허세를 부리며 제 기운만 믿고 날뛴다.", "다른 닭의 울음소리나 그림자에 반응한다.", "상대를 노려보며 성을 낸다."라는 등의 이유를 들어 "아직 멀었다(未也)."라며 번번이 왕의 급한 성미를 누른다. 그러다 한참 시간이 흐른 후 마침내 기성자는 왕의 물음에 "거의 됐다(幾矣)."라는 답을 주었다. '이제 싸움닭으로서의 자격을 갖추었다'라는 표현이다. 훈련을 거쳐 '상대에 일절 반응하지 않는 목계木鷄 수준이 되었다'라는 것이다. 목계의 상태는 성미 급하고 곧잘 감정적으로 반응하는 한국인이 닮아야 할 '쿨'한 모델에 다름 아니다.

25 창덕궁

후원에 꽃 피고 새 울던 풍경
아스라이 멀어져 간 꿈 같은 시절

창덕궁 인정전

창덕궁 후원 정자와 정조 헌액

창덕궁 향나무

구보 씨의 걸음은 어느덧 아름다운 궁궐 담벼락에 닿았다. 창덕궁昌德宮이다. 임진왜란 이후 고종 때까지 조선의 법궁法宮이었다. 유네스코 세계유산이다. 마음을 깨끗이 씻고서 임금에게 다가가게 한 금천교禁川橋 앞 7백 년 가까이 된 느티나무와 규장각 봉모당奉謨堂 뜰 앞 750년은 되었을 향나무, 정문의 8그루 회화나무 군群 그리고 상량정 근처의 돌배나무 등 노거수들이 궁궐의 권위와 격조를 대변한다. 왕비의 침전 교태전交泰殿 뒤의 가산假山인 아미산峨嵋山에는 진달래, 철쭉, 모란, 옥잠화, 맥문동 등을 심어 철 따라 꽃을 피우는 화계花階 풍경도 연출했다.

창덕궁은 1405년 태종이 태상왕 태조 이성계를 위해 지은 궁궐이다. 태종은 1400년에 골육상쟁 끝에 왕위에 오르자 형인 제2대 정종이 천도해 있던 개성에서 한양으로 다시 도읍을 옮겨왔다. 창덕궁은 형제들의 피로 물든 경복궁을 피하고 싶었던 태종의 심사가 깃든 궁궐이다. 제4대 세종 이후에는 창덕궁 인정전이 청와대 기능을 했다. 창덕궁은 외전 74칸과 내전 118칸의 규모였다. 창덕궁의 등장으로 경복궁과 더불어 양궐兩闕 체제가 이루어졌다. 동궐도東闕圖에 등장하는 많은 전각이 외전外殿 일부를 제외하고는 1592년의 임진왜란과 1623년의 인조반정을 거치며 소실되었다. 창덕궁은 이궁離宮이었으나 경복궁을 대신해 법궁法宮 역할을 할 때는 천 명 이상이 거주했던 하나의 도시였다. 왕족 20~30명, 내시 140명, 궁녀 600명, 별감 100명, 내의원 30명, 금군 200명, 승정원 관료 50명 등이 상주했고 문무백관을 비롯한 관료들이 수시로 드나들었다《daum 백과》.

후원은 궁궐의 뒤편에 지은 조원造苑이다. 오랫동안 '비원秘苑'으로 부르던 곳이다. 창덕궁과 후원은 임진왜란 때 불타버린 것을 광해군이 복원했다. 창덕궁은 성종과 연산군, 숙종과 인조, 그리고 정조와 효명세자의 발자취가 배어있는 곳이다. 후원은 왕의 정원이라는 뜻에서 '금원禁苑'으로도 불렀다.

후원. 이름 그대로 창덕궁의 뒷동산이다. 저자에 나가기 어려웠던 왕실 가족들이 책 읽고 운동하고 연회를 베풀던 곳이다. 왕궁의 정원이자 놀이터였던 셈이다.

학자 군주 정조가 1776년에 세운 왕실 도서관 규장각奎章閣이 늠름한 자태를 자랑한다. 왕의 글씨나 글을 보관했고, 책을 편찬, 발간하기도 했다. 서고를 두어 중국과 조선의 서적 3만여 권을 보관했다. 정조는 37살 이하의 유능한 관원들을 선발해 일정 기간 이곳에서 공부하도록 했다. 규장각은 정조가 왕권을 강화하기 위해 인재를 키우던 곳이었다.

왕과 신하들이 유상곡수流觴曲水 놀이를 즐기며 시를 짓던 옥류천玉流川도 옛 모습 그대로 전해져 온다. 휘돌아가는 물길에 잔을 띄워 잔이 서는 곳에 앉은 사람이 술을 마신 후 즉흥으로 시를 짓던 이 놀이는 남송 시절 중국 소흥의 회계산 자락 난정蘭亭에서 왕희지王羲之 등 문인들이 즐겼던 것이기도 하다. 신라 시절 곡수曲水이던 경주의 포석정에서도 왕과 신하들

옥류천

이 잔을 띄워 유상곡수를 즐겼다. '玉流川' 글씨는 인조가 썼다.

　서출이라는 콤플렉스 탓에 궁에 집착을 보인 광해군은 창덕궁을 복원한 외에 인경궁仁慶宮과 경희궁慶喜宮을 지어 '서궐西闕'을 완성했다. 위치가 인왕산 자락이었던 연고로 '인경궁'과 '서궐'의 이름이 지어졌다. 원래 서산西山이었다가 세종 때부터 불법을 수호하는 금강신金剛神의 이름 인왕仁王을 붙여 인왕산仁王山으로 부른 데 따른 것이었다《궁궐지宮闕志》. 광해군은 유독 창덕궁에는 들기를 싫어해 경복궁에만 머물렀다. 이곳에 머무르다 폐위된 단종과 연산군의 기억 때문이었다. 광해가 인경궁을 지은 것은 "왕재가 날 자리."라는 술사의 말에 따른 것이었다. 이복동생 정원군의 집터이던 곳을 몰수해 지었지만, 역사는 얄궂게도 정원군의 아들을 왕으로 만든다. 다름 아닌 반정反正으로 광해군을 몰아낸 인조仁祖나. 인경궁은 사라지고 없지만, 편전인 푸른 기와의 광정전光政殿은 창덕궁으로 옮겨져

선정전宣政殿으로 명맥을 이어온다《daum 백과》. 이른바 '흥청망청'의 장본인인 연산군은 사랑놀음을 위해 후원을 열정적으로 활용했다. 채홍사들이 뽑아온 처녀들에게 '흥청'이라는 벼슬을 내리고 이 후원 곳곳에서 쾌락을 만끽했다. 어머니 혜경궁 홍씨(惠慶宮 洪氏, 1735~1816)의 회갑연을 수원서 치르느라 고생한 가마꾼들을 초치해 잔치를 베풀어 준 정조의 농산재籠山齋 연회 이야기는 살포시 감동을 준다. 정조는 표암 강세황(豹菴 姜世晃, 1713~1791) 등 신하 5명에게 직접 후원을 안내하며 갈증을 달래도록 배즙을 대접하기도 했다《조선왕조실록》. 임금의 후원 가이드는 전무후무한 일이었다. 겹지붕이 특색인 존덕정尊德亭 내부에 새겨진 정조의 '만천명월주인옹萬川明月主人翁' 편액은 널리 인구에 회자된다. '냇물이 어떠한 모습으로 바뀌든 달은 늘 하나의 모습으로 그 위를 비춘다'라는 왕권신수설王權神授說로 보는 시각이 있는가 하면, '냇물의 변화에 맞춰 비치는 달도 시시각각 그 모습을 달리한다'라고 해석하는 민본론民本論의 시각도 있다. 글 내용이 냇물을 신하, 달을 군주에 비견한 까닭이다. 정조 자신의 견해는 이러했다.

> 내가 바라는 것은 성인을 배우는 일이다. 비유하자면 달이 물속에 있어도 하늘에 있는 달은 그대로 밝은 것과 같다. 달은 각기 그 형태에 따라 비춰줄 뿐이다. 물이 흐르면 달도 함께 흐르고 물이 멎으면 달도 함께 멎고, 물이 거슬러 올라가면 달도 함께 거슬러 올라가고 물이 소용돌이치면 달도 함께 소용돌이친다. 거기에서 나는 물이 세상 사람들이라면 달이 비춰 그 상태를 나타내는 것은 사람들 각자의 얼굴이고 달은 태극인데 바로 나라는 것을 알았다. 이것이 바로 옛사람이 만천의 밝은 달에 태극의 신비한 작용을 비유하여 말한 뜻이 아니겠는가.
>
> ─유홍준, 《나의 문화유산 답사기9》, 창비, 2017

정조의 '만천명월주인옹萬川明月主人翁' 피력을 신하들의 장점은 더욱 드러나게 하고 단점은 감싸주어 국가에 봉직하도록 국왕이 견인하려는 의지로 본다면, 왕권신수설과 민본론이 모두 담긴 철학이라 하겠다. 정조는 1798년 이 일곱 자를 직접 지어 자호字號로 삼고 문예부흥과 외척·환관 배척 같은 왕권 확립 개혁을 이루는 모토로 삼았다.

순조는 효명세자(孝明世子, 1809~1830)에게 대리청정을 맡기면서 동궐도를 그리게 했다. 효명의 동궐도東闕圖에 그려진 규장각은 실제보다 더 크다. 정조 사후 위축된 왕권을 강화하고픈 부왕의 마음을 읽은 것이다. 9만 평의 경내에는 효명세자가 부왕을 위해 지은 연경원延慶院도 있다. 왕궁의 건축 양식이 아닌 사대부 가옥 형태로 꾸몄다. 안채와 사랑채가 모두 마당을 바라보게끔 지었다. 이곳에서 왕가 식구들이 양반의 생활 체험도 해보고 중국 사신들을 접대하기도 했다《궁궐지宮闕志》.

효명세자는 스무 살을 전후해 3년간 아버지 순조 아래서 대리청정을 맡아 한 실질적인 임금이었다. 그는 대리청정을 통해 안동 김씨의 세도정치를 타파할 영걸로 기대를 모았다. 총명하고 감각이 뛰어나 아버지를 위해 연경원을 직접 디자인했고, 어머니의 40세 생일을 기념하기 위해 〈춘앵가〉를 작곡하고 안무도 만들었던 다재다능한 인물이었다《조선왕조실록》.

금마문金馬門 위에 있는 기오헌奇傲軒과 윤경거倫敬居 두 건물은 효명세자가 공부하던 방이었다. 세자들이 글을 읽던 승화루 앞에는 풍채 좋은 배나무가 한 그루 버티고 있다. 배나무는 왕가의 상징으로 여겨졌으니 공부하는 세자에게 "왕가의 근본을 잊지 말고 처신에 유의하라."는 생각을 견지하도록 역할을 했을 것으로 짐작된다. 효명세자는 모두가 할아버지 정조의 현신이라고 여겼을 정도로 기울어가던 조선의 국운을 되살릴 걸출한 왕재였으나 21살의 나이에 요절하고 만다. 아쉬운 대목이 아닐 수 없다.

후원 빈 곳에는 뽕나무를 심어 봄이면 왕비가 직접 친잠親蠶 일을 하기도 했다. 지금은 이곳에 터를 잡은 너구리들에게 오디를 제공하는 것으로 뽕나무의 역할이 제한되고 있다. 오디는 이곳 너구리들에게 살구와 더불어 독점 고급 별식이다.

부용지 정자에서는 과거에 합격한 생원들을 불러 임금이 직접 면접했다. 생원시에 합격해 이곳으로 초대받은 합격생들은 고진감래 끝에 찾아온 신분 상승의 기쁨을 만끽했을 것이다.

낙선재樂善齋에 걸린 편액 '유재留齋'는 추사 김정희(秋史 金正喜, 1786~1856)의 글씨이다. 편액에 첨가된 글에는 추사의 철학이 담긴 풀이가 담겨있다.

留不盡之巧以還造化　기교를 다하지 않고 남기어 자연으로 돌아가게 하고
留不盡之祿以還朝廷　녹봉을 다하지 않고 남기어 조정으로 돌아가게 하고
留不盡之財以還百姓　재물을 다하지 않고 남기어 백성에게 돌아가게 하고
留不盡之福以還子孫　내 복을 다하지 않고 남기어 자손에게 돌아가게 한다

추사가 제주도 유배지에서 제자 육일재 남병길(六一齋 南秉吉, 이조참판, 천문학자, 1820~1869)에게 남긴 이 글씨가 어떻게 낙선재에 걸리게 되었는지는 분명치 않지만, 고서 전문가들은 "서예를 좋아했던 철종(哲宗, 1831~63)의 수집벽 덕"으로 추측한다. 추사는 풀이를 통해 나라와 개인이 마땅히 추구해야 할 삶의 자세를 쓰고 있다. '착한 베풂을 즐긴다'라는 뜻의 '낙선樂善'이라는 이름과 잘 어울린다. 낙선재에는 고종과 엄비 사이의 아들 영친왕과 부인 이방자 여사, 덕혜옹주 그리고 마지막 황손 이구의 흔적이 남아 있다(《daum 백과》). 비원秘苑은 원래 이곳을 관리하던 관청의 이름이었으나 무슨 연유에선지 오랫동안 이곳을 지칭하는 대명사로 불렸다. 'Secrete Garden'. 사연과 상관없이 나름대로 운치 있어 보이는 이름이다. 그만큼 이곳은 은밀하고 고즈넉하며 신비하다. 1997년 세계문화유산으로 UN에 등재되었다. 당연히 그럴 만하다. 한 조사에서 외국인에게 보여주고 싶은 한국의 이미지 제1호로 이곳 창덕궁 후원이 차지했다. 시간에 맞춰 해설

사를 좇아 단체관람을 해야 하지만. 1년에 두세 차례는 자유 관람이 허용된다. 혼자 걷는 것을 즐기는 구보 씨는 자유 관람일을 꼭 챙긴다.

종로 3가 방향으로 걸어 내려오다 유서 깊은 단성사 극장 앞에서 잠시 멈춘다. 1973년 이곳에서 바브라 스트레이샌드(Barbra Streisand, 1942~)와 로버트 레드포드(Robert Redford, 1936~) 주연의 《추억The Way We Were》을 본 게 엊그제 같다는 생각이 들었다. 정치적 관점이 다른 두 남녀의 사랑과 이별을 그린 영화였다. 둘은 성향 차이를 극복하지 못한 채 만남과 헤어짐을 반복하는데 마지막 장면이 뇌리에 남았다. 세월이 한참 흐른 후 진보 성향의 여자가 선전 전단을 나눠주다가 옛 남자가 어떤 여자와 나란히 걸어가는 모습을 망연히 바라보고, 그 위로 주제가 〈The Way We Were〉가 흐른다.

If we had the chance to do it all again
Tell me, would we? Could we?
Mem'ries, may be beautiful and yet
What's too painful to remember

우리가 모든 걸 다시 시작할 수 있다면
그게 가능할까?
추억들은 아름답겠지만 여전히
기억하기엔 너무 고통스러워.

구보 씨는 사랑이 이념을 이기지 못하는 스토리에 불만스러워했던 기억이 있지만, 당시 미국의 상황이 지금의 한국 사회의 모습이라면 이해가 될 듯도 싶다. 진영을 가리지 않고 한국 사람들은 말한다. "말 섞기 싫다.",

"같은 하늘 아래서 호흡하고 싶지 않다." 등등. 구보 씨는 인간을 대단한 존재로 평가하다가도 때로는 한없이 어리석은 존재라는 생각도 한다. 스스로 굴레를 뒤집어쓴 채 벗어나지 못하고 있는 까닭이다. 이념이건, 버릇이건 모두 그러하다고 여긴다.

맞은편 CGV피카디리1958의 전신인 피카디리극장, 길 건너 서울극장과 함께 이 거리가 한국 영화의 산실이었다는 사실에 닿자 구보 씨는 최근 영화의 트렌드를 잠시 되돌아본다.

2천년대 들어 불만스러운 현실을 반영한 주제들이 영화화되고 있다. 《왕의 남자》를 비롯해 《광해, 왕이 된 남자》, 《역린》, 《군도》, 《사도》, 《변호인》, 《검사외전》, 《베테랑》, 《내부자들》 등이 관객동원기록을 갈아치워 왔다. 영화 콘텐츠를 보면 명화라고 부르기에는 아쉬운 점이 많지만, 관객 트렌드를 읽어내는 데는 성공한 듯 보인다. 영화예술은 시대의 흐름 속에서 스스로 변화를 모색하며 자강자변한다. 그것은 우리가 세상을 살며 이해하는 범위 안에 존재한다. 우리가 변화를 원하면 영화도 변화하며 우리가 그동안 상실한 무언가를 아쉬워하면 영화는 어김없이 그것을 되찾는 작업에 돌입한다는 점이다.

2016년 이후 현재 충무로에 '정의'를 주제로 한 작품들이 쏟아진 것도 관객의 욕구를 수용하는 영화의 생리를 입증한다. '최순실 사태'와 '광화문 촛불 시위'를 겪으며 구태의 정치와 결별하기를 원하는 대중의 염원을 영화가 읽은 것이다. 2013년 《설국열차》로 전 세계의 주목을 받은 봉준호 감독이 2020년에 내놓은 《기생충》이 아카데미 작품상과 감독상을 받음으로써 한국 영화사의 정점을 찍었다. 두 작품 모두 양극화로 치닫는 우울한 현실을 소재로 삼았다. 봉 감독이 거둔 쾌거는 백 년 역사의 한국 영화인들이 함께 이루어낸 금자탑이라 불러도 무방할 것이다. 소재를 찾는 능력과 작품화하는 실력이 모두 세계 최고 수준에 진입했음을 입증했다. 한국 영화는 또 어디로 흘러갈까? 성숙하고 세련된 시민성과 인간의 내면을 깊게 들여다보는 콘텐츠들이 기다릴 것 같기도 하다.

한국의 힘, 노래
대중은 진화한다, 보편성의 방향으로

구보 씨가 종로4가로 들어서는데 거리의 가게 어디선가 노래가 들려온다. "보랏빛 엽서에 실려 온 향기는~" 설운도(1958~)의 원곡을 임영웅(1991~)이라는 신인 가수가 리메이크한 〈보랏빛 엽서〉다. 같이 흥얼거려본다. 2019년 봄부터 한국은 바야흐로 '트로트 시대'를 맞고 있다. 트로트 오디션 프로그램이 인기를 끌면서 촉발된 트렌드이다. 불을 지핀 것은 TV 조선의 오디션 프로그램인 《미스 트롯》이었다. 송가인과 홍자 등이 그 선두에 섰다. 발라드나 재즈, 스탠다드 팝을 선호하는 젊은 세대들도 빠져들 만큼 위력적인 세를 과시했다. 가창력을 바탕으로 흥과 끼에 율동과 미모를 겸비한 신세대 참가자들 덕에 트로트는 "제2의 전성기"를 구가할 조짐을 보인다. 원곡자 '전설' 선배들을 앞에 두고서도 자기식으로 거침없이 표현해내는 신인들의 실력은 가히 놀랍다.

묻혀있던 '전설'의 노래들을 멋지게 소화해 새롭게 조명하는 능력을 과시하기도 한다. '전설'들은 탄복하며 "고맙다."라는 인사를 연발한다. 우리 가요계의 앞날을 긍정적으로 조망하게 하는 대목이다. 이어서 2019년 가

을부터 2020년 1월에 걸쳐 mbn이 주최한 오디션 프로그램 《보이스 퀸》은 《미스 트롯》에 이어 다시 한번 사람들의 이목을 끌었다. 주부들에게 기회를 준 이 프로그램에도 대단한 실력자들이 대거 등장해 치열한 경쟁을 펼쳤다. 누구라도 고개를 끄덕일 정도의 가창력을 뽐낸 '싱글맘' 정수연 씨에게 우승의 왕관이 주어졌다. '소리 반 호흡 반'의 발성에 감성적 곡 해석, 어떤 상황에서도 음을 놓치지 않는 감정 조절 능력, 거기에다 폭발적인 고음까지 갖추어 왕관을 쓰기에 부족함이 없었다. 그녀는 "살게 해줘서 고맙다."라는 소감으로 기쁨을 표현했다. 힘든 시간을 노래에 의지해 견뎌냈을 그녀의 지난 시간이 짐작되는 순간이었다. '노래가 한국의 힘'이라는 사실을 재확인할 수 있었다. 심사위원들과 청중이 모두 뜨거운 박수로 우승을 축하해주었다. 보기 좋았다.

구보 씨는 최근의 트로트 오디션 프로그램들을 통해 소리로 기량을 닦은 한국음악 전공자들이 부르는 대중가요가 미래 한국의 경쟁력이 될 수 있겠다는 가능성을 발견했다. 《보이스 퀸》 준결승 무대에 섰던 경기민요

이수자 전영랑 씨를 보면서부터이다. 30대 중반인 그녀는 '한국음악인'으로서 대통령상을 받은 바 있는 쟁쟁한 실력자였다. 그녀가 부른 〈칠갑산〉은 구보 씨의 귀에 여느 버전들과 확연히 달랐다. 단전에서 끌어올리는 소리를 바탕에 깔고 비브라토와 '3단 꺾기'를 구사하는 창법은 한스러운 내용의 이 곡을 더욱 비감스럽게 만들었다. 구보 씨는 그녀의 '칠갑산'에서 한국 트로트가 나아갈 방향이 소리와의 접목일 수도 있겠다는 가능성을 보았다. 일본 엔카戀歌와 큰 차별성을 보이지 못하는 한국 대중가요가 트로트 일색에서 벗어나 한국만의 고유한 장르를 창조할 수 있겠다는 확신이 들게 할 정도로 전영랑은 독보적 기량을 과시했다.

　한국음악인 소리와 미국 대중가요인 트로트를 접목한 장르를 '소리짝(소리+뽕짝)'으로 이름 지어보기도 했다. 전 세계 어디에도 없는 한국 고유의 대중가요 장르를 탄생시킨다면, 이 장르에 세계가 어떤 반응을 보일지 대단히 궁금해졌다. '소리짝'은 이견이 없을 '한국 대중음악의 전형'으로 자리매김할 수 있을 것이라고도 여겨졌다. 이미 패티김과 김세레나, 장사익 등 판소리로 기량을 다진 가수들이 가요에 입문해 정상에서 활동한 전례들이 이 가능성을 뒷받침한다. 가창력은 확인되었다고 보더라도 멜로디 전개 면에서 '한국음악'의 요소를 살리는 접목 방식이 대중의 환영을 받을 수 있을 것인지가 '소리짝' 성공 여부의 관건이다.

　유지나, 하윤주, 송가인, 조엘라, 이미리, 권미희, 고영렬, 강태관, 김준수, 최예진, 김다현 등 소리꾼들이 각종 무대에서 깊은 인상을 남기고 있다. 한국음악 밴드들도 점차 팬덤을 형성하고 있다. 연예매체들의 보도로는, 2019년에 결성된 '이날치'의 공연 현장에는 매번 공연 현장마다 팬들이 떼창을 부르며 호응한다. 판소리 수궁가를 현대적으로 해석한 〈범 내려온다〉는 조회 수가 2020년 7월 현재 2백 만을 상회한다. 춤추기 좋은 리듬과 강렬한 비트, 유머러스한 노랫말이 매력 요소를 이룬다는 평들이다. 7음계의 세계에서 5음계로 노래한다는 것은, 장기로 치면, 차와 포를 떼어 주고

붙는 것과 한가지여서 불리할 수밖에 없다. 그러나 소리꾼들은 그 5음계만 갖고도 가요의 맛을 기가 막히게 표현한다. 전문가들마저도 그들의 이색異色에 놀라움을 금치 못한다. 오래지 않아 소리와 트로트를 접목한 우리 고유의 대중음악이 K-pop의 대안으로 우뚝 설 날이 올 것이라고 구보 씨는 믿는다. 대중의 취향도 조금씩 그 방향으로 옮겨가고 있다고 느낀다.

구보 씨가 믿어 의심치 않는 '대중의 진화'는 2019년 연말부터 일고 있는 '양준일 선풍'에서도 확인된 바 있다. 90년대 초에는 부정적이던 대중의 마음이 지금은 무한 긍정으로 바뀌며 그의 지난 노래들이 다시 차트 순위에 오르는 '역주행' 현상이 일었던 까닭이다. 1992년 거리 버스킹을 하다 돌팔매질을 당했던 양준일(1969~) 본인도 놀라고, 비판적이었던 대중도 함께 놀라고 있다. 그때는 거부당하던 창법과 가사, 춤, 패션이 지금은 환영을 받는 걸 보면, 그는 시대를 앞서간 아티스트임에 분명하다. '양준일 신드롬'에서 보는 진리는 "좋은 예술은 언젠가는 평가받는다."라는 것이다. 그런 대중의 평가를 받기까지 진리는 어쩔 수 없이 편견과 싸우며 외로운 시간을 보내야 한다. 50대에 들어선 양준일 씨는 우연한 기회로 대중의 사랑을 얻기까지 30년의 세월을 허송해야 했다. 그는 《슈가맨》이라는 JTBC의 옛 노래 소환 프로그램에서 가수 노사연의 요청으로 기회를 잡아 인생 뒤집기에 돌입했다. 최근까지 그는 미국에서 식당 서버로 일하고 있었으니 가히 '인생 반전'이라 부를 만하다.

빈센트 반 고흐(Vincent Van Gogh, 1853~1890) 역시 생전에 그림 한 점 팔지 못한 채 실의의 시간을 보내야 했지만, 사후 그의 작품은 생전과는 천양지차의 평가를 받는 사실을 기억하자. 왕가위(王家衛, 1958~) 감독의 1990년 작 《아비정전》 역시 등장 인물들의 심리 묘사에 치중함으로써 '홍콩 느와르noir'식 액션을 기대하던 팬들에게 외면당해 흥행에 참패했지만, 지금은 '다시 보고 싶은 명화' 1위에 이름을 올리고 있다. 대중은 느리지만 앞을 향해 걸음을 계속한다. 그 방향은 보편성 쪽이다. 불우한 천재들은 자주 그 보편성을 앞서 외롭게 걷는다.

우리 전통가요인 트로트는 그동안 발라드나 포크송, 록에 비해 다소 열세를 보여온 게 사실이지만, 작금의 트로트 열풍을 보노라니 생명력이 만만찮음을 확인하게 된다. 몇몇 참가자들의 가창력에 객석에서 터져 나오는 환호가 이를 입증한다. 설움 많고 흥도 많은 우리 정서에 잘 맞는 곡이라는 증거이다. 오래 친숙한 멜로디이기도 하다. 트로트는 우리 가요의 전통 장르이다. '뽕짝'으로도 부른다. 1912년에 미국서 생겨나 일제 강점기에 우리나라에 유입된 '폭스트롯Foxtrot'이 그 어원이다. '폭스트롯'이 '뽕짝'이 되는 과정에 클래식, 엔까, 스탠다드 팝, 칸초네, 샹송 등이 가미됐지만, 그 시작은 남도민요였다.

남도민요는 19세기 말과 20세기 초에 걸쳐 널리 보급되면서 대중화의 길을 걷는다. 1894년 관의 탐학에 맞서 봉기한 동학농민혁명을 이끈 '녹두장군' 전봉준의 안전을 염려한 〈파랑새〉가 그 효시로 이야기된다. "새야 새야 파랑새야 녹두밭에 앉지 마라 녹두꽃이 떨어지면 청포장수 울고 간다."라는 애달픈 노랫말은 전봉준이 당시 민중의 유일한 희망이었음을 알게 한다. 이때까지 조선의 노래는 '창가唱歌'로 불렸다.

1925년 우리나라 최초의 '가곡歌曲'이 선을 보인다. 1920년에 홍난파가 작곡한 바이올린곡 〈애수〉에 김형준이 노랫말을 넣으면서 탄생한 〈울 밑에 선 봉선화〉다. 8/9박자 마단조의 곡이었다. 노랫말은 "울 밑에 선 봉선화야 네 모양이 처량하다. 길고 긴 날 여름철에 아름답게 꽃 필 적에 어여쁘신 아가씨들 너를 반겨 놀았도다."로 일제 강점기 우울한 삶을 살던 조선인들의 애환을 봉선화에 비유했다(《daum 백과》). 이어서 요한 슈트라우스의 왈츠곡 〈Blue Donau〉의 멜로디를 빌린 윤심덕의 〈사의 찬미〉, 영국 민요 〈Auld lang syne〉에 가사를 붙인 〈애국가〉 등이 등장했다.

이 기간 전통 남도민요도 멜로디의 변화를 겪으면서 '신민요'로 불리게 된다. 20세기 초 한반도에는 생활 주변의 이야기를 담은 신민요들이 봄날

쑥 돋듯이 생겨났지만, 대부분 전해지지 않고 있다. 아무도 제대로 보존하려고 들지 않은 탓이다.

2007년에 민요를 취재하느라 호남지방을 다니다가 이 지역 노인들이 생소한 노래를 부르는 걸 들을 수 있었는데 그 옛날 '신민요'들이었다. 신민요는 20세기 들어 5음계의 전통 민요에 7음계의 서양 리듬을 차용한 것으로서 향토민요, 통속민요를 거쳐 자리 잡았다. 전남 영암군 군서면 모정리에서 만난 당시 85세의 김수례 노인이 직접 노랫말을 지은 〈해방가〉는 자전적 스토리를 담고 있는 노래인데 신민요의 탄생 과정을 보여주는 사례였다.

17살 나던 해에 일제의 공출을 피해 이 마을로 시집와 3남매를 두었으나 남편이 징용으로 끌려가면서 부부의 연은 끊기고 말았다. 노인은 귀가 어둡고 정신도 맑은 편은 아니었지만, 이 노래만큼은 정확히 기억하셨다. 해방되었는데도 돌아오지 않는 남편을 애타게 기다리는 심정을 표현하고 있다.

얼씨구 좋네 얼씨구 좋아
못 올 줄 알았던 해방이 왔네
남의 집 신랑들은 돌아오는데
우리 님은 왜 못 오시나
영 틀렸네 영 틀렸네
내 님 오시기는 영 틀렸네
가마솥에 삶은 개가
어경컹 짖으면 오실려나
뒷산에 썩은 도토리가
새싹 나면 오실려나
영 틀렸네 영 틀렸네
내 님 오시기는 영 틀렸네

(하략)

가사가 애절하면서도 해학적이다. 할머니의 강한 생명력이 느껴진다. 가사의 내용처럼 절망적인 상황을 알아차리면서도 상황을 재미나게 표현하는 여유를 잃지 않는다. 개인에서 시작해 마을 전체로 옮겨 간 곡이었다.

신민요는 1920년대 음반이 도입되면서 왕수복, 이화자, 김복희, 선우일선 등 권번 출신 가수들이 SP판으로 소개했고, 1930년대 라디오가 보급됨에 따라 대중가요로 정착했다. 이 신민요가 지금 우리 대중가요의 주류를 이루는 트로트, 즉 '뽕짝'을 낳았다. 이 시기 〈낙화유수〉, 〈목포의 눈물〉, 〈애수의 소야곡〉, 〈감격시대〉, 〈눈물 젖은 두만강〉 등 '엔카演歌'의 영향을 받은 초기 트로트 곡들이 대중의 사랑을 받았다. 우리 가요와 일본 엔카는 서로 영향을 주고받으며 발전해온 것으로 보인다. 국문학자이자 민속학자였던 김열규(1932~2013) 교수의 조사로는, 엔카의 대부로서 1931년부터 모두 4천여 곡을 작곡한 코가 마사오(古賀 政男, 1904~78)가 8살 때부터 18살까지 감수성이 예민한 소년 시절을 서울과 인천에서 보내면서 한국의 민요에 묻혀 살았다. 그는 1977년 사망하기 1년 전 〈저 꽃 이 꽃〉이란 노래에 대해 말하면서 "내가 유소년 시절을 조선에서 보내지 않았다면 이런 곡을 만들 수 없었을 것이다."라고 고백한 바 있다. 트로트의 분발을 마주하면서 트로트, 발라드, 록, 밴드 뮤직 등 장르 간 선의의 경쟁이 서로를 견인하는 자극제가 될 수 있겠다는 생각을 하게 된다. 그러한 노력이 대중가요의 수준을 전반적으로 끌어올리게 될 것이기 때문이다.

대중문화가 꼭 어디로 가야 한다는 법칙은 없을 것이다. 트로트 열풍에서 보듯, 주류는 계속 변화한다. 하늘 아래 새로운 것은 없다. 또한 주인이 정해져 있는 것도 아닐 터이다. 끝없는 시도만이 정답이다. 1990년을 전후해 태어난 밀레니얼 세대들은, 트로트 열풍에서도 확인됐듯이, 좋아할 수 있는 음악이면 장르를 가리지 않는 경향성을 보인다. 세대 간에 의사소통이 가능한 음악이 자리 잡았으면 하는 바람을 트로트가 완성해주고 있다는 느낌이다. 대중적 감수성에 순응하려는 트로트의 노력이 있었던 까닭일 것이다.

트로트 시대를 맞아 구보 씨에게도 변화가 생겼다. 지금껏 누구의 팬을 해본 적이 없었는데, 트로트 가수 임영웅의 팬을 자처하게 된 것이다. 임영웅은 TV조선이 방영한 《미스터 트롯》 오디션에서 단연 빛나는 출연자였다. 만 29세의 무명 가수로 데뷔 5년 차였다. 예선과 준결승을 거치며 그가 부른 곡들은 조회 수가 수백만을 기록할 정도로 대중의 마음을 사로잡았다. 구보 씨는 그의 창법이 '창의적 발현'을 보인다고 느꼈다. 지금껏 그 누구도 보이지 않은 그만의 창법을 구사한다. 음색은 물론이고 음의 강약과 밀고 당김, 가사 해석, 감성 표현 면에서 그는 새로운 면모를 보였다. 그가 노래를 시작하면 객석에서는 탄성이 인다. 일찍이 이런 가수는 없었다. 그가 청중의 마음을 훔치고 어루만진다는 증거이다.

그가 노래를 소화하는 모습을 보면 오랜 관조의 습관이 있었음을 짐작게 한다. 사물에 시선을 주며 상대의 마음속에 들어가 상대의 입장이 되어보는 감정이입과 대상과 하나가 되어 패턴을 이해하는 물아일체를 경험해 본 사람만이 가질 수 있는 가사 해석력과 창법 그리고 표현력을 구사하는 까닭이다. 아버지를 일찍 여읜 탓에 어려서부터 상실감을 맛보았고, 쇠에 찍혀 얼굴에 큰 상처가 났어도 돈이 없어 흉터를 간직해야 하는 서러움을 겪었다. 난방이 안 되는 냉방에서 떨며 자고, 길거리에서 군고구마 장사를 해본 고난의 기억이 있다. 그는 자신뿐 아니라 타인의 슬픔과 아픔에 대한 이해도 갖추었음이 엿보인다. 그의 노래에서 물기와 온기가 함께 느껴지는 이유이다. 준결승전에서 그가 정확한 딕션diction과 자유자재의 리듬감으로 〈보랏빛 엽서〉를 소화하자 열광한 청중들이 뱉은 말은 "앙코르!"였다. 오디션장에서 이보다 더한 찬사가 있을까. 그는 트로트의 귀족이라는 느낌을 준다. 그를 이루는 모든 요소가 고급스러운 품격 속에 있기 때문이다. 해외에서도 그에 관한 관심이 크게 일고 있어 조만간 K-Trot가 일세를 풍미할 조짐도 짚어진다.

구보 씨는 2020년을 강타하고 있는 트로트 열풍이 임영웅의 노래 두 곡에서 촉발됐다고 본다. 《미스터 트롯》 경연에 나와 부른 첫 곡 노사연의 〈바램〉과 두 번째 부른 김광석의 〈어느 60대 노부부 이야기〉가 그 주인공이다.

내 손에 잡은 것이 많아서 손이 아픕니다. 등에 짊어진 삶의 무게가 온몸을 아프게 하고/ 평생 바쁘게 걸어왔으니 다리도 아픕니다. 내가 힘들고 외로워질 때 내 얘길 조금만 들어 준다면/ 큰 것도 아니고 아주 작은 한 마디 지친 나를 안아주면서 사랑한다 정말 사랑한다는 그 말을 해 준다면 나는 사막을 걷는다 해도 꽃길이라 생각할 겁니다.

라는 〈바램〉의 노랫말은 임영웅의 목소리에 실리면서 '치유의 노래'로 거듭났고,

막내아들 대학 시험 뜬눈으로 지새던 밤들 어렴풋이 생각나오
여보 그때를 기억하오
세월은 그렇게 흘러 여기까지 왔는데 인생은 그렇게 흘러 황혼에 기우는데
큰 딸아이 결혼식 날 흘리던 눈물방울이 이제는 모두 말라
여보 그 눈물을 기억하오

〈어느 60대 노부부 이야기〉 역시 임영웅이 절제된 감정으로 대화하듯이 읊어 많은 이들의 공감을 샀다. 이 두 곡은 노사연과 김광석이라는 대단한 가수들이 불렀던 곡이었지만, 임영웅이 표현하면서 폭발적인 반응을 얻었다. 탤런트 김영옥 씨를 비롯한 많은 사람이 임영웅의 이 두 곡에서

"큰 위로를 받았다."라고 고백한다.

　임영웅을 비롯해 〈막걸리 한잔〉의 영탁, 〈진또배기〉의 이찬원 그리고 장민호, 김희재 등의 스타 탄생 과정을 지켜보면서 구보 씨는 "저런 후진들에게 등용의 기회를 많이 주어야 한다."라고 생각한다. 한국 가요는 '미스터 트롯'을 기점으로 전(before)과 후(after)가 나눠질 것이다. 그런 스타들이 음지에서 눈물 밥을 먹어야 했고, 그들의 스타성이 청중에게 전달되지 못한 것은 대중에게도 큰 손실이었다. 트로트는 '미스터 트롯' 덕에 목하 '제2의 전성기'를 맞고 있다. 비단 가요계뿐만 아니라 몇몇 노장들이 독과점을 보이는 MC와 예능 등 다른 장르에서도 마찬가지 현상이 일어야 옳다. 신인 발굴 노력 여하에 따라 그 장르의 생명력이 좌우된다. 정치 분야의 세대교체 갈증은 말할 필요도 없을 것이다.

　광장시장이 시야에 들어오자 구보 씨는 '마약김밥'을 생각해낸다. 손가락 크기에 들기름을 발라 고소하기가 이를 데 없다. 얼마나 치명적인 맛이었으면 사람들이 김밥 이름 앞에 '마약' 자를 달았을까. 구보 씨의 기억에도 그 맛은 중독성이 강해서 육회 집에서 소주를 한잔할 때도 이 김밥을 싸 와서는 먼저 맛을 음미하며 배를 불리곤 했다. 1970년대에 광주리에 이고 이 시장을 누비던 아주머니는 보이지 않고 지금은 자녀들이 시장 안에 가게를 차렸다. 2~3년 전만 해도 가게 앞은 장사진을 이루었으나 지금은 더 이상 그런 광경은 보이지 않는다. 제조법이 유출됐는지 전 광장시장 좌판이 예외 없이 '마약김밥'을 팔고 있다.

　좌판에 앉은 구보 씨는 '마약김밥'으로 트로트의 부활을 축하했다. 아울러 정치란 게 편을 갈라 적을 만드는 짓거리가 아니라 민족의 신명 DNA를 부추겨 창의적 아이디어들이 샘솟도록 자리를 깔아주는 사역임을 애써 외면하는 현실에 새삼 강한 불만을 느낀다.

최근 대중음악 열풍을 이끌고 있는 스타들. 아래는 광장시장의 마약김밥집

27   낙산

길의 필연성이 예정된 것이라면
운동의 방향성은 사랑이 결정한다

낙산 한양도성

다시 다리에 힘을 얻은 구보 씨는 길 건너 동대문 뒷길을 따라 낙산공원駱山公園으로 향했다. 낙산은 산 모양이 낙타의 등처럼 불룩하게 솟았다 하여 붙여진 이름이다. 북악산, 남산, 인왕산 등과 함께 수도 한양을 북남서동으로 감싸는 네 산 가운데 하나이다. 태조는 네 산을 잇는 도성을 축조하고 산마다 숙정문肅靖門, 숭례문崇禮門, 돈의문敦義門과 흥인문興仁門 등 사대문四大門을 두었다. 대문과 대문 사이에는 네 개의 소문小門을 배치했다. 창의문(彰義門, 속칭 자하문紫霞門), 소덕문(昭德門, 후에 昭義門, 속칭 서소문西小門), 광희문(光熙門, 속칭 수구문水口門), 홍화문(弘化門, 후에 惠化門, 속칭 동소문東小門)이다.

흥인문과 혜화문 능선을 이루는 낙산은 산 전체가 기이한 암석과 울창한 수림을 안고 있는 데다 이화동과 동숭동 쪽에 맑은 계곡을 두어 조선시대에는 '쌍계雙谿'로 부르며 삼청, 인왕, 백운, 청학 등과 함께 도성 안 5대 명승지로 꼽혔다(《daum 백과》). 경승지였던 낙산은 일제 강점기에 파괴되고, 1960년대에 무분별한 개발로 시민아파트와 주택들에 잠식당한 채 오랫동안 오욕의 세월을 견디다, 1997년에 공원의 모습으로 복원되었다.

동대문에서 바라본 한양도성

    초대 대통령 이승만과 프란체스카 부부가 몸을 담았던 이화장梨花莊 옆의 계단 길을 천천히 걸어 올라가던 구보 씨는 이 근처에서 대학을 다니고 하숙을 하던 때에도 한 번도 걷지 않았던 길이라는 데 생각이 미치자 길의 필연을 떠올린다.
    인연이 없는 듯 보였지만 시간이 흐르면서 자석처럼 그 길을 향하는 모습을 발견한 까닭이다. 구보 씨가 이 길을 처음 찾았던 때는 2013년 가을이었다. 이 동네 젊은 목수가 낙후 가옥들을 수리해주는 봉사활동을 펴고 있다는 소식을 접하고 찾아와 허드렛일하며 힘을 보탠 적이 있었는데, 그때 이 마을의 아름다움을 발견했다. 그 후 구보 씨는 기회 닿을 때마다 트래킹 코스로 이곳을 찾았다. 2019년부터는 이 마을 아래에 '절친'이 생겨 둘이서 자주 산책을 하곤 했다. 구보 씨는 그런 연유로 "어떤 길은 나와 인연 속에 있는 게 틀림없다."라는 생각을 하게 되었다. 구보 씨는 낙산을 넘어 대학로로 향하면서 운농의 방향성과 길의 필연성에 관해 생각을 펼치고 있었다.

낙산 한양도성에서 바라본 서울 시내

낙산 도성 아랫마을

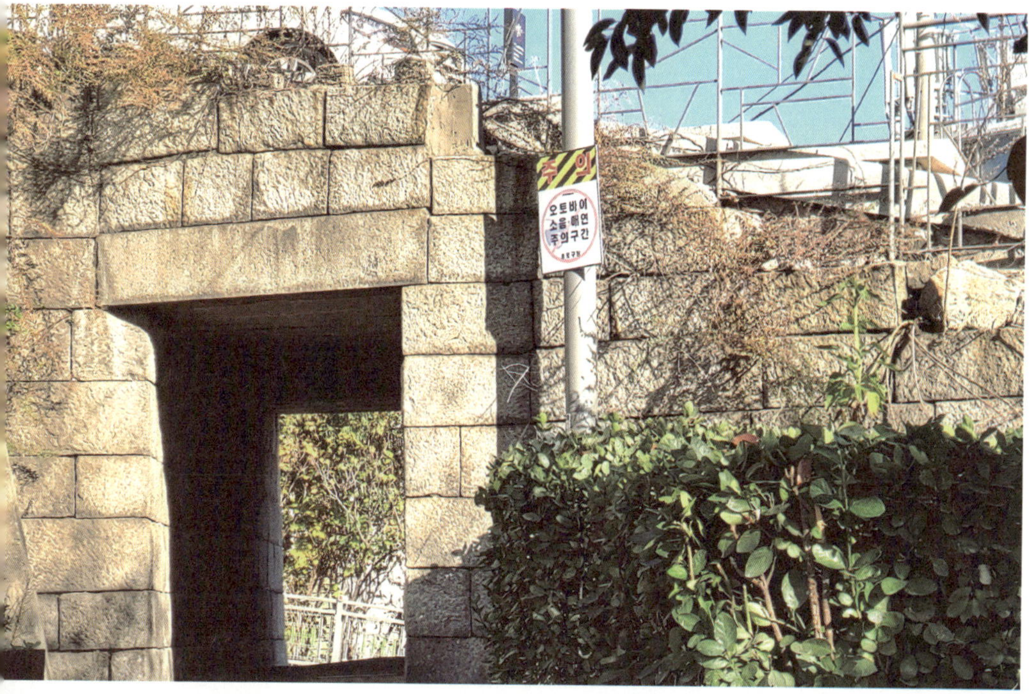
주의
오토바이
소음·매연
주의구간

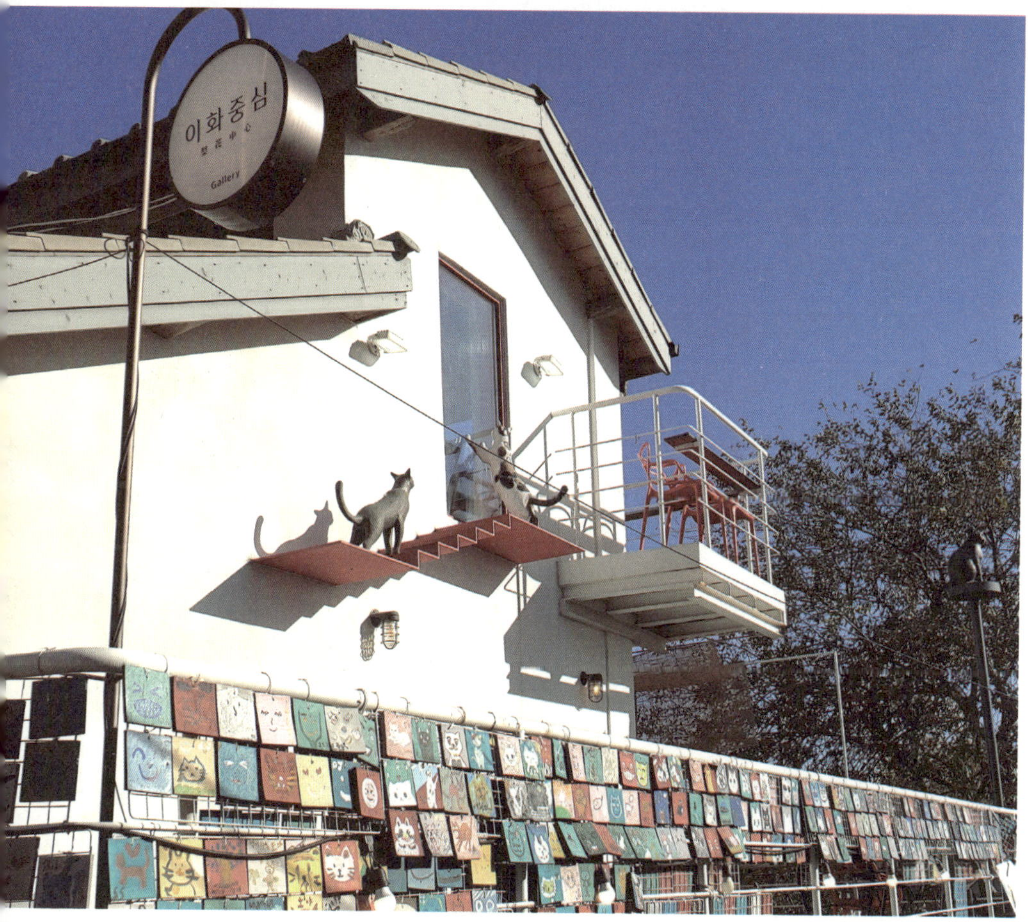
이화중심
Gallery

언젠가 늘 다니던 길을 버리고 다른 길을 선택한 적이 있었다. 조금 우회해야 하는 길이지만 교통 혼잡을 피할 수 있을 것으로 판단했기 때문이었다. 그런데 그 길에서 차량정체를 맞아 낭패스러웠다. 알고 보니 차량 두 대가 추돌을 일으켜 차선 하나를 잡아먹은 탓이었다. 차량들 뒤에는 개 한 마리가 죽어 있었다. 앞차가 도로에 뛰어든 개를 치며 급정거했고, 그 바람에 뒤따라오던 차가 추돌한 것이었다. 그 개는 그날 아침 눈뜨며 당일 자기에게 닥칠 운명을 손톱만큼도 깨닫지 못했을 것이다. 다른 차량 두 대의 운전자들도 오늘 그 같은 사고를 당하리라고는 짐작조차 못 했을 것이다. 그 길을 달리던 차들도 그날 그 사고를 목격하게 되리라고 예상 못 했기는 마찬가지일 터였다.

왜 그날 구보 씨와 그들은 한결같이 약속이나 한 듯 그 길 위로 모여들었던 것일까? 모두가 같은 방향성을 택했던 까닭일 것이다. 그 방향성의 모티브는 동일하지 않았겠지만, 그 결과는 모두 공유했다.

'예정된 조화'였을까?

운동은 방향성을 갖는다. 그 방향성을 결정하는 요소는 많다. 우선은 외재적 의지와 내재적 절실함일 것이다. 의지는 의식이, 절실함은 무의식이 지배한다. 무의식이 지배하는 절실함의 영역은 의식의 개입을 불허할 정도로 절대적인 힘을 발휘한다.

> 너에게로 가지 않으려고
> 미친 듯 걸었던 그 무수한 길도
> 실은 네게로 향한 것이었다.
> (중략)
> 나의 생애는 모든 지름길을 돌아서
> 네게로 난 단 하나의 에움길이었다.
>
> ―〈푸른 밤〉, 나희덕

사랑이 주제라면 이별의 아픔이 절절히 묻어나는 시이다. 잊어야 한다는 의식과 달리 무의식은 당사자를 추억 속으로 이끌고 있다. 무의식의 힘은 불가항력이어서 당사자는 전 생애에 걸쳐 별리의 아픔에서 헤어나지 못한다.

미련. 온 마음을 다해 사랑한 사람을 떠나보낸 이에게 숙명처럼 집요하게 달라붙은 운동의 방향성이다.

개인이 지향하는 방향성은 시대 상황과 밀접하게 연결되게 마련이다. 사회적 동물인 이상, 인간의 삶은 시대 상황을 비켜 갈 수 없다. 사회적 인간은 대부분 집단이 설정한 방향성을 따라왔다. 한국의 경우, 1948년 제1공화국 정부 수립부터 20세기 말까지 사회의 방향성은 반공과 경제개발을 내세운 국가주의를 택했다. 이 시기 국가는 경제개발과 수출 증대에 올인했고 그 결과 살림살이는 나아졌다. 국민 일부는 성장의 대가로 자유를 유예 당하는 데 대해 반기를 들었다. 대학생들의 반정부 시위가 빈번하게 발생했다. 미약하나마 지식인과 언론의 저항도 있었다. 이 저항 그룹은 정권의 핍박을 받았다. 한국 사회는 체제 지지를 놓고 대립하는 두 집단이 적대관계를 형성하면서 점차 진영 사회로 고착화되었다.

이런 와중에 자본주의가 경제 모순들을 드러내면서 전 세계적으로 경제난이 찾아왔다. 한국은 1997년 외화 부족으로 IMF 제재를 당하게 되면서 한국 경제가 뿌리째 흔들리게 되었다. 기존의 자유주의 경제의 결함을 메우려는 신자유주의가 유입되면서 기업 파산과 합병이 잇따르고 그에 따른 감원과 해고가 속출했다. 오랫동안 굳건히 자리를 지켰던 국가주의가 흔들리기 시작했다. 국가가 더는 개인을 지켜주지 못한다는 국민의 현실 인식이 있었던 까닭이었다. 그 자리를 개인주의가 차지했다. 자연스러운 귀결이었다.

개인주의 풍조가 득세함에 따라 개인들이 생존을 위해 무한 경쟁을 하도록 내몰리면서 새로운 방향성이 생겨났다. 합리주의였다. 사전적 의미로는 "후천적 경험에 의한 귀납적 도출론을 버리고 생득적으로 가진 이성의 힘으로 성찰을 하려는 인식론"이었다. 그동안 집단성에 지배당했던 개체의 개별성이 맹아한 까닭이었다. 관행이라고 여겨 외면받았던 폐습들이 일제히 도마 위에 오르기 시작했다. 무사안일 풍조와 권력의 갑질, 하류 정치, 정경유착, 조직 내 성폭력 등이 차례로 추악한 면모를 드러냈고 국민은 공분했다. 한바탕의 소란 끝에 사람들은 그동안 집단성이라는 보호색 뒤에 숨어 있던 악습들이 큰 잘못이었음을 비로소 이해하게 되었다. 그들 속에는 가해자와 피해자 그리고 방관자들이 모두 포함됐다. 갑의 위치를 이용해 비리와 성추행을 밥 먹듯 저질러 온 정관계 인사들, 노시인과 연극 연출가, 교수, 연예인, 직장 상사 그리고 피해를 보고도 냉가슴 앓듯 침묵해온 피해자들, 그 사실을 알고 그 행태들을 지켜보면서도 문제 삼거나 제지하지 않았던 방관자들이 모두 대오각성하기에 이른 것이다. 전체성이라는 둑을 무너뜨리면서 봇물이 터지듯 역습을 가한 개별성 덕분에 사회는 조금씩 맑아져 가고 있다.

 2020년을 강타하고 있는 코로나 역병으로 '자기중심주의' 경향이 강해질 소지가 예상되지만, 모든 개체의 방향성은 법, 질서, 도덕, 상식 같은 다른 힘의 간섭을 받게 마련이다. 상식의 적용을 받는 방향성이 가장 건강하면서 가장 보기 좋은 운동의 형태일 것이다. 그 상식의 원천은 배려이며 사랑이다. 그렇게 본다면 가장 강력한 조정력은 역시 사랑이라 하겠다. 사랑을 받는 사람의 처지에서 사랑이 인도해주는 방향성을 거역하기란 쉽지 않다. 아니 옳지 않다. 그 사랑의 방향성이 역할을 함으로써 개별성이 공동체와 만난다.

 톨스토이(Lev Tolstoy, 1828~1920)는 《사랑이 있는 곳에 신이 있다》는 소설에서 상처한 후 절망 속에서 연명하는 주인공 마르틴으로 하여금 눈 맞는 청소부에게 따뜻한 차를 대접하고, 아기를 안은 채 떨고 있는 여인에게 음식과 옷을 제공하고, 사과를 훔친 소년을 구해주게 함으로써 신을 만나게 한다. 마르틴은 사랑이 이끄는 방향으로 걸어가 그가 속한 공동체에 온기를 더해 주었고 스스로도 구원에 이른다.

때로 운동은 제각각이고 우연으로 비치기도 하겠지만, 실은 모두가 씨줄 날줄이 촘촘한 거미줄 위에 그 좌표를 둔다. 커다란 운동 상호 간에는 유기적이고 필연적인 인과관계가 형성된다. 그냥 우연히 생겨나는 운동, 또는 반운동은 없는 법이다. 이 세상에는 '보이지 않는 손'이 작용하고 있고, 우리의 행동은 그 손에 의해 조종되는 것은 아닌가, 여겨지기도 한다. 눈에 보이지는 않지만, 해와 달과 땅의 기운 그리고 사람의 배려도 그러한 손들 가운데 하나일 터이다.

2018년 7월 23일 보수 진보 진영으로 양분된 한국 정치 현실에서 양측으로부터 공히 긍정적 평가를 받아온 노회찬 의원이 댓글로 특검의 수사를 받던 '드루킹' 측에서 4천만 원을 받은 사실을 인정하고 스스로 목숨을 끊었다. 정의당 소속의 고인이 추구했던 운동의 지향점은 한국 사회변화의 흐름과 늘 궤를 같이해왔다. 상식과 배려가 살아 숨 쉬는 합리적 공동체가 그의 지향점이었다. 그의 급작스런 죽음이 사회에 미친 파장은 컸다. 사람들은 그의 죽음에 충격을 받고 안타까워했다. 자신의 실수를 부끄러워하고 책임지는 모습을 높이 산 까닭으로도 보인다. 한국 정치인들 가운데는 전례가 드문 케이스다. 그도 남들처럼 "그런 적 없다.", "비서가 받았다.", "빌린 거다.", "정치 탄압이다.", "역사의 법정에서 나는 무죄다."라며 부인하고 변명하고 자기 합리화를 할 수 있었는데 실수를 시인하고 스스로 응징하는 귀결을 택했다. 7월 27일 국회장으로 치러진 영결식에는 시민 3천여 명이 찾아와 애도했다. 그의 죽음을 놓고 이러저러한 해석들이 제기되고 있지만, 구보 씨는 그가 남긴 유서의 내용으로 미루어 노회찬의 선택은 그가 속했던 당과 이제 막 합리의 싹을 틔우기 시작한 한국 사회에 대한 노회찬식 애정의 발로라 여겨본다.

낙산이 공원으로 복원되면서 이 일대는 변모를 거듭했다. 그림 계단과 벽화마을이 명소가 되어 일본과 중국에서도 찾아오고, 그 주변에 공방이며, 카페, 음식점 등이 들어서 젊은이들을 부르고 있다. 청춘들은 이곳에서 서울의 야경을 조망하며 탄성을 지른다. 이곳에는 유서 깊은 야학도 남아 있다. 1964년 경희대학생이던 마대복 씨가 구두닦이를 하며 시작한 야학은 3천 6백여 명의 졸업생을 배출했다. 아픔이 아픔을, 설움이 설움을 알아보고 챙긴 미담이다. 60, 70년대 낙산 아래 창신동 일대는 봉제공장들이 밀집돼 있었다. 동대문 시장에 신속히 납품하기에 최적의 장소였던 까닭이었다. 그때보다 숫자는 줄었지만, 지금도 봉제공장들이 많이 보인다. 1970년 평화시장 재단사로 일하다 열악한 노동 현실을 고발하며 22살의 나이에 분신자살했던 전태일(1948~70)을 추모하는 기념관도 낙산 아래에 있다.

낙산 정상에서 구보 씨는 파노라믹 뷰panoramic view를 감상한다. 왼쪽부터 남산, 안산, 북악산, 북한산, 도봉산, 수락산 그리고 멀리 아차산과 불암산까지 두루 조망되었다. 한양도성이 길게 꼬리를 물고 혜화문과 성북동을 거쳐 북한산성과 연결돼 있다. 태조 때 삼봉 정도전이 책임자로 쌓기 시작해 성벽과 성문을 보수해가며 고종 때까지 관리했다. 시대별로 다른 모양의 성 돌이 그 노력들을 반영한다. 정사각형, 장방형, 큰 돌, 작은 돌 등이 혼재한다. 군데군데에 조성된 암문을 바라보다 구보 씨는 다산 정약용의 일화를 떠올린다. 다산은 중앙 관료이던 서른 살 무렵 이 암문으로 한양을 몰래 빠져나가서 살곶이 다리에서 배편으로 양수리 고향에 가서는 천렵을 하고 놀다 이튿날 새벽에 다시 한양으로 입성했다. 공직과 유배를 거듭했던 다산이 자유인이 되고 싶어 했던 일면을 내비친 에피소드이다. 다산이 〈초상연파조수지가기苕上煙波釣叟之家記〉에서 언급했듯이 늘 배 위에서 생활하며 물 위를 떠다니는 부가범택浮家汎宅의 삶을 소원했던 데서도 그가 추구했던 삶의 모양을 짐작할 수 있다. 실제로 다산은 1823년 4

월 15일 어망과 낚싯대를 갖춘 '산수록재山水綠齋'라는 배를 마련해 고향 양수리에 띄우고 살았다. 소원을 이룬 셈이다.

낙산에는 기구한 삶을 살았던 두 여인의 애환도 녹아 있다. 먼저 조선 제6대 임금 단종(端宗, 1441~57)의 비였던 정순왕후(定順王后, 1440~1521) 송 씨다. 그녀는 16살의 나이에 남편을 빼앗기고 낙산 청룡사에 기거하며 죽을 때까지 매일 영월 쪽을 향해 남편의 명복을 빌었다. 그 장소는 '동쪽을 바라본다'라는 뜻의 동망봉東望峰으로 남아 있다.

다른 여인은 홍덕이다. 나인이었던 그녀는 인조 14년이던 1636년 병자호란 때 청나라에 볼모로 잡혀간 봉림대군(鳳林大君, 孝宗, 1619~59)을 따라가 지극정성으로 섬기다 소현세자의 급서로 귀국한 후에도 낙산에서 텃밭을 가꿔 김치를 손수 담가 왕위에 오른 대군에게 바치며 한평생을 살았다. 그녀의 사연은 '홍덕이 밭'으로 남아 오늘에 전한다.

북악산 방향으로 길게 이어진 도성을 바라보다가 구보 씨는 이 도성이 당초 의도한 만큼 외적의 침입을 막는 데 효과가 있었는지를 생각해 본다. 호란 때도 왜란 때도 심지어는 내란 때도 수비의 역할을 했다는 기록이 없다. 그저 후손들에게 멋진 풍경을 제공하는 역사유적으로 남았을 뿐이다. 중국 역대 왕조들이 북방 유목민의 내습을 막기 위해 5천 km에 걸쳐 건설한 만리장성 역시 무력했기는 마찬가지였다. 그저 중국을 상징하는 관광자원으로 기능하는 데 그친다. 안보는 성이라는 형식이 아니라 의지라는 내용이 굳건해야 한다. 구보 씨는 대학로 방향으로 천천히 걸음을 옮겼다.

아름다움은 적이 많은 법이다.
시간만이 원군일 테지만,
왕왕 그마저도 편들어 주지 않는다.
무지 탓이다.

지금은 방송통신대학이 사용하는 옛 서울법대 건물을 지나 대학로로 접어들자 학림다방, 진아춘, 오감도, 마로니에, 미라보 다리, 서울대 등 70년대 초반까지 이 거리를 형성했던 이미지들을 떠올린다. 모두가 사라지거나 장소를 옮겼다. 구보 씨는 대로변에 있다가 골목길로 들어간 중국집 진아춘進雅春을 찾았다. 지난 4월 초 봄바람이 스산하게 불던 날 저녁 이 근처 사는 친구의 제안으로 찾았다가 코로나로 문이 닫혀 있어서 뒤돌아섰던 생각이 들었던 까닭이었다. 중국 음식점이 수난을 당하던 시기였다. 1970년대 초반 당시 이곳에 있던 서울대 연건동 캠퍼스의 학생들은 짜장면과 단무지를 안주로 '배갈'이라는 이름의 청춘을 마셨다. 1925년부터 문을 연 이곳에서 가난한 학생들은 시계를 맡기고 외상 짜장면을 먹었다. 1996년 형邢 사장은 찾아가지 않는 시계 50여 개를 서울대 기록관에 기증했다. 진아춘은 동숭동 캠퍼스가 1974년 관악산으로 옮겨갈 때까지 서울대생들과 고락을 같이 한 산증인인 것이다. 오랜만에 받은 짜장면은 여전히 면발이 쫄깃했다. 만두값 8천 원은 현금으로 받아 뇌성마비 아동 기금으로 기부하고 있었다. 진아춘은 여전히 세상과 더불어 살고 있어서 보기에 좋았다.

동숭동 골목길에서 구보 씨는 몇 년 전까지 여기에 있었던 '마리안느'를 회상한다. 소설가 이제하(李祭夏, 1937~) 선생이 운영하던 카페였다. 평창동에 둥지를 틀고 있다가 집주인에게 내몰려 이곳으로 옮겨 왔다. '마리안느'는 프랑스 영화 《나의 청춘 마리안느》에서 빌려온 듯 여겨졌다. 호수 한가운데의 섬에 사는 젊은 백작 부인 마리안느와 보트를 저어 건너와서 밀회를 즐기는 대학생 뱅상의 러브스토리가 몽환적으로 그려진 영화였다. 낭만적인 문학인들이 마리안느를 자기 애인처럼 여기며 이 집을 찾았다. 시인 박형준(1966~)의 시에서도 묘사된 바 있다.

(전략)

저물어 가는 겨울 저녁 눈이 그리우면 혜화동의 카페 마리안느에 가보라. 소설가 이제하가 대표인 그 카페에는 독毒이라는 뜻을 지닌 프아종Poison 향수처럼, 펄펄 내리는 눈 향기가 나는 그녀가 앉아있을지 모른다. 사람이기를 멈춘 채 쉬는 막 향기가 나는, '눈앞이 캄캄하고 못생긴 내 청춘'이 읊조리는 고양이처럼 근사한 여인이 기다릴지 모른다.

―박형준, 〈카페 마리안느/ 황인숙〉

구보 씨는 대학로를 걸으며 이 언저리에서 청춘을 구가하던 면면들을 떠올렸다. 연극을 하던 친구, 클래식 기타를 뜯던 친구, 시를 쓰던 친구, 미라보 다리 위에서 민주주의의 열망을 토하던 김병곤(1953~1990) 등이 겹친다.

김병곤은 유신독재에 항거하다 '민청학련' 사건으로 구속돼 사형을 선고받자 "영광입니다. 유신 치하에서 삶의 길을 빼앗긴 이 민생들에게 줄 것이 아무것도 없어 걱정하던 차에 이 젊은 목숨을 기꺼이 바칠 기회를 주시니 고마운 마음 이를 데 없습니다. 감사합니다."라고 최후 진술을 했던, 피 끓는 애국심을 가졌던 인물이다. 그는 군부독재 시대에 절망하며 투쟁을 계속하다 병을 얻어 37세에 생을 마감했다. 그는 국가의 미래와 국민의 더 나은 삶을 위해 온 몸을 던져 항거한 순수 열정의 애국자였다. 구보 씨는 많은 운동권 출신들이 권력을 탐닉하다 사람들의 손가락질을 받는 모습을 접할 때마다 그를 떠올리곤 한다. 구보 씨는 옛 문리대 교정이었던 마로니에 공원 칠엽수 나무 아래에 앉아 1973년 가을 이곳에서 있었던 서울대 총시위를 회상하며 김병곤이 아직 살아 지금의 정치를 본다면 무슨 말을 했을까, 생각해 본다. 60년대 시인 신동엽이 "4월도 알맹이만 남고 껍데기는 가라!"라고 포효했듯이, 김병곤 역시 "'촛불'도 알맹이만 남고 껍데기는 가라!"라고 일갈하지 않았을까. 입으로만 정의를 외칠 뿐, "기회

도 과정도 결과도"[19] 여전히 불평등하고 불공정하기만 한 세태를 그가 외면할 리 없는 까닭이다.

다시 걸음을 옮기던 구보 씨는 문득 하나의 멜로디를 떠올렸다. 47년 전 이 거리에서 들었던 팝송이었다. 1973년 봄 이 거리에서 종로 5가 쪽으로 향하던 도중에 다방에서 길거리에 설치해놓은 스피커를 통해 흘러나온 곡 하나가 구보 씨의 걸음을 붙잡았다. 스피커 선을 따라 2층의 다방으로 들어가 앨범 재킷의 노랫말을 옮겨 적고선 몇 번에 걸쳐 들으며 가사와 멜로디를 익혔던 노래였다. Don Mclean의 〈Vincent〉였다. 지금까지 구보 씨의 애창곡으로 남은 곡이다. 로버타 플랙Roberta Flack이 〈killing me softly with his song〉이라는 헌정곡을 만들고 불러 Don에게 바쳤을 정도이고 보면, 이 노래는 확실히 매력 있는 곡임에 틀림없다. 처음에는 불우했던 천재 화가 빈센트 반 고흐(Vincent Van Gogh, 1853~1890)에 대한 헌가獻歌라는 사실을 알지 못한 채 아름다운 노랫말이라고만 느꼈다.

"starry starry night paint your pallette blue and grey"로 시작하는 서정적인 가사는, 프랑스 남부 아흘레Arles의 강가에서 밤하늘의 별을 바라보던 고흐의 심정을 대변하고 있다. 세상이 이해해주지 못하는 예술 세계를 가진 채 시대를 견뎌야 한다는 게 얼마나 큰 고통인지를 노래한다. 지금과는 천양지차의 저평가를 했던 당시 프랑스 미술계의 풍토를 구보 씨는 늘 모순으로 여겼다.

그날의 인연은 대단한 힘을 발휘해 2006년 5월 1일 구보 씨는 아내와 함께 프로방스Provence 지역의 아흘레Arles를 찾게 된다. 구보 씨로서는 오랜 염원이 이루어지는 가슴 설레는 순간이었다. 구보 씨는 일기에 그날의 감동을 기술한 바 있다. 기억에서 끄집어내 본다.

---

19 문재인 대통령은 2017년 5월 10일 제19대 대통령 취임사에서 "기회는 평등할 것이고, 과정은 공정할 것이며, 결과는 정의로울 것"이라고 천명했다.

마로니에 광장

아흘레의 기억

처음 눈에 들어온 건 론Rhone 강이었다. 론강은 프로방스 북쪽 알프스산맥 빙하에서 발원해 813km를 흘러 지중해로 빠진다. 눈 녹은 물이어서 몹시 차다. 봄인데도 이날 알프스 산간에는 눈보라가 휘몰아쳤고 그 여파로 시속 110km의 강풍이 불고 있었다. 강물에 하얗게 삼각파가 일 정도였다.

아흘레로 옮겨 오면서 고흐에게는 론강이 큰 위안이 된 듯싶다. 동생 테오에게 보낸 편지에서도 언급했듯이, 고흐는 특히 밤의 론강을 좋아했다. 저문 강 위에 출몰하는 별들을 그는 구도자의 심정으로 바라보곤 했다. 고흐는 이윽고 론강 상공의 별들을 그리기 시작했다. 모자에 촛불을 꽂아 등불을 대신했다. 어두운 하늘과 저무는 강과 점점 찬란해지는 별들이 화가의 영감을 자극했을 것이다. 어둠 속에서 더욱 선연해지는 색들을 발견하는 기쁨을 맛보았을 것이다. 고흐는 물감을 몇 겹으로 두껍게 칠해 층이 지게끔 부조 감을 내는 임파스토impasto 기법으로 이 상황들을 표현했다. 밤하늘과 별과 강을 그리며 고흐는 일렁이는 감동에 겨워 시간 가는 줄도 모르고 작업에 몰두했을 것이다. 그 순간만큼은 행복하지 않았을까 싶다.

론Rhone 강

밤은 낮보다 더 풍부한 색깔을 갖고 있는 것 같다. 더 강렬한 보라색과 푸른 색들로 밤은 물들어 있다.
— 테오에게 보낸 편지 중

강둑을 걸으며 여기 어딘가에 앉아 별이 빛나는 밤을 그렸을 고흐를 상상해본다. 지금도 이렇게 한적한데 당시는 얼마나 적막한 풍경이었을까 생각하니 고흐의 열정과 고독이 함께 전해져 온다. 테오에게 보낸 편지에도 당시의 심경이 담겨있다.

나는 종교에 대해 처절한 욕구를 갖고 있다. 그런 밤이면 나는 별을 그리러 밖으로 나간다.

몸을 잔뜩 수그려야 했을 정도로 그날 바람은 거셌다. 조심하지 않으면

337

고흐, 〈별이 빛나는 밤에〉

몸이 차디찬 강 속으로 날아갈 것만 같았다. 고흐도 이런 날 캔버스를 옆구리에 끼고선 이 길을 나처럼 위축된 채로 걸었으려니 생각하게 된다. 강 풍경과 바람을 매개로 고흐와 교감한다.

강 옆에 맞춤한 레스토랑 하나가 눈에 들어온다. 어쩐지 고흐가 들렀을 것 같은 느낌을 받는다. 나중에 들러 목을 축여야겠다고 생각하며 골목길을 돈다. 가게들이 늘어선 번화한 거리가 나타났고 그 코너에 고흐가 묵었던 3층짜리 하숙집, '노란 집'이 있었다. 지금은 1층을 카페로 쓰고 있다.

집 바로 앞에 투우장이 있다. 불과 20m 정도의 간격이어서 고흐도 이 투우장의 소란스러운 함성을 들었을 터이지만 그런 기록을 본 적은 없어 좀 낯선 풍경이 된다. 투우장은 지금은 투우사와 소의 싸움터이지만 로마 시대에는 검투사들이 목숨을 걸고 죽음의 결투를 벌여야 했던 장소였다. 바로 옆에는 사자들을 키우던 우리도 보인다. 세상 사람들을 쓰다듬고 위로하고자 했던 고흐가 이 야만적 유적을 좋아했을 리 없다. 실제 그의 그림 속에도 이 투우장에 대한 묘사는 보이지 않는다.

아흘레 노란색 하숙집

 투우장을 왼쪽으로 끼고 비탈길을 오르니 레스토랑과 카페 몇이 눈에 들어온다. 고흐가 들렀을까 생각해 보지만, 그가 자주 들렀던 곳은 '밤의 카페'로 남아 있는 바로 그 카페이다. 5분쯤 걸어가 골목 중간에서 그 카페를 만났다. 생각보다는 길이가 짧은 집이었다. 테이블이 여럿 놓인 기다란 테라스를 기억하면 이 풍경 또한 다소 낯설다. 카페 마담 지누 부인을 앉혀놓고 그린 자리가 이쯤일까?, 테라스를 기웃거린다. 고흐처럼 앉아 한잔하고 싶었지만, 영업하지 않아 서운한 마음을 감추지 못한 채로 돌아선다.

 투우장을 돌아 다시 내려가니 '노란 집'에 다 가서 오른편 언덕에 작은 교회가 하나 보인다. 화가로 변신하기 전 신학 공부를 했고 네덜란드의 광산촌에서 교직을 맡기도 했던 전력을 생각하면 고흐가 이곳에도 들리지 않았을까, 혼자 짐작해 본다. vincent라는 이름의 가게 간판과 고흐의 그림이 든 기념품 가게의 그림엽서들을 제외하면 고흐의 흔적은 많지 않다. 공원에 고흐의 얼굴 조각상이 있지만 별로 닮아 보이지 않는다. 그의 그림

속에도 등장하는 보라색 붓꽃Iris만이 한 때 그가 여기서 시간을 보냈음을 상기시킨다.

고흐는 정규 회화 수업을 받지 않은 채로 화가가 되었다. 밀레의 그림들을 모사하며 그림을 시작했다. 아마추어 티를 벗지 못한 그의 그림들이 평가받기는 어려웠을 것이다. 그는 동생 테오가 용기를 북돋워 주기 위해 배려한 '해바라기' 그림을 제외하곤 단 한 점도 팔지 못한 채 세상을 떴다. 평론가들은 고흐의 초기 그림들은 회화의 기본이 덜된 엉성한 수준이라고 평가한다. 그에게 구도와 색채 등에서 회화의 영감을 준 사람은 다름 아닌 고갱(Paul Gauguin, 1848~1903)이었다.

1888년 고갱은 테오의 부탁으로 아흘레에서 고흐와 9주 동안 함께 생활했다. 고흐가 고갱을 사무치게 그리워했기 때문이었다. 둘은 그 전 해에 파리에서 처음 만났다. 고흐가 그림을 시작한 지 7년째 되는 해였다. 39살이던 고갱은 고흐와 추구하는 바가 달랐다. 고갱은 원시 자연을 그리고 싶어 했다. 그 꿈을 구현하기 위해 안정된 직장인 증권회사를 박차고 나온 사람이었다. 아흘레에서 같이 지내면서도 늘 타히티로 떠날 생각만 하는 고갱에게 "떠나지 말고 같이 남아 작품 활동을 하자."라는 고흐의 간청은 짜증스러웠을 것이다.

어느 날 술을 마시다 언쟁 끝에 극도로 예민해진 고흐는 하숙집으로 돌아와 귀를 자르고 만다. 비극적인 파국이었다. 고갱이 진저리를 치며 떠나버리자 혼자 남은 고흐는 절망적인 상황에서도 〈자화상〉을 비롯해 매일 그림을 그렸지만, 심신은 이미 피폐해진 상태였다. 1890년 정신분열증으로 권총 자살을 하기 전까지 생의 마지막 동안 고흐가 그린 작품들 속엔 고갱의 영향이 짙게 배어있다. 대상을 관찰하고 그 자리에서 마무리 짓던 제작방식을 바꿔 고갱처럼 스케치한 것을 토대로 스튜디오에서 마무리를 지었다. 구도가 잡히고 색감이 풍부해졌다. 고갱에 대한 그의 애증이 예술로 승화된 채 그림 속에 고스란히 남은 것이다.

　고흐를 화가로 성숙시킨 건 고갱이었겠지만, 그를 세상에 알린 건 테오의 부인 요한나(Johanna Gesina van Gogh Bonger, 1862~1925)였다. 그녀는 자비를 들여 네덜란드에서 고흐의 유작 전시회를 열고, 1919년 뉴욕에서 《빈센트 반 고흐: 동생에게 보낸 편지》를 써서 출간했다. 그녀의 마케팅 덕분에 빈센트 반 고흐는 사후 '천재 화가'의 반열에 오를 수 있었다. 20세기 초 한 점에 10만 원도 못 받던 고흐의 그림값은 1987년 〈해바라기〉가 3,990만 달러에 팔리는 등 최고 천억 원까지 치솟았다. 대중이 고흐의 천재성을 쫓아오는 데는 수십 년의 시간이 필요했던 것이다.
　돌아 나오는 길에 진즉에 봐 두었던 그 레스토랑으로 들어갔다. 다소 소란스러운 분위기였지만, 한쪽 구석에 앉아 술을 한 잔 시켰다. 고흐가 즐겨 마셨던 '압생트Absinthe'를 주문하고 싶었지만, 그 술은 더는 주조가 허락되지 않는단다. 주도가 무려 68%나 되는 증류주인데다 재료인 아브신트Absinth 쑥에 환각 성분이 들어있어 건강을 해치는 위험한 술이라는 이유에서라고 한다. 1797년에 출시된 이래 2백 년 세월 동안 프랑스 예술가

머스캣muscat 와인

들은 물론이고 어니스트 헤밍웨이(Ernest Hemingway, 1899~1961), 살바도르 달리(Salvador Dali, 1904~1989) 등 프랑스에 머물렀던 외국 예술가들에게도 사랑을 받았던 술에 그런 비밀이 숨어 있었다니 다소 놀라웠다.

  할 수 없이 머스캣muscat 와인과 로제 와인rose wine을 맛보기로 했다. 프로방스는 이 두 와인이 유명하다. 머스캣 와인은 달콤한 꽃향기를 뿜어내는 머스캣 품종으로 만든다. 머스캣은 유럽 포도 가운데 가장 오래된 품종으로 여겨진다. 가장 일반적인 포도 품종인 보흐도Bordeaux 지역의 까베흐네 소비뇽cabernet sauvignon이 껍질이 두껍고 산도가 높으며 탄닌과 미네랄이 풍부해 떫으면서도 묵직한 맛을 내는 데 비해 머스캣은 경쾌하고 달달한 맛이 특징이다. 핑크빛의 로제 와인은 레드 와인과 화이트 와인의 중간 형태로 두 와인을 섞거나, 적포도를 으깨어 화이트 와인 양조법으로 만들거나, 레드 와인을 담그면서 색소를 추출하는 방법으로 만든다. 안주로 시킨 아키텐 소고기는 육즙이 풍부하고 육질이 부드러웠다. "혹시 투우장에서 죽어 나온 소의 고기냐?"라고 농을 건넸더니 주인 영감의 안색이 굳어졌다. 정색하고 "그 고기는 아무도 먹지 않는다."라고 잘라 말한다. "투우 고기가 비싼 값에 팔린다."라는 이야기는 프랑스에서는 헛소문임을 확인한다.

1970년에 개업했다니 고흐와 연관성은 없는 집이었지만, 지은 지 수백 년 된 집이어서 론강을 자주 거닐었을 고흐가 스쳐 지나갔을 집임에는 분명하다. 여전히 맹위를 떨치는 바람 소리를 들으며 프로방스의 와인을 목구멍 속으로 털어 넣었다. 그리고 Vincent에게 작별을 고했다.

"당신이 사랑하고 위로하려 했던 모든 것들을 사람들은 이제 이해할 겁니다. Vincent. 비록 동시대인들의 몰이해 속에서 고난의 삶을 살아야 했지만, 당신은 대상에 대한 사랑과 연민을 화폭에 쏟아냈던 아름다운 사람이었습니다."

29 혜화동 — 성북동

느슨한 끈 같은 이웃이 될 수는 없나
삶이 다르게 전개될 수도 있을 터인데

혜화동 로타리

혜화동은 조선 시대에 앵두나무가 많았던 지역이라고 전한다. 구보 씨가 어렸을 적에 읽었던 김내성(金來成, 1909~1957)의 장편소설 《쌍무지개 뜨는 언덕》의 무대이기도 하다. 1950년대 쌍둥이 자매의 상반된 삶을 다룬 이 소설의 포맷은 영화나 드라마에 자주 인용됐다. 작가 박범신(1946~)은 이 소설을 읽고 작가의 꿈을 키웠다고 밝힌 바 있다. 구보 씨는 1964년 국군 장병 위문품을 재촉하는 담임선생의 닦달에 그만 이 소설책을 보내고선 한참을 서운해했던 기억을 안고 있다. 종로구(구청장 김영종)는 2015년 혜화동 일대 전봇대 기둥에 회화적 요소를 가미해 밋밋하던 공간에 생동감을 불어넣었다. 이 아트 프린트로 불법 광고물들 천지였던 전봇대가 예술 작품으로 탈바꿈했다. 전봇대 하나가 지역의 풍경을 바꾸었다. 주민의 자부심도 커질 게 틀림없다. 이런 시도가 시민을 위하는 행정이라고 구보 씨는 칭찬한다.

마당의 오래된 향나무가 멋진 장면(張勉, 1899~1966) 제2공화국 총리의 고 거를 지나 '명륜 손칼국수' 집이 그대로 있는지 잠시 확인한 후, 옛 보성고등학교 옆 고개를 넘어 성북동으로 들어선다. 한양도성의 북쪽이란 뜻에서 '성북城北'이란 지명이 붙은 곳이다. 구보 씨는 오늘 여정의 종착지에 다다랐다는 생각에 안도감을 느낀다. 마음이 편안해지면서 하나의 선율이 물결친다. 스무 살 무렵 좋아했던 스메타나(Bedrich Smetana, 1824~84)의 연작 교향시 〈나의 조국〉 중 〈몰다우〉이다. 동유럽을 길게 흐르는 몰다우는 나라에 따라 블타바, 다뉴브, 도나우 등으로 부르기도 한다. 스메타나의 〈몰다우〉는 강의 긴 여정과 사냥, 결혼식, 축제, 달빛 등 주변의 광경들을 표현한 곡이다. 카라얀(Herbert von Karajan, 1908~89)이 지휘하는 베를린 필Berlin Philharmonic의 연주를 들을 때마다 물의 흐름과 풍경들이 음으로 느껴지던 인상파적 곡이다. 스메타나가 조국 체코를 관통하던 강을 그리며 지은 곡이어서 향수를 자극한다.

구보 씨는 성북동에 들어서며 고향에 돌아온 듯한 감회에 닿는다. 20대의 시간들이 고스란히 묻혀있는 인연 깊은 곳인 까닭이다. 이 동네만 들어서면 구보 씨의 기억은 타임머신을 타곤 한다. 구보 씨는 1974년 3월 기거하던 신림동 외가에서 나와 입주 아르바이트를 거쳐 도보로 통학이 가능한 하숙을 찾다 이곳에 맞춤한 집을 구함으로써 성북동과 인연을 맺었다. 지금의 대학로 주변보다 방값이 좀 싼 데다 집 모양이 특이한 게 마음에 들었다. 산비탈을 따라 층수를 더한 가옥이었는데 지하와 지상 3층으로 이루어진 구조였다. 집 옆에 따로 마련된 계단을 따라 방으로 들어가는 동선이어서 나름 독립적이고 편리했다. 마침 비어있던 맨 위층에 자리를 잡았다. 하숙집 주인 내외는 60대 후반으로 1951년 1·4후퇴 때 함경남도 흥남에서 배를 타고 피난 내려온 실향민이었는데 점잖은 양반들이었다. 프로 골프 선수와 한방을 쓰면서 골프라는 스포츠를 처음 알게 됐고, 화가와 함께 지내면서 열심히 술을 마셨다. 훈풍이 불어오면 동숙자와 하숙방 바로 위 옥상에 올라가 시간을 보내곤 했다. 삼선교 일대가 조망되던 곳이었다.

구보 씨는 멀리 혜화문 근처에 서 있던 키 큰 미루나무 보기를 좋아했다. 학교로 오갈 때면 그 미루나무 옆에서 하숙방을 바라보기도 했다. 하숙비 문제만 없으면 평화로운 나날들이었다. 봄이 무르익어 근처의 라일락들이 짙은 향기를 내뿜어 대면, 소주를 목구멍에 털어놓은 채 꽃향기를 맡았다. 그러면 마치 '도라지 위스키'를 마신 듯한 기분을 맛보곤 했다. 어두워진 시각 집으로 돌아오다 길에서 하숙집 창을 바라보고 불이 켜져 있으면 절로 신이 났던 기억이다. 화가 친구와의 명정기酩酊記는 하숙집 바깥으로도 이어져서 당시 막 들어서던 신축 가옥들의 정원을 정자로 삼아 당시에 막 출시되었던 쥐포를 안주로 소주 파티를 열기도 했다. 지금 그 자리들은 모두 독일, 오스트리아, 핀란드 등의 외교관 공관이 되어 있다.

하루는 친구가 "부엌에서 보물을 발견했다."라며 솔깃한 이야기를 들려주었다. "가자미식해食醢가 있다."라는 것이었다. 구미가 당긴 구보 씨는

성북동 부감

도둑고양이처럼 그 진미를 탐닉했다. 처음 맛본 가자미식해는 적당히 삭은 가자미를 씹는 느낌이 좋고 아주 짜거나 아주 시지 않은 상태를 맛볼 수 있어서 구보 씨의 입에 꼭 맞았다. 두 도둑은 여러 번에 걸쳐 그 음식에 입을 댔다.

나중에 알게 된 사실이지만, 이 가자미식해는 함경도가 오리지널이었다. 함경도에서는 가자미의 내장과 머리를 떼고 얼간으로 이틀 정도 절여 보자기에 싸서 큰 돌로 눌러놓았다가 먹기 좋을 크기로 토막을 내 꾸덕하게 말려서 삭은 좁쌀밥과 소금에 절인 채 썬 무, 질금, 생강, 끓인 엿기름과 함께 버무려 열흘 남짓 삭히고 발효시킨다. 함경도 근해에서 잡히는 노랑가자미와 북관 좁쌀이 들어가야 비로소 '함경도 가자미식해'가 완성된다. 귀한 음식이었다. 아주머니는 영감님을 위해 끊이지 않고 이 손이 많이 가는 별미를 준비해 밥상에 올리고 있어서 저장량을 매일 기억하고 있었다. 열심히 훔쳐 먹는 하숙생의 범행이 발각되지 않을 수가 없었다. 아주머니는 계단을 따라 하숙방들을 오르내리며 한참을 외쳤다.

"내가 우리 영감 주려고 힘들게 준비한 건데 뉘가 먹었을꼬. 뉘가 먹었을꼬…"

구보 씨 일당은 그야 말로 '꿀 먹은 벙어리'가 되었다. 아주머니는 밥상머리에서도 그 이야기를 꺼내며 도둑들을 바늘방석에 앉혔다. 재범을 방지하려는 심사였다. 두 도둑은 그 후로 식해에 손도 대지 않았다. 그렇게 많은 정성이 들어가는 귀한 음식인 줄을 아주머니의 넋두리를 듣고 비로소 알게 된 까닭이었다.

구보 씨는 이 가자미식해와는 세월이 한참 흐른 후, 방송사 특파원으로 베이징에 주재하면서 다시 인연을 쌓게 된다. 1991년 베이징에는 "김정일이 직영한다."라고 소문이 난 금강원이라는 음식점이 있었는데, 이 식당에 오랫동안 잊고 지냈던 함경도 가자미식해가 있었다. 이 음식만으로 구보 씨는 밥 두 그릇을 금세 비웠다. 예전의 그 하숙집 식해와 꼭 같은 맛이었다.

구보 씨가 엄지척하면 평양 출신 여종업원이 격앙된 목소리로 말하곤 했다.

"이 가자미는 조국에서 온 거란 말입니다!"

구보 씨는 그 어투에 웃음을 터뜨렸다.

"누가 뭐래!"

가자미식해와의 첫 만남은 짜릿하나 쓸쓸했지만, 두 번째는 화려하고 넉넉했다. 유별난 과거사를 안고 있는 구보 씨로서는 그때마다 옛 삼선교 하숙집을 떠올리지 않을 수 없었다. 언젠가 좋은 세상이 와서 함경도의 풍경 속에서 가자미식해를 먹고 싶은 소박한 소원이 이루어질 수 있기를 구보 씨는 염원한다. 동숙인과 함께 자리해 이 맛을 알게 해 준 하숙집 내외분을 회상하면 맛이 더욱 좋을 터이다.

성북천을 따라 올라가다 구보 씨는 담장이 높고 아름다운 성북동의 저택들을 지나가며 김광섭(金光燮, 1905~1977)의 시 〈성북동 비둘기〉를 기억해 낸다. 1960년대에 빈민 부락들을 철거한 자리에 지금의 부유층 주택들이 들어섰다. 시인은 쫓겨난 주민들을 비둘기에 비유한다.

성북동 산에 번지가 새로 생기면서

본래 살던 성북동 비둘기만이 번지가 없어졌다.

새벽부터 돌 깨는 산울림에 떨다가 가슴에 금이 갔다.

그래도 성북동 비둘기는

하느님의 광장 같은 새파란 아침 하늘에

성북동 주민에게 축복의 메시지나 전하듯

성북동 하늘을 한 바퀴 휘돈다.

(중략)

사람과 같이 사랑하고 사람과 같이 평화를 즐기던

사랑과 평화의 새 비둘기는 이제 산도 잃고 사람도 잃고

사랑과 평화의 사상까지 낳지 못하는 쫓기는 새가 되었다.

성북동은 사대문 바깥이어서 1930년대만 해도 불빛을 보기 어려울 정도의 야산이었다. 고려 때부터 누에 사육이 잘되도록 제사를 지낸 선잠단지先蠶壇址가 위치했던 점으로 미루어 뽕나무들이 많았을 것으로 짐작된다. 풍광이 좋아 성락원(城樂園, 철종 때 이조판서 심상응沈相應의 별서, 의친왕義親王 이강李堈의 거처) 같은 사대부의 별장이나 부상富商들의 저택을 제외하고는 포도밭과 채소밭 정도가 고작이었던 한갓진 곳이었다. 마포 부상 이종석李鍾奭의 별장 일관정一觀亭, 만해 한용운(萬海 韓龍雲, 1879~1944)이 기거하던 심우장尋牛莊, 소설가 상허 이태준(尚虛 李泰俊, 1904~1970)의 집 수연산방壽硯山房, 미술사학자로서 《무량수전 배흘림기둥에 서서》를 쓴 혜곡 최순우(兮谷 崔淳雨, 1916~1984)의 옛집 등이 아직 남아 있다. 1933년에 이태준이 지은 수연산방 정원에는 당시 선교사들이 들여온 코스모스가 피어 있어 장안의 화제가 되었다고 전해진다. 일관정一觀亭은 1900년경에 마포 젓갈 장수 이종석이 왕실 건축을 사들여 지은 것으로 전해진다. 1977년에 서울시 민속자료로 지정되었다. 1984년 정동에서 옮겨온 덕수교회의 손인웅 목사가 교회 뒤편에 있던 일관정을 1986년에 당시 소유주이던 한국순교복자성직수도회로부터 사들여 교회수양관으로 사용했다. 그전에는 대림그룹 창업주 이재준(李載濬, 1917~1995) 회장이 살았다. 정지용, 이은상, 이효석 등 문인들이 작품 활동을 했던 유서 깊은 공간이기도 하다(《daum 백과》). 1930년대에 〈메밀꽃 필 무렵〉의 작가 이효석(李孝石, 1907~1942)이 이곳에 머무르며 "불빛이 없는 성북동, 달빛이 길을 깔아 놓은 듯하다."라고 그 적요함을 묘사한 바 있다(《서울 북촌에서》, 김유경).

한국전쟁 후 피난민들이 몰려들어 판자촌을 이루면서 이 지역은 주거지로 바뀌었다. 한양도성 담벼락 아래에 남아 있는 북정北井 마을이 당시의 모습을 짐작게 한다. 1960년대까지도 이곳은 버스 종점이었고, 길은 비포장이었다. 60년대 후반 들어 '삼청각'이라는 요정이 들어서고 그와 함께 청와대에서 오기 편하도록 삼청터널이 뚫리면서 이 일대는 거센 변화의 바람을 맞는다. 달동네 주민들이 모두 성남으로 강제 이주를 당하고 그 자리에 부촌이 형성된다. 뒤이어 외국 대사관과 관저 25개소와 외국인 전용의 임대주택 그리고 간송미술관 등이 들어섰다. 유일하게 옛 모습을 유지하고 있는 북정 마을도 성북구의 도시 계획에 따라 조만간 그 모습을 바꿀 것이고 보면, '성북동 비둘기'는 이제 영영 보기 어렵게 되었다.

구보 씨는 간송미술관 앞에서 잠시 간송 전형필(澗松 全鎣弼, 1906~1962)을 언급하지 않을 수 없다고 생각한다. 민족의 문화와 정기를 보존하기 위해 1930년대 초부터 사비를 털어 국내외의 문화재들 5천여 점을 회수해 온 그의 각고한 개인적 노력이 이 미술관에 서려 있는 까닭이다. 주로 고서화 위주이지만, 국보급 문화재 10여 점이 있고, 훈민정음해례본을 비롯해 동국정운 원본, 청자상감운학문매병, 김홍도와 장승업의 서예와 화적, 신윤복의 미인도, 김정희와 정선의 작품들 그리고 김득신의 파적도 등도 갖추고 있어 양에 비교해 소장품의 질은 높다. 구보 씨는 간송미술관을 찾을 때마다 한 나라의 문화 수준은 창작 능력보다 보존 의지에 좌우된다는 생각을 떨칠 수 없었다. 간송미술관은 지금 경영에 어려움을 겪고 있어 조만간 주인이 바뀔 전망이다.

한옥과 양옥 저택들의 담장 위로 능소화며 접시꽃들이 만발해 있다. 능소화는 기와집 담장에 더 없이 어울린다고 느낀다. 구보 씨는 접시꽃을 바라보다 키 큰 꽃대가 꼿꼿이 하늘로 향할 수 있도록 받쳐주고 있는 줄에 시선을 멈췄다. 줄이 꽃보다 더 아름답게 느껴졌다. 넝쿨 활착을 가능하게 하는 것은 분명히 땅속으로 단단히 파고든 뿌리겠지만, 쓰러지지 않고 위로 뻗어 오르기 위해서는 누군가의 느슨한 도움이 필요하다는 생각에서였다. 하늘을 향해 멋지게 발돋움한 넝쿨의 늠름한 자태는 쓰러지지 않도록 지탱해주는 끈이 없이는 아예 불가능할 것이었다. 사람들도 서로에게 이런 느슨한 끈 같은 이웃이 될 수 있다면 세상은 훨씬 안온하고 조화로울 것이다. 선물처럼 내려지는 그런 줄 하나가 있는 풍경은 얼마나 감동적일 것인가. 그렇게 한참 접시꽃을 바라보던 구보 씨는 몇 해 전에 신문에 소개됐던 어떤 사건 하나를 떠올렸다.

16살의 여고생이 귀갓길에 남학생 여러 명에게 집단 폭행을 당한 후 자포자기의 삶을 살다 오토바이 절도죄로 철창신세를 지게 되었다.
2010년 4월 서울가정법원 소년 법정. 김귀옥 부장판사가 판결을 내리기에 앞서 다정한 목소리로 고개를 떨구고 있는 소녀에게 일어나 자기 말을 따라 하라고 말했다.
쭈뼛거리던 소녀는 어리둥절하면서도 따라 하기 시작했다.
"나는 세상에서 가장 멋있게 생겼다.", "나는 무엇이든 할 수 있다.", "나는 두려울 게 없다.", "이 세상은 나 혼자가 아니다."
소녀는 마지막 대목에서 참았던 울음을 터뜨렸다. 지켜보던 소녀의 어머니도 울고 법정 관계자들의 눈시울도 붉어졌다. 소녀는 이미 14건의 절도·폭력 혐의로 재판정에 선 적이 있어 이번에는 무거운 보호감호 조처가 내려질 것으로 예상됐다. 예상을 깨고 김 부장판사는 아무런 처분도 내리지 않는 '불처분' 결정을 내렸다. 소녀에게 내린 처분은 '큰소리로 외치기' 뿐이었다.
김 부장판사는 판결문에서 말했다.
"이 아이는 가해자로 재판정에 왔습니다. 그러나 이렇게 삶이 망가진 것을 알면 누가 쉽게 가해자라고 말하겠어요? 이 아이의 잘못이 있다면, 자존감을 잃어버린 겁니다. 그러니 스스로 자존감을 찾게 하는 처분을 내려야지요."
눈시울이 붉어진 김 판사는 눈물범벅이 된 소녀를 법대 앞으로 불렀다.
"이 세상에서 누가 가장 중요할까? 그건 바로 너야. 그 사실만 잊지 않으면 돼. 그러면 지금처럼 힘든 일도 이겨낼 수 있을 거야."
그러고는 두 손을 쭉 뻗어 소녀의 손을 꽉 잡았다.
"생각 같아선 꼭 안아주고 싶은데 우리 사이를 법대가 가로막고 있어서 이 정도밖에 못 해주겠구나."[20]

이 재판은 비공개로 열렸지만, 서울가정법원 내에서 화제가 되면서 세상에 알려졌다. 조선일보는 정지섭 기자의 이 기사를 게재하면서 '법정法情에 울어버린 소녀범'이라는 머리기사를 달았다. 중벌을 내릴 수도 있었는데 소녀의 전후 사정을 헤아린 부장판사가 아무런 처분도 내리지 않았으므로 '법정法情'으로 표현한 것이다.

소년법 제29조 제1항에 "소년부 판사는 심리 결과 보호처분을 할 수 없거나 할 필요가 없다고 인정하면 그 취지의 결정을 하고"라고 명기되어 있으므로 김 부장판사의 판결이 이례적인 것은 아니라고 할 수 있다. 그러나 같은 판사라도 다 김 부장판사처럼 판결을 내리는 것이 아닐 것이고, 또 불처분 결정을 내린다 해도 김 부장판사가 보여준 것처럼 소녀를 감화시키지 못했을 수도 있음을 인정한다면, 결국 법 자체보다 그것을 운용하는 사람의 역할에 따라 법 적용의 효과가 달라진다고 하겠다. 김 부장판사는 '법 앞에 사람이 먼저 있다'는 생각을 한 것일 게다. 절망에 빠진 소녀에 대한 연민과 함께 한 미성년자의 향후 삶의 전개를 자기 자식의 일처럼 걱정했을 것이다. 김 부장판사의 불처분 결정은 '법정法情'이라기보다는 '인정人情'인 셈이다. 법이나 제도가 있지만, 그것을 운용하는 주체는 역시 사람이 되어야 한다는 사실을 김귀옥 부장판사가 보여주었다. 어려운 이웃을 껴안고 함께 앞으로 나아가려는 참된 지도자의 면모였다. 물론 제도도 제 역할을 해야 함은 두말할 필요가 없다. 청소년의 심성을 함양시켜 청소년 비행을 예방하기 위한 사회 차원의 제도 보완, 예를 들면 입시 위주 교육 탈피나 예술·체육 교육 실시, 그리고 청소년 문화 향수 기회 증대 등의 노력은 반드시 뒤따라야 한다. 상처는 아물게 하는 것보다 생기지 않

---

20 〈조선일보〉, 2010. 5. 17 법정法情에 울어버린 소녀범', 정지섭 기자

도록 하는 게 최선이다.

 소녀가 그 뒤 어떻게 살아가고 있는지는 궁금하지만, 알 길이 없다. 그러나 한 가지는 확신할 수 있다. 우여곡절을 겪은 터여서 삶이 순탄하진 않겠지만, 살아가면서 흔들릴 때마다 자신을 수렁에서 건져 올려 다시 한번 희망을 품게 해 준 법관의 마음을 떠올리며 용기를 잃지 않을 것이라고.

 구보 씨는 느릿느릿 성북동 길을 계속 걸어 올라갔다. 나중에 안 사실이지만, 1974년 성북동 하숙 시절 구보 씨가 혼자 산책하던 길 위에 조각가 고 송영수(宋榮洙, 1930~1970) 선생의 집이 있었다. 지금은 성북동의 명소로 주목받고 있지만, 당시는 누가 사는지도 모르고 지나쳤던 곳이다. 세월이 흘러 송 선생은 구보 씨의 큰 동서와 사돈이 된다. '천재 조각가'로 인정받으며 모교인 서울 미대 교수로 재직하던 송 선생은 1970년 만 40세의 나이로 요절하셨으니 1974년 당시에는 이미 세상에 계시지 않았던 분이다. 선생은 나무와 흙, 돌 그리고 쇠를 사용해 추상 작품들을 창작했다. 특히 쇠 용접 추상 작품은 "우리나라에서 효시를 이루었다."라고 평해진다. 그의 철 조각품은 드럼통을 잘라서 그 조각들을 용접해 붙이는 독특함을 보였다. 송 작가는 자연을 파괴해 작품을 만들려 들기보다 자연을 거스르지 않으면서 또 하나의 자연을 창작하려는 예술관을 보였다는 평을 듣는다. 평론가 이어령(李御寧, 1934~)은 그의 묘비명에 "피 없는 돌에 생명을 주고 거친 쇠붙이에 아름다운 영혼을 깃들이게 한 사람."이라고 썼다.

 송 작가가 1964년에 터를 잡은 이 집은 북악산 자락의 바위를 낀 마당을 두고 있다. 조각가답게 이 바위 동산을 "무척 맘에 들어 했다."라고 부인 사공정숙 여사가 귀띔한다. 처음 이 집을 방문하던 날 마당에 들어서자마자 눈에 들어온 것은 '푸른 아름다움'이었다. 문수보살과 보현보살을 좌우 대칭으로 새긴 청동 부조가 20m 정도 떨어진 거리에 서 있었다. 길이가 3m쯤 되어 보이는 위풍당당한 모습이기도 하려니와 청동의 푸른 빛이 강하게 뿜어져 나와 단박에 시선을 뺏는다. 두 보살의 이미지는 한없이 온

화해서 보는 이의 마음이 절로 평화를 얻는다.

　마당 한가운데 백 년을 넘긴 느티나무가 서 있다. 가지를 자주 잘라준 탓인지 여느 느티나무 같지 않게 키가 작은 대신 울퉁불퉁한 근육질의 모습으로 남아 약간의 안쓰러움을 느끼게 한다. 어쩔 수 없이 큰 분재 같다는 인상을 받게 되지만 그렇다고 정원 전체가 풍기는 안정감을 해칠 정도는 아니어서 오히려 주변과 묘하게 조화를 이루는 듯 보인다. 그것은 마치 정正들 속의 반反이 주는 바리에이션variation 같아서 '부조화 속의 조화'처럼 느껴진다. 송 작가가 흡족해했던 바위 동산 아래에는 성모마리아상이 모셔져 있어 독실한 가톨릭 신자였던 선생의 흔적을 읽게 된다. 비로소 이 정원이 자아내는 평화로움이 마리아와 두 보살의 자비로움에서 비롯됨을 구보 씨는 눈치챈다. 백일홍과 모과나무도 한편에 자리를 잡고 있다. 시선이 모과에 이르자 노오란 열매가 절로 그려진다. 선생이 이 나무 아래서 부인과 더불어 2남 2녀의 자제들과 단란한 시간을 보냈을 것이라는 데 생각이 미치자 문득 한 시인의 시가 떠오른다. 그 시인의 집 마당에는 살구나무가 있었던 모양이다. 시인은 그 나무 아래서 아내가 만든 소면을 먹으며 든 생각을 읊고 있다.

　　당신은 소면을 삶고 나는 상을 차려
　　이제 막 꽃이 피기 시작한 살구나무 아래서
　　이른 저녁을 먹었다
　　우리가 이사 오기 전부터 이 집에 있어 온 오래된 나무 아래서 국수를 다 먹고
　　내 그릇과 자신의 그릇을 포개 놓은 뒤 당신은
　　나무의 주름진 팔꿈치에 머리를 기대고 잠시 눈을 감았다
　　그렇게 잠깐일 것이다
　　잠시 후면, 우리가 이곳에 없는 날이 오리라
　　열흘 전 내린 삼월의 눈처럼

봄날의 번개처럼

물 위에 이는 꽃과 바람처럼

이곳에 모든 것이 그대로이지만 우리는 부재하리라

(중략)

우리는 어디로 가는가 영원한 휴식인가

아니면 잠깐의 순간이 지난 후의 재회인가

이 영원 속에서 죽음은 누락된 작은 기억일 뿐

나는 슬퍼하는 것이 아니다

경이로워하는 것이다

저녁의 환한 살구나무 아래서

— 류시화, 〈소면〉

황금색 살구는 여름 초저녁 나무를 환하게 만든다. 이럴 때면 살구나무 아래에 자리를 깔고 식구들이 둘러앉아 떨어진 살구를 나눠 먹으며 도란도란 이야기를 나눈다. 살구는 가족과 함께 나누기에 좋은 과일이다. 그래서 옛날 좀 산다는 집 마당엔 빠지지 않고 살구나무가 있었다. 시인은 이 나무 아래서 저녁을 먹는 가족의 단란한 모습에서 오히려 죽음을 떠올릴 정도로 삶의 평화로움과 눈부심을 만끽한다. 이때 살구나무는 삶과 죽음의 경계를 허문다.

만물은 저녁 어스름 무렵에 가장 선연한 색깔을 낸다. '음예陰翳의 시간'을 이름이다. 밝음과 어두움의 경계에서 만물은 자신의 가장 내밀한 빛을 드러낸다. 그런 연후에 음예의 빛은 어둠 속으로 소멸한다. 빛은 묘한 것이어서 누군가에게는 밝음으로 누군가에게는 이윽고 어두움으로 다가오기도 한다. "어부들이 바다 위에서 어떤 빛을 발견하면 아무 이유 없이 그 빛을 따라가다 영원 속으로 빠져들기도 한다."는데 이때 그 빛은 죽음으로 이끄는 어두움이 된다.

부인의 회고로는 송 작가가 심장마비로 유명을 달리하시던 1970년 4월 1일 아침 집을 나서면서 이런 말을 남겼다고 한다.

"집에 아틀리에도 있고 막내(상기, 현 고대 스페인어과 교수, 당시 네 살)가 재롱도 부리고 모든 사람이 내 조각을 좋아하니 난 참 행복해."

그도 그즈음 어떤 빛을 만났던 것일까? 한 해 전 만든 〈감마〉는 영원히 이어지는 삶과 죽음을 형상화하고 있고, 마지막 유작이 된 〈공허〉는 심장이 없는 새가 허공에 떠 있는 모습으로 그려졌다. 그런 근원적 삶의 허무감 속에서 그가 말한 '행복'은 그에게 다가왔던 빛이 아니었을까? 삶과 죽음의 경계를 허무는 음예의 빛.

송영수 작가의 고거를 바라보면서 이곳이 나중에 '송영수 기념관'으로 활용되면 좋겠다고 구보 씨는 생각한다. 마을의 상징으로서 주민의 품속에 자리 잡으면 근처의 다른 미술관이나 기념관, 전시관 그리고 예술가 고거들과 어울려 성북동을 예술의 메카로 만드는 데 일조할 수 있을 터이다.

구보 씨는 성북천을 따라 다시 걸음을 옮기다가 세 갈래 길에서 잠시 멈춰 섰다. 그 언저리쯤에 있었던 찻집 하나를 떠올린 것이다. 1974년 5월 말 여기 하천 변에서 '무우수無憂樹'라는 이름의 허름한 찻집을 하나 발견하고선 이름이 주는 호기심에 이끌려 들어갔다. 가게 이름은 집 가운데에 큰 느티나무 한 그루가 지붕을 뚫고 서 있었던 데서 연유했다. 가게 주인은 그 나무에 많은 위로를 받는 듯했다. 고등학교 교사를 하다 교수로 발탁됐던 부군이 뒤늦게 학위 하러 캐나다로 갔는데 거기서 젊은 여자와 눈이 맞는 바람에 졸지에 혼자 몸이 된 아주머니였다. 소반에 내오는 들깨차며 커피며 맥주 따위를 주문할 수 있어서 방앗간 드나들 듯했다. 어느 날 보니 이름이 구명수求命樹로 바뀌어 있었다. 가게 앞 비탈길에 세워놓은 트럭이 미끄러지면서 가게를 덮쳤는데 그 느티나무가 온몸으로 막아 참변을 당했을 수도 있었던 주인의 목숨을 살려낸 연유였다. 그 사연으로 해서 이 가게는 한동안 구보 씨의 방앗간이 되었다.

송영수 고거

성북동 한양도성

성북동 한양도성

다시 길을 걷던 구보 씨의 걸음은 길상사 앞에서 멈추었다. 성북동 하숙 시절 요정 '대원각'이었던 곳이었다. 오후 네 시 무렵이면 화장을 짙게 한 또래의 여성들이 택시를 타고 이곳으로 출근하는 것을 묘한 기분으로 바라보던 순간들을 구보 씨는 기억한다. 한참의 세월이 흘러 이곳은 "시인 백석(白石, 1912~1996)의 연인 '자야子夜'"로 알려진 주인 김영한(1916~1999) 씨가 7천 평 규모에 1천억 원 가치의 이 요정을 시주하면서 사찰로 탈바꿈했다. 김 씨와 법정(法頂, 1932~2010) 스님의 인연 덕이었다. 1997년 법정 스님은 법명이 '길상화吉祥花'였던 기증자의 이름을 따 절집의 이름을 길상사吉祥寺라 명명했다. '좋은 일이 가득한 곳'이라는 뜻이다. 개사식開寺式 때 김수환(1922~2009) 추기경이 찾아와 축사한 일화는 유명하다. 법정 스님과의 친분 덕이었다. 경내 설법전 앞에 서 있는 관음보살상은 성모 마리아를 연상시키는 모습이다. 조각한 작가 최종태(1932~) 교수도 천주교 신자였다. 법정 스님이 김수환 추기경에게 드리는 오마주(Hommage, 경의)로 여겨질 만하다. 기증자 김영한 씨는 1999년 11월 14일 이곳의 길상헌吉祥軒에서 생을 마감했다. 김 씨는 전날 들어와 목욕재계하고 참배한 후 임종을 맞았다. 울림이 큰 일생이었다.

법정 스님은 서울에 올라오면 이곳에서 머물며 법문을 펴시곤 했다. 2010년 3월 11일 입적하시기 직전 스님은 이곳에서 마지막 법문을 남겼다. 그때 스님의 말씀을 구보 씨는 아직도 또렷이 기억한다. 죽음 앞에 선 스님이 온 인생을 걸고 대중에게 주신 마지막 부탁이었던 까닭이었다.

"꽃이나 잎은 그냥 생겨나는 게 아닙니다. 멀리 씨앗을 날려 보내고 깊게 뿌리를 내리며 발아할 준비를 합니다. 여러분은 봄을 맞이하기 위해 어떤 준비를 하고 있습니까?"
"봄이 와서 꽃이 피는 게 아니라 꽃이 피어나 봄이 되는 것입니다."
"이 눈부신 봄날, 새로 피어나는 꽃과 잎을 보면서 무슨 생각을 하십니까?

각자 이 험난한 세월 살아오면서, 참고 견디면서 가꿔온 그 씨앗을 이 봄날에 활짝 펼쳐 보이기 바랍니다. 봄날은 갑니다. 덧없이 지나가지요. 제가 이 자리에서 다 하지 못한 이야기는 새로 돋아난 꽃과 잎들이 지어내는 거룩한 침묵을 통해 들으시기 바랍니다."

시간이 매우 어둑해졌다. 구보 씨는 법정 스님에 대한 기억을 마지막으로 오늘의 긴 여정을 마무리하고 싶어졌다. 스님의 말씀은 관조와 침묵을 통해 자신의 내면을 다지고 서로 간의 차이를 이해함으로써 상대를 포용하려는 대승적 자세에 닿으라는 가르침에 다름아니다. 그런 과정을 거칠 때 비로소 인간은 건강한 개체로 자리매김할 수 있고, 사회는 전체성보다 다양성과 구체적 개별성에 시선을 줄 수 있다. 건강한 개체들이 모여 건강한 사회를 만든다. 그 시작은 전체에 함몰되지 않으려는 각자의 각성이다. 구보 씨는 성북동 길을 따라 천천히 내려오며 마음속으로 되뇐다. 길 위에 있는 한 '우리가 얼마나 멀리 갈 수 있고, 누구의 마음을 바꿔놓을 수 있을지는 아무도 짐작할 수 없다'.[21]

구보 씨는 잊고 있던 시장기를 느꼈다. 그 시장기는 적군처럼 맹렬하게 다가와 마치 성벽을 부술 듯한 기세였다. 그러고 보니 하루 동안 많이도 걸었다. 구보 씨는 급히 삼선교 초입에 가면 낙지 초무침을 잘하는 집이 있다는 걸 생각해낸다. 구보 씨는 이 집을 처음 알려준 대학로에 사는 만년의 친구 평산平山에게 전화를 해 나오라고 청하고선 어둑해지는 성북동의 저녁 풍경 속으로 걸어 들어갔다.

---

21 《오리엔탈리즘Orientalism》의 작가 에드워드 사이드(Edward W. Said, 1935~2003)의 표현이다.

발간에 덧붙여

골목의 역사와 공간을 엮어 짠 이야기 카펫

황훈성 시인, 동국대 영문학과 교수

21세기 떠오르는 문학비평은 문화지형학(cultural topography)이다. 철학적 심리적 비평이 아니라 작품 속의 공간적 배경이 뿜어내는 외면 풍경과 화자의 내면 풍경이 상호 침투하는 과정을 해석하는 문화지형적 비평이다. 이 비평은 당연히 거대담론(grand narrative)을 거부하며 결코 융합될 수 없는 일상의 잔편들을 긁어모아서 독자들에게 생생하게 보여줌을 비평의 목표로 삼는다. 안상윤 작가의 《서울 밤드리: 작가 구보 씨의 서울 트레킹》은 문화지형적 비평에 안성맞춤인 작품이다. 구보 씨에게 서울 거리 하나하나는 시공간적으로 정교하게 교직된 페르시아 카펫이다. 외견상 무늬가 또렷하게 보이나 자세히 들여다보면 화자의 내면 풍경, 의식의 흐름과 뒤섞여 시냇물에 비친 하늘 구름 그림자처럼 어른거려 제대로 형상을 포착하기가 쉽지 않다.

 호머의 《오디세이》도 지중해 연안 지역의 문화지형학을 다룬다. 여기서 화자 오디세이의 내면은 크게 부각되지 않는다. 외눈박이 키클롭스나 마녀 사이렌 그리고 아마존의 문화행태나 일상생활이 이야기의 중심을 이룬다. 20세기 영국의 제임스 조이스는 오디세이의 모험 여행기를 유대계 아일랜드인 레오폴드 블룸의 내면 탐사 여행기 《율리시스》로 바꾸어 버렸다. 1930년대 중엽 박태원은 조이스를 본떠서 더블린을 서울 공간으로 옮겨서 내면 여행을 감행한다. 1960년대 최인훈은 더욱더 깊은 내면 모험 여행을 시도한다. 이제 안상윤은 2020년도에 풍광도 바뀌고 풍속도 바뀌고 그 속의 등장인물들조차 알아보기 힘들게 바뀐 서울의 풍경화를 그리는 시도를 한다. 그의 그림은 내면 풍경보다 외면 풍경 특히 격세지감이라고 명명할 수 있는 골목의 역사와 공간을 씨줄과 날줄로 엮어 여기 멋진 이야기 카펫을 완성한다. 그 과정에서 작가가 보여주는 역사 문학 음악 미술 등 인문 예술 전반에 걸친 압도하는 박학강기博學强記와 그것을 풀어놓는 현하지변懸河之辯은 필자와 같은 눌변의 댐으로는 도저히 막을 수 없다.

발간에 덧붙여

낭만적 인본주의자의 도시 지형학

이상빈 한국동서비교문학학회 회장

동작대교 남단에서 출발해 성북동에서 끝나는 여정. 다른 식으로 표현하자면 강남에서 출발해 우리에게 익숙한 종로구와 중구의 장소들을 거쳐 북한산 자락에서 끝이 나는 도시 여행을 그려낸 책을 통해 상윤 형은 우리에게 무수한 추억을 소환한다. 그러나 그냥 길을 걷는 것이 아니다. 길에서는 문화에 대한 형의 해박한 지식이 거리와 지역에 대한 역사적, 개인적 기억과 교차한다. 서양의 문학작품, 영화, 가요와 팝송이 수시로 등장하며, 로맨티스트의 감성에 들어맞는 많은 술집도 예외일 수 없다. 명증한 시선이 바라보는 세상만사가 취한 눈으로 보는 세상과 즐겁게, 때로는 고통스럽게 만나고 있는 느낌이다. 무수한 삶이 명멸했던 도시를 채우고 있는 기억을 불러내면서 상윤 형은 한 개인을 점철한, 그리고 서울이라는 도시 공간을 거쳐 간 다양한 코드들을 정직하고도 성실하게 기록하고 있다.

이 책은 무엇보다도 인본주의자의 성찰이다. 상윤 형은 개인의 기억을 넘어서서 스러져가는 모든 것, 시간의 흐름에 따라 변색해가는 무수한 대상에 대한 애정을 드러낸다. 책을 한결같이 관통하고 있는 입장은 인간에 대한 따뜻한 시선이고, 우리 사회를 휩쓸고 있는 광풍인 편 가르기에 대한 거부다. 일견 '회색인' 모습으로 보일 수도 있겠지만, 형은 근본이 휴머니스트다. 그리고 저잣거리의 악다구니를 인간에 대한 사랑으로 승화시킬 줄 아는 미학자다. 스쳐 지나가는 많은 거리가 상윤 형에게 각인시킨 이미지를 들여다보며 우리는 우리의 소소한 일상이 대한민국의 거대한 단위와 얼마나 살을 맞대고 있는지를 느낄 수 있다. 그건 공포스러운 느낌이자 행복한 경험이기도 하다.

길과 거리는 거대한 역사를 구성하는 가장 기초적인 단위다. 예를 들어 프랑스 도시 아미엥은 쥘 베른의 기억과 체코 도시 프라하는 프란츠 카프카가 그려낸 인간의 광기와 분리해 생각할 수 없다. 자신의 고향 알제리의 산들 풍경과 닮았다는 이유로 카뮈가 말년에 찾아간 남프랑스의 루르마랭을, 자크 카르티에가 대서양 바다 건너편 미지의 세계를 꿈꾸었던 생말로를 우리는 기꺼이 찾아간다. 그 속에서 작가의 절망을, 하나의 도시가 뿜어내는 열기와 분노를 온몸으로 받아들이고자 하는 것이다. 아마 그런 모습은 길이 우리의 과거를 되돌아보게 만들기 때문일 것이고, 살아있음에 대한 경외감을 제공하기 때문이며, 우리가 택해야 할 길에 대한 고민을 제공하기 때문일 것이다. 그러기에 길을 가며 각성하는 풍경은 그 어떤 모습보다 더 경건해 보인다.

상윤 형은 박태원, 최인훈의 계보를 이어 서울의 지형학을 새로 보완하려 든다. 그 누가 형의 의도에 감히 반기를 들 수 있으랴. 우리 모두에게 서울역은, 삼청공원은, 정동길은 모두 이름조차 가물가물한 소녀 혹은 소년에 대한 기억을 채운 장소들이 아닌가. 다시 만나고 싶어도 영원히 만날 수 없고, 만에 하나 다시 만난다 할지라도 처음 모습 그대로 간직하고픈… 오늘날 그 어떤 집도 대학생 학생증을 내밀 때 외상 술을 주지 않는다. 그 누구도 사랑하고픈 대상의 집 전화번호를 따낼 때의 떨림을 거의 공유하고 있지 않다. 그 시절의 도시라는 공간은 참 넓고도 막막했으며, 그런 만큼 시공간의 크기도 지금과는 사뭇 달랐다.

도시의 비정함은 점점 더 강도를 더해가면서 낭만의 공간을 잠식하고 있다. 그러나 그런 의미에서 길과 거리에 대한 기억은 더욱 소중해지고 있지 않은지? 서울에 대한 상윤 형의 그 풍요로운 기억 속에서 나는 사람의 땀 냄새를 찾아낸다. 오늘도 서울 어느 구석의 술집에서 〈April come she will〉을 부르면서 옛 추억을 소환하고 계실 형 모습이 그립다.

p.s. : 갑자기 등장하는 남프랑스와 반 고흐에 대한 기억. 생뚱맞고 신선했다. 서울을 그토록 사랑하는 형도 때로는 숨이 막혔던 모양이다.

주요 참고문헌

《고종과 메이지》, 안상윤, 휴먼필드, 2019

《근대를 산책하다》, 김종록, 다산초당, 2012

《나의 문화유산 답사기》, 유홍준, 창비, 2017

《명동 변천사》, 박경룡 김일림 홍윤정, 중구문화원, 2003

《문학 속의 서울》, 김재관 장두식, 생각의나무, 2007

《서울 북촌에서》, 김유경, 민음인, 2009

《서울지명사전》, 서울역사편찬원, 2009

《조선왕조실록》, 신석호, 국사편찬위원회, 1955

《한국 개화사의 제문제》, 이광린, 일조각, 1986

《한국민족문화대백과사전》, 한국학중앙연구원, 1991

daum 백과

조선왕조실록 sillok.history.go.kr

서울밤드리
작가 구보 씨의 서울 트레킹

초판발행	2020. 12. 17.

지 은 이	안상윤
펴 낸 곳	휴먼필드
출판등록	제406-2014-000089
주 소	경기도 파주시 탄현면 장릉로 124-15
전화번호	031-943-3920　　**팩스번호**　0505-115-3920
전자우편	minbook2000@hanmail.net

※ 이 책은 저작권법에 의해 보호를 받는 저작물이므로 저자와 출판사의 동의 없이 무단 전재와 복제를 금합니다.
※ 잘못된 책은 구매하신 곳에서 바꿔드립니다.
※ 값은 표지에 있습니다.

ISBN 979-11-968433-5-9　03300

ⓒ 안상윤, 2020

이 도서의 국립중앙도서관 출판예정도서목록(CIP)은 서지정보유통지원시스템 홈페이지(http://seoji.nl.go.kr)와 국가자료종합목록 구축시스템(http://kolis-net.nl.go.kr)에서 이용하실 수 있습니다. (CIP제어번호 : CIP2020051495)